見鬼

有鬼君——著

推薦序

我們與鬼的距離：一個生動繽紛的幽冥世界

厭世哲學家／暢銷作家、《厭世講堂》作者

人死之後是否化為虛無？會變成什麼？會往哪裡去？——這應該是每個人都曾想過的問題，也一度是哲學思考的核心問題，但由於無法進行理性論證，所以最後只能劃歸宗教領域，信者恆信，不信者恆不信。總歸一句話：與「死」有關的問題，人類目前沒有共識。

依據《論語》記載，孔子「不語怪力亂神」，也曾說過「敬鬼神而遠之」，似乎充滿了理性精神，不屑談論鬼神問題；然而，若我們對孔子有深入的認識，便會知道孔子其實是宗教大師，他對生死、鬼神都有精闢的見解，並以此聞名當世。無怪乎子路要向老師請教「死」及「事鬼神」的問題，而孔子回答他：「未知生，焉知死？」（還不了解生，如何了解死？）「未能事人，焉能事鬼？」（還不懂得與人交流，如何懂得與鬼交流？）

孔子的回答，市面上常見的解釋是：孔子要人專注於生命意義的探索，對於渺茫的死後世界，孔子認為沒有探索的意義——這樣的解釋雖然在字面意義上可以說通，但沒有抓到精髓。細繹孔子之意，「生」與「死」的關係可能是非常密切的，若先理解了「生」，也就能在某種程度上理解「死」

的意義。「生／死」看似截然對立，但其原理很可能是貫通的；正因如此，「人／鬼」之間的原理也是貫通的。

我想，這一部《見鬼》，已經為我們勾勒了一幅清晰的「鬼界」圖像。我們會發現，「人」與「鬼」之間的距離真的不遠；有時候，人界的運作還比鬼界複雜得多。人若想了解「鬼」，或許並不困難。

◉

由於鬼神一類的問題難以進入哲學討論的領域，但人類總是必須與鬼神共處，故終究要找到一種談論鬼神的方式；因此，「志怪小說」應運而生。

所謂「小說」，就是人類生活的反映，「志怪小說」的誕生，恰恰顯示鬼神怪異之事充斥在當時人類的生活處境中。若欲了解鬼界運作之原理，沒有比研究志怪小說更好的途徑了。

有鬼君所寫的《見鬼》，這本書看起來像是「隨筆式」文章的集結，但可以看到，作者是有「完整勾勒古代幽冥世界」的意圖的，所以在此書開頭便提出了「鬼世界的九十五條論綱」，將幽冥世界的運作原理統整得極為清楚明瞭。雖然如此，《見鬼》並不是哲學書，書中沒有枯燥的理論推演，《見鬼》更像是一幅華美的畫卷，用一則一則的鬼故事展演出生動繽紛的幽冥世界，極富趣味性。

更令我驚喜的是，《見鬼》某種程度上還可以視為民俗學或心理學研究的材料。舉個例子來說，為何古代特多女鬼（或女妖）誘惑人類男性的故事？為何善人與惡人死後會變成不同類型的鬼？為何鬼總是想要害人？又為什麼有些鬼根本不想害人？——與其說這些都是人類的無稽幻想，不如說這些故事背後都反映了當時人們的文化風俗或深層心理，值得挖掘。

有句話說：「世間無鬼，心裡有鬼。」如果「鬼」是來自「人」的心理投射，那也就意味著對「鬼」的深入研究，有助於了解「人」。或許，我們可以把孔子的那句話改寫成：「未知鬼，焉知人？」這本《見鬼》，可能就是了解人類深層心理的一把好鑰匙。

目次
Contents

目次

Contents

目次

Contents

目次

Contents

目次
Contents

目次

Contents

代前言

鬼世界的九十五條論綱

時間與空間

1. 鬼世界是一個三維空間，具有時空的尺度，而這個尺度與人類世界並不一致。
2. 鬼世界、人類世界以及天界共同構成一個空間，這與古人所說的天、地、人有吻合之處。
3. 鬼世界和人類世界這兩個三維空間，因為時空尺度的不同，造成各自受制的物理規律也不同。
4. 在鬼世界與人類世界這兩個三維空間之外，還依附有兩個次級的三維空間：水族（含江河湖海）、仙界洞府。
5. 水族、洞府的時空尺度與人類世界的時空尺度也不完全相同，但不確定是否與鬼世界相同。
6. 陸地的自然神（地祇），基本上可歸屬在鬼世界和人類世界兩個空間中。
7. 從一個空間進入另一個空間時，由於物理規律的不同，會產生能量的變化，這導致了一系列物理形態上的差異，典型的例子如形質、飲食。

8. 鬼世界資源的預設狀態是無限的，但並非自動生成。其來源有兩個：一個是其空間自身擁有，另一個則來自人類世界。

9. 一些更遠古的自然物（日、月、星辰）則由所有三維空間共同分享。

政治

10. 在鬼世界的政治體系中，道德規範的權重遠大於資源佔有量，具有絕對的優先性。

11. 由於鬼世界道德規範的絕對優先性，因此其主要功能為道德教化和法律審判。

12. 由於鬼世界的主要功能為道德教化和法律審判，因此其主要官方機構為閻羅殿（法院）和陰獄（監獄）。

13. 由於鬼世界的主要機構為閻羅殿和陰獄，因此冥官主要集中於司法（含執法）部門。

14. 由於冥官主要集中於司法部門，因此其餘職能部門較為薄弱，甚至沒有。

15. 從政治架構來看，鬼世界隸屬於天界，但由於兩個世界的時空尺度不同，政治運作當中的優先原則也不同，因此這種隸屬關係更偏重於形式，而非實質。

16. 由於冥官集中於司法部門，鬼世界的其餘職能大多由上天兼管。

17. 鬼世界的冥官主要來自人類世界的逝者，而非天界的神（仙）。

18. 神（仙）主要以定期或不定期巡視的方式，對人類世界和鬼世界進行非常態管理。

19. 鬼世界、人類世界與天界共用一些基本的政治原則。

20. 這些共用的政治原則的核心是道德教化。

21. 雖然各個空間的政治原則以道德教化優先，但由於各自監控的技術能力差別很大，因此把握寬嚴的尺度也很不同。

22. 在鬼世界、人類世界、天界中，鬼世界的技術監控手段最高，也最為嚴格。

23. 人類的命運並不完全由自己掌控，其行為乃至心跡都為鬼世界所監控，並可以做出調整和干擾，因此在某種程度上，人類的命運也是由陰間控制的，但這絕不意味著剝奪了人類自主抉擇的能力。

24. 鬼世界對法治更加尊重，只是並不排斥在特殊情況下的從權，而這在鬼世界的道德規範中也是允許的。

社會（經濟、文化、科技）

25. 鬼世界的社會形態大致可以說是人類社會的鏡像，但是在程度上會有不同。

26. 由於鬼世界的職能側重於道德教化和司法審判，所以經濟職能處於從屬地位。

27. 由於經濟職能處於從屬地位，且可以分享人類社會幾乎所有發展成果，甚至這種分享是無限的，因此鬼世界沒有發展經濟的動力。

28. 由於可以分享人類社會幾乎所有發展成果，鬼世界也沒有動力發展文化，因此其整體的文化水準低於人類世界。

29. 鬼世界的科技發展也缺乏動力。但由於物理規律的不同，其醫療水準遠高於人類世界，尤其是外科。

30. 鬼世界也有軍隊，但主要是參與人類世界的實際軍事行動，對內很少使用。

人鬼之間

31. 人鬼各自在自己空間的行為，將會影響到對方的空間。

32. 其中一類影響是物理形態的。

33. 另一類影響是非物質性的，是針對對方空間成員所制訂的法令、規則以及任命等。

34. 人類能控制部分鬼為其服務，但一般需要特殊的符咒及輔助工具，且這一做法違背了鬼世界的道德規範。

35. 人鬼的交流主動方大都在鬼。人主動與鬼世界交流的方式，一是扶乩或由專業巫師通神降靈，二是在寺廟或祠堂焚燒交流文本。這兩種方式都不能保證必然得到回應。

36. 極少數有特殊能力的人或巫師能看到鬼，且具備與鬼交流的能力，可以統稱為「視鬼人」。

37. 鬼亦能控制人為其服務，主要方式為靈魂附體，一般是臨時性的與人類交流，長期的附體對宿主的身體有害，且同時違背了人類世界與鬼世界的道德規範。

38. 人類可以運用所知的各個空間的運行規則，以趨利避害（驅鬼術等），且在道德上是容忍的；而鬼世界對於這種被人類操縱的情形則不太能容忍。

39. 兩個世界的成員是一體兩面的，其轉換的方式，是轉世及死亡。

40. 陰陽兩個世界的部分成員可因獎勵而直接進入天界，天界的成員也可能因為刑罰而降維進入鬼世界和人類世界。

41. 轉世一般由冥官按照轉世的規則決定，人或鬼通常不能自行決定轉世的去向。

42. 轉世的去向，主要是由因果報應這個因素主導。

43. 死亡與轉世之後，個人獨特的身體或精神屬性亦有可能帶入另一個空間，比如口音。但不確定性較大。

44. 「求替」是特殊的轉世方式，只有溺鬼和縊鬼可以求替，這個方式符合鬼世界的基本規範，但不太為人類所理解。

45. 轉世之後的人，基本不再擁有對鬼世界及前世的記憶，只有特殊情況下才能保留或喚醒記憶。孟婆湯並非消除記憶的唯一方式。

46. 轉世並非絕對要執行。有一部分人死後在鬼世界生活，不參與轉世進程。

47. 不參與轉世，則能保留生前的記憶。

48. 由於鬼在陰間的滯留時間受到各種因素的影響，轉世的時間進程長短不一，其跨度甚至可以達到人類世界的幾百年或上千年。

49. 按照一般的轉世原則，大部分人死後在陰間滯留時間較短，很快就轉世，這導致鬼世界的各種專業人才明顯少於人類世界。

50. 兩個世界的物品可以穿越轉換，人類世界的物品進入鬼世界相對容易些，而鬼世界的物品進入人類世界則相對較難。

51. 在通常情況下，人類不可食用鬼世界的食物、飲料。而鬼食用人類食物時，該食物的物理形態不會改變。

52. 人類所燒紙錢在鬼世界可以使用，最初的兌換率是一比一，到明清時則有很大的折扣率，這可能是輸入型通貨膨脹造成的。

53. 廣泛而言，人鬼兩個空間是重合的，但鬼往往需要特定的出入口（即墳墓）才能進入人的空間。而在陽間執行公務的冥官，卻大多不需要這樣的出入口。

54. 由於人鬼的空間是重合的，所以很多地方其實是人鬼混居，只是沒有特殊能力的人無法辨識。

55. 由於共用一個廣義的空間，所以人鬼之間會互相干擾，甚至發生嚴重的衝突。

56. 由於專業人員的匱乏，天界和鬼世界需要從人類世界徵用各種專業技術人員甚至雜役，大部分為臨時徵召，少數是永久的。

57. 冥官進入人類世界主要從事索命工作，有時會自備索命工具。
58. 人類的死亡並非全部由冥官處理，特殊情況下由天界的雷神執行，即執行天罰。
59. 冥官執行索命任務時，經常會臨時雇用人類作為助手，一些經常擔任助手的人被稱為「走陰差」或「過陰」。

精神生活

60. 幾乎所有的鬼對生死都有明確的認識，反之，陽間對此有明確認識的人極少。
61. 由於共用了人類世界的成員，鬼世界擁有人類世界幾乎所有的精神生活，包括各種娛樂活動。
62. 鬼世界成員之間的愛情與人類世界一樣，當然也包括同性戀。
63. 鬼世界亦有各種精神疾病，甚至包括成癮症中的煙鬼、酒鬼、賭鬼。
64. 鬼世界雖然重視教育，但更側重道德教化，因此文化教育機構極少。
65. 鬼世界的道德教化主要是外在的規範，並不強調內省。
66. 由於道德教化以及懲戒的長期作用，鬼在心計上遠不如人。

家庭婚姻

67. 鬼擁有與人幾乎完全相同的情感。
68. 因為鬼擁有與人幾乎完全一樣的情感，所以鬼世界擁有與人類世界幾乎形態完全相同的家庭和婚姻。
69. 在大多數情況下，鬼世界的家庭與人類世界的家庭合起來才被認為構成完整的家庭。
70. 即使一個世界的成員離開這個世界，在另一個世界有自己的家庭，但其原家庭成員在潛意識中依然將其視為一家人。
71. 由於無法同時滿足兩個世界家庭都必須盡的義務，人鬼之間往往發生衝突。
72. 由於人在陰間生活相對困難，人鬼之間的婚姻往往只能存於陽間，而其子嗣也有部分能在陽間生存。
73. 人類世界的家庭有時會整體移至鬼世界，比如在家族集體的墓葬地。
74. 人鬼交接不必然影響人的身體健康。

身體（屍體、形質）

75. 鬼在人類世界中表現出的各種超能力，主要是進入時空尺度不同的空間造成的。

76. 鬼世界亦有死亡，但其壽命顯然要遠超過人類。其死亡主要有兩種方式：大部分死於鬼世界，且多為刑罰造成的非自然死亡，稱為「聻」；一小部分死於人類世界，表現為形體逐漸消散、揮發。

77. 人的死亡表現為形神分離：身體留在人類世界，而魂魄則需要到鬼世界報到。

78. 一般來說，無論是出於主觀還是客觀原因，形神分離之後的魂魄未經鬼世界的政府部門登記註冊，則不具備正式身份，類似佛教所說的「中陰身」。

79. 未經登記註冊的魂魄，雖然不受陰陽兩個空間的管束，但是也無法進入兩個空間的成員流轉系統，即輪迴轉世，甚至不能在這兩個空間中享有公共生活。

80. 未經登記註冊的魂魄並非通常意義上的孤魂野鬼，後者一般指兩類情況：一是鬼世界的族群形成之前的魂魄，類似文明社會之前的原始人群；二是衣食不保的鬼，類似人類社會中的街友。

81. 狹義上的魂魄是介於人鬼之間的臨時狀態，其形質與鬼近似乃至完全相同，但其與人類接觸、交流的時間是有限的，往往是在人死之初。

82. 人類在特殊狀態下（做夢、昏迷、出神等）也會出現形神分離，但不必然導致死亡。

83. 魂魄的形象大多數情況下與正常人相似，有時是以體型較小的人的形象出現。

84. 人在死亡後的一定時間內，只要屍體不腐敗，理論上都有復生的可能。

85. 如果屍體已腐敗，則魂魄可以（但不必然）依附於其他人類身體，以不同的形神組合生存於人類世界。極少數情況下可在陰間實施外科手術修復屍體以保證復生。

86. 在某些特殊條件下，屍體不會腐敗，則容易變為殭屍。

87. 殭屍不是鬼，形質上不具備鬼的特性；與人相比，只是身體更發達，大多心智更低下。

88. 人類對殭屍的處置方式與對鬼不同，主要是以焚燒的形式消滅。

89. 除了執行公務的冥官，鬼在人類世界的活動區域主要在墓地周圍。

90. 墓葬中的棺槨及隨葬品均有可能具備鬼的形象和能力，但它們不是真正的鬼，而更接近精怪。

精怪

91. 理論上說，人類世界見到的所有生物及非生物都有可能成精。

92. 成精的基本條件是時間，一般至少需百年，同時輔以各種修煉方法。這也導致很多生物（特別是家禽、家畜）成精的比例較低。

93. 動物中成精概率最高的大致有狐狸、蛇、老虎等。

94. 所有成精的動物中，狐狸精與人類的關係最密切、最接近，並且形成家庭、家族乃至社群，其他精靈則尚未進化到這一步。

95. 植物成精的比例較高，很可能由於其生命週期長。

輯一

鬼的日常

這就是真愛

在人鬼、人神、人狐之戀中，有很多鬼神狐選擇搭個豪華場景給情人，來表達真愛。愛他，就跟他一起拍戲吧。

舉個大家最熟悉的例子，《西遊記》第二十三回，南海觀音為了測試唐僧師徒取經的誠心，搭了個片場拍戲：

師父喘息始定，抬頭遠見一簇松陰，內有幾間房舍，著實軒昂，但見——

門垂翠柏，宅近青山。幾株松冉冉，數莖竹斑斑。籬邊野菊凝霜豔，橋畔幽蘭映水丹。粉泥牆壁，磚砌圍圜。高堂多壯麗，大廈甚清安。牛羊不見無雞犬，想是秋收農事閑。

長老連忙下馬，見一座門樓，乃是垂蓮象鼻，畫棟雕樑。沙僧歇了擔子，八戒牽了馬匹道：「這個人家，是過當的富實之家。」

那婦人道：「舍下有水田三百餘頃，旱田三百餘頃，山場果木三百餘頃。黃水牛有一千餘隻，況騾馬成群，豬羊無數。東南西北，莊堡草場，共有六七十處。家下有八九年用不著的米穀，十來年穿不著的綾羅。」

第二天一早，眾人「忽睜睛抬頭觀看，哪裡得那大廈高堂，也不是雕樑畫棟，一個個都睡在松柏林中」。片場拆了，就剩荒郊野地。

八戒沒有承受住觀音的考驗，很大程度上是受到了片場的誘惑。而搭建一個合適的片場，則是鬼神向人表達真愛的利器。紅包什麼的，簡直弱爆了。

唐滎陽人鄭德懋，經常獨自騎馬郊遊。某天出遊，被一個漂亮小姑娘攔住，說是崔夫人派她來迎接鄭相公成親。鄭德懋說，我不認識什麼崔夫人啊，再說，我又沒跟人訂婚，怎麼忽然就要成親？小姑娘說，崔夫人的女兒「頗有容質，且以清門令族，宜相匹敵」。鄭德懋正待拒絕，又有十幾個僕人過來，催著新郎官趕緊進門，不由分說，牽著馬疾行如飛。鄭德懋心裡一驚，莫非遇上鬼神了？

僕人們將他帶到一處豪宅外，「崇垣高門，外皆列植楸桐……進歷數門，館宇甚盛」。崔夫人再次重申了欲結秦晉之好的意思。鄭同學也不知該說什麼，只能含含糊糊。崔夫人也不多說，命僕人開席，只見「堂上悉以花罽薦地，左右施局腳床七寶屏風黃金屈膝，門垂碧箔，銀鉤珠絡。長筵列饌，皆極豐潔……食畢命酒，以銀貯之，可三斗餘，琥珀色，酌以鏤杯。侍婢行酒。味極甘香。」大意是說：堂上全都是花毯鋪地，左右的人佈置腳床、七寶屏風、黃金屈膝，門上垂有竹簾，銀鉤珠絡，長條的餐桌上全是精美的食物。吃罷吩咐人上酒，用銀器盛著，有三斗之多，呈琥珀色，斟酒用的杯子都是鏤空花紋的。

吃完飯，十幾個婢女領著他沐浴更衣，然後行婚禮。鄭德懋見新娘「姿色甚豔，目所未見。被服粲麗，冠絕當時」。這時候管她什麼鬼，先答應再說啊（「鄭遂欣然」）。洞房又是另一番豪華陳設：堂中置紅羅繡帳，衾褥茵席，皆悉精絕。於是鄭德懋開開心心地做了上門女婿。

雖然夫妻倆琴瑟和諧，但三四個月後，鄭德懋漸漸覺得入贅鬼家有點彆扭，想帶鬼妻回家。夫人說幽冥相隔，很難跟你回家。鄭德懋只能自己先回去，兩人相抱痛哭，相約三年後再見。鄭德懋乘著女方家的馬，瞬間回到家。家人說，公子已經失蹤一年了。鄭德懋再慢慢找到女方豪宅所在，「唯見大墳，旁有小塚。塋前列樹，皆已枯矣。而前所見，悉華茂成陰。其左右人傳崔夫人及小郎墓也。」（《太平廣記》卷三百三十四「鄭德懋」）

在鄭德懋所見的真實世界裡，只有兩座孤墳，連墓木都枯萎了。可是崔夫人母女倆為了這個女婿，搭建了一個完全可以拍出《大宅門》的豪華攝影基地。除了豪宅之外，還有幾十個僕人、丫鬟的群演，最厲害的是，他們連食物、酒水都毫不含糊，絕對不用便當應付。這還不是真愛？

《太平廣記》卷三百四十二的故事更加神奇。隋末大將獨孤盛為護衛隋煬帝，被叛臣所殺。近兩百年後，獨孤盛的八世孫獨孤穆，意外遇到了當初在江都一起遇害的隋煬帝的孫女臨淄縣主。「曩日蕭皇后欲以縣主配後兄子，正見江都之亂，其事遂寢。獨狐冠冕盛族，忠烈之家。今日相對，正為佳耦。」獨孤穆的祖上獨抗叛逆，如今他與臨淄縣主人鬼成親，也是一段佳話。婚宴照例是海陸大餐，山珍海味。服侍的丫鬟群演也是幾十人。唯一讓獨孤穆覺得有點不同的是「既入臥內，但覺其氣奄然，其身頗冷」——洞房之夜，只覺得她氣息微弱，身體很涼。「天將明，縣主涕泣，穆亦相對而泣。凡在座者，穆皆與辭訣。既出門，回顧無所見。地平坦，亦無墳墓之象。」第二天離別之後，再看片場一片平坦，連墳墓的跡象都沒有。

類似的故事相當多，可以說，幾乎所有男士在外偶遇型的人鬼戀，女鬼都會傾其所有搭建一個片場，從不馬虎。上面兩則故事中女鬼出自貴族豪門，可是也有很多女鬼只是普通人家出身，搭建片場的預算不夠充裕，只能做到「院宇分明，而門戶卑小」（《太平廣記》卷三百三十四「楊準」）。不過，另有人則是「幽隱邃合，床褥明麗……凡所著衣履，皆其手制」（《夷堅乙志》卷十八「天甯行者」），連服裝道具都準備得一絲不苟。

在人狐之戀中，狐狸精倒是很少搭建片場。《閱微草堂筆記》卷十五說：「如往來城市，則嗜欲日生，難以煉形服氣，不免於媚人採補，攝取外丹。儻所害過多，終干天律。至往來墟墓，種類太繁，則蹤跡彰明，易招弋獵，尤非遠害之方，故均不為也。」狐狸精的修煉，如果「媚人採補」，必須在城市中人群密集處，人來人往的，很難搭建一個片場；如果像女鬼那樣，利用野外的墳墓幻化，又容易被獵人傷害。「凡變形之狐，其室皆幻，蛻形之狐，其室皆真。」所以，狐狸精媚人，更傾向於夜奔。反正男人大多經不起誘惑，搭不搭片場，不是很重要。

以上說的都是男人與女鬼的婚戀，倒過來的情況卻很少見，理由很簡單，古代的女子大都不出門。

對陰間的妹子說不

人鬼的婚戀故事，自古以來就多如牛毛，不過，男女雙方大都不是生死相隔的夫妻，所以大致可以說，雖然有積簡充棟的文章，歌頌淒美的人鬼戀，但實質上就是陰間與陽間約會的故事。

人鬼之間的戀愛，當然也不是全都以約會為結局。或者說，首先是精神上的、柏拉圖式的。比如著名的漢武帝與李夫人的故事，按照《拾遺記》的記載，著名方士李少君用奇石雕刻了李夫人的像，「刻成，置於輕紗幕裡，宛若生時」。可是這石像只能看不能觸摸，李少君勸武帝「勿輕萬乘之尊，惑此精魅之物」。所以說，漢武帝與李夫人柏拉圖式的人鬼戀，並非他們看重精神，而是李少君道術不夠。因為在《搜神記》卷二的故事中，一個不知名的道士就做到了這一點。

漢代北海郡的一位無名道士，「能令人與已死人相見」。郡中某人的妻子去世數年，因為思念不已，就請道士幫忙。道士說沒問題，但是聽到鼓聲，就得趕快離開，天亮就分手。道士教了這人具體的方法，他果然見到了亡妻。兩人「恩情如生」，後來鼓聲響起，那人戀戀不捨地離開，外衣被門夾住了，急切之間，只能將衣服留下。過了一年多，這人也去世了。家人將他與妻子合葬，進入墓道一看，他那件衣服就壓在妻子的棺材下。

此後，可能是鬼世界的主體意識逐漸強化，女鬼看中了哪位帥哥，往往會直接上門，不再需要借助道士作法。清除技術壁壘之後，人鬼相戀的情況就很常見了。三國時著名的書法家鍾繇就有這樣的豔遇。

鍾繇晚年經常不去上朝，而且脾性變化很大，他對外人解釋說，因為遇到了一個奇女子，美麗非凡。人家就說這多半是女鬼，得殺掉。後來那女子再來時，鍾繇預作了準備，纏綿一晚，鍾先生有點不忍心，可還是一刀砍下去，傷了女子的大腿。女子竟然沒有任何表示，一邊擦拭腿上的血，一邊逕自離開了。第二天，鍾繇派人順著血跡去找，在一座大墓中發現了那女子，與活人一模一樣，穿著白衣服、花坎肩，正在用坎肩裡的棉花擦血。（《搜神記》卷十六）

作者好像不忍心指責著名書法家，所以這個故事至此戛然而止。但是另外一些類似的故事中，女方似乎是借男方的陽氣，以求復活。所以，人鬼戀這事有時就是雙方各取所需而已，不一定非要弄得那麼崇高。

對陽間的人來說，面對飛來豔福，雖然有找小三的嫌疑，不過在納妾合法的古代，實在不算什麼。麻煩來自陰間，因為你實在沒法判斷那位主動投懷送抱的女鬼在陰間是不是單身，如果不小心睡了那個世界的有夫之婦，就很危險了。

清乾隆年間，帝都有位官二代，模樣俊俏，是個可以刷臉吃飯的主兒。有天出門去看社戲，一直到深夜才結束。回家途中，他到一戶民宅討水喝。那戶人家只有一個少婦在家，見俊俏小哥進來，「流目送盼」，主動說自己的夫君出門在外，明天才回來。這妥妥的約會的節奏啊！小哥當然心領神會，兩人就上了床。

臨別時，少婦拿出一個金釧給小哥留念，要他別再來。小哥回到家把玩金釧，發現都是銅銹，好像是從土裡挖出來的。因為對女子念念不忘，又來到相遇之地，可是民宅已不見，只有一座墳墓。正在驚惶時，有位虯髯大漢出現，二話不說，就搧了他幾個耳光，嘴裡還罵罵咧咧的。

小哥奔逃回家，就此發了失心瘋。他父母聽他絮絮叨叨的，才知道遇到鬼了，命人帶著金釧到墓前，祭拜祈禱，並把金釧又埋入土中。可是回到家，小哥情況更糟糕，被那位虯髯男鬼附體，男鬼說：「我老婆的金釧不見了，當時雖然懷疑，可是沒有憑據，只好當作被她偷偷賣了。今天你們把金釧還回來，我才知道她是被你家小哥穿過陰陽界給睡了。這樣的奇恥大辱，一點祭品豈能了結？」果然，小哥瘋癲了兩個月後，不治身亡。（《北東園筆錄》三編卷三「見鬼」）

即便天不怕地不怕，膽敢與女鬼約會，也還是先問清楚對方的家世為好，否則就是兩個家庭的悲劇了。

霸道總裁模式：男神搶民女

比起古代，現在的節慶並不算太多，只是每逢佳節，除了商業味太濃，還會看到有許多人在秀恩愛。

古人倒是直截了當，《墨子·明鬼下》說：「燕之有祖，當齊之社稷，宋之有桑林，楚之有雲夢也，此男女之所屬而觀也。」這是說春秋時期有著名的四大狂歡節，至於「男女之所屬而觀也」這句，「屬」意思是「合也，聚也」，就是做那不可描述之事。需要說明的是，這四大狂歡節都是打著祭祀的名義，也就是在神的庇護下獲得了生命的大和諧。發展到屈原的《九歌》，就是凡女撩男神了，巫女「浴蘭湯兮沐芳，華采衣兮若英」，等候男神下界臨幸。

人心不古，後來就更等而下之，男神直接搶親了。《搜神記》卷四說，吳郡太守張璞，上任經過廬山途中，去山神祠參觀，結果因為一句玩笑話，女兒和姪女都被山神廬君搶走。幸好廬君後來主動認錯，交還了二女。

《太平廣記》卷二百九十八的「趙州參軍妻」故事中，男神搶親就更加霸道了。唐高宗年間，趙州盧參軍年輕漂亮的妻子在端午節那天「忽暴心痛，食頃而卒」。因為死得太蹊蹺，盧參軍立刻求助於當時著名的術士正諫大夫明崇儼，明大夫給了盧參軍三條符籙，讓他回家後按次序燒掉，如果三符燒完，人還不能復活，那就是真死了。燒了三條符籙之後，其妻醒轉。說自己正要出門時，被車子強行載到泰山山頂。有一帥哥，自稱是泰山府君家的三公子。三公子看上了盧夫人，要與她成親，「令侍婢十餘人擁入別室，侍妝梳」。三公子自在大堂與清客們下棋聊天，等待吉時拜堂。

這時有功曹（一種官吏）上門，說是奉都使令查問三公子，為何強搶民女，令他送還。三公子惡少模式發作：「老子娶妻拜堂，關都使鳥事！」於是趕走功曹。過了一會兒，又有使者上門誡勉談話，這回現場的清客們也有點怕了，勸三公子放人，他還是不聽。第三次，兩個使者遠遠地就高喊：「太一直符，今且至矣！」可能是「太一」這個神明的行政級別太高，三公子這下真怕了，趕緊將盧氏放出。幾位使者這才將她送還。

不消說，使者三次上門，是明崇儼給的三道符請來的。而三公子之所以放人，並非法力不夠，而是因為使者的級別越來越高。即使在神界，同級監督也是無法有效遏制貪腐的。

如果沒有高級術士給的符籙，那就花錢消災吧。桃林縣令韓光祚，上任時經過華山，愛妾被華山神的三公子搶走（又是山神！又是三公子！）。韓縣令求助於巫師，然後花錢鑄了觀世音菩薩像，連鑄三座像，觀音菩薩才將其愛妾救活。（《太平廣記》卷三百三「韓光祚」）

類似山神、河神搶親的故事，在志怪小說中有很多，大都是霸道總裁性質的以力取之。至於男神智取凡女的，以下面這則故事最為精彩：

清嘉慶年間，合浦李縣令十二歲的女兒忽然走失。幾天後，有人在城隍廟的神龕旁發現了奄奄一息的孩子。救醒之後，小姑娘只知道被人引誘到一座宅院，有人陪著說話吃東西。說著就上吐下瀉，高燒不止，昏迷不醒。縣令憂心不已，全家一起到城隍廟燒香求庇護。

半夜時分，門房忽報城隍爺拜會。縣令心中疑惑，陰官公然拜訪，莫非自己命數已到。戰戰兢兢出門迎接，只見對方「儀仗服飾，如陽官狀」。兩位官爺寒暄之後落座，城隍爺開口就叫：岳父大人！令嬡是小婿看中了。小婿的前妻已轉世還陽，小婿與令嬡既有夙緣，當為繼室。陰陽之間，也找不到人做媒，所以小婿特來求婚，三天後就將迎娶令嬡。

這算哪門子的親事啊！李縣令還沒回過神呢，城隍爺又說了：岳父大人是陽間的縣令，小婿是陰間的城隍，成親之後，自然要助岳父大人整頓地方，陽間的那些疑難案件，在小婿看來，都洞若觀火。說完，竟不容縣令說話，轉身告辭離去。

三天後，小女孩果然病故。李縣令與妻子商量，這鬼女婿的態度，似乎沒法拒絕，不如風光地嫁了吧。於是請人給女兒塑了一尊像，選取吉日，「鼓樂喧街，彩輿耀目，衣奩妝具，無不齊備，徑送至廟」。熱熱鬧鬧將女兒嫁給了城隍爺。此後，李縣令在合浦縣斷案如神，成為全國知名的優秀縣令。（《咫聞錄》卷十二「城隍娶妻」）

人神戀愛的故事中，我們津津樂道的是女神如何對凡男青眼有加，如何與夫君恩愛，甚至為了夫君不願回到仙界。可是男神對凡女，幾乎全是霸道總裁模式。即便是最後一個故事，城隍爺也是照樣不容岳父大人推辭，而所謂的幫助斷案，可視為是城隍爺給的聘禮或贈品吧。

被鄙視的陰間文教事業

鬼不怎麼愛讀書，這點不難理解。首先，鬼世界讀書無用。冥府的官員大都是從陽間直接錄用，陽間的科舉選官制度能鼓勵士人讀書進取，但在陰間就沒有效力了。其次，冥府的主要職能是司法，只有在登錄冥簿時才需要使用文字，而且完全是公文寫作。最後，也是最重要的，在陰間最看重的是人品，而不是文化水準。所以，鬼不愛讀書很自然。

當然，這事也不能一概而論，愛讀書的鬼也是有的，有些鬼還頗有文藝造詣。

宋人王榮老曾在觀州（今河北滄州）做官，有一次要渡觀江，可是江中風浪太大，連續七天都是如此。有老人家對王大人說：這裡的江神很靈驗，您的行李中有什麼寶物，敬獻給江神，也許就會風平浪靜了。王大人想，自己的行李中，有一柄玉麈尾比較珍貴，就獻給江神吧。結果扔到河裡，一點兒作用沒起。又從行李中拿出一方端硯扔到河裡，還是沒用。王大人把值錢的東西都快扔光了，還是沒效果。晚上，王大人被迫在河邊休息，想到自己還有一幅黃庭堅草書的扇面，題寫的是韋應物的詩：**獨憐幽草澗邊生，上有黃鸝深樹鳴。春潮帶雨晚來急，野渡無人舟自橫**。可是這上面的狂草，連主人自己都難以分辨，鬼能認得出嗎？姑且一試吧。沒想到，扇面扔到河裡，他點的一炷香還沒燒完，江面立時雲收雨散，風平浪靜。王大人也順利地過了江。（《冷齋夜話》卷一「江神嗜黃魯直書韋詩」）

這個故事說明，這位無名的江神是真正的藝術愛好者。二〇一〇年時，黃庭堅的行書《砥柱銘》在拍賣場上以三億九千萬元成交，成為中國最貴的藝術品。王大人大概永遠也不會想到，自己送出去的黃庭堅草書竟然這麼值錢。

藏家有收書畫作品的，也有收書的。這一點，陰間比之陽間，亦未遑多讓。

隋煬帝楊廣在世時，在洛陽建了觀文殿，藏書甚豐。唐高祖武德四年（六二一年），唐軍隊攻克洛陽後，準備將那裡的八千多卷藏書運往長安。負責運書的部將上官魏夢見已故的隋煬帝罵他：我的書放得好好的，為什麼要運往京師？上官也沒當回事。可是，運書的船在黃河竟然遇到大風浪而傾覆，所有的書都淹沒在河中。當晚，上官魏又夢見隋煬帝喜滋滋地說：這批書我全到手了。煬帝生前就酷愛藏書，而且只進不出，一本也不許外流。這次整體拿到陰間收藏，大約再沒誰會跟他搶了。（《大業拾遺》）

不過，這些風雅之鬼只能算特例。大多數的鬼對文化毫無興趣，冥府甚至招聘公務員也專選文盲。

明萬曆年間，有位符姓市民，夢見泰山府君派使者錄用他為「某司祭酒」，過了幾天就被冥吏招去與上一任交接。前任祭酒對他說，自己任期已滿，將要升職，所以舉薦他接任自己的位子。符先生說，我是個文盲，目不識丁，怎麼能做官呢？前任說，無妨，我也是文盲啊，當年被舉薦的時候，也是大字不識一個。做官做久了，自然就懂。況且這個職務也無須操勞，有辦事人員會處理，你只要坐鎮辦公室喝喝茶就行。（《堅瓠秘集》卷三「東嶽祭酒」）

這個故事實在讓人難以理解。我們知道，祭酒在古代是學官之職，可是泰山府君治下的學官，竟然連續兩任長官都是文盲。可以想見，陰間對文化不僅是不重視，甚至是厭惡。

大概正是因為冥府對文教事業的鄙視，很多辦事人員以沒文化著稱。有些索命的無常因為不識繁體字與俗體字，而拘錯了人；有些辦差的鬼，則分不清符籙與文字的差別。

古人一直相傳有祛瘧鬼的咒語，只是各地不同而已。康熙年間，小說《隋唐演義》的作者褚人獲患了瘧疾，寒熱交作，痛苦不堪。他的族兄來探望，在紙上用朱筆寫了幾個字，折成紙條，讓他用紙條拍打手臂，驅趕瘧鬼。褚人獲試了試，果然症狀有所緩解。拍打了一個療程之後，病竟然痊癒了。他打開紙條一看，上面寫了十一個字：江西人，討木頭錢，要緊要緊。這句咒語也出人意料，褚人獲說，應該是因為這幾個字寫得潦草，而瘧鬼又不識字，還以為是道教的符籙呢，所以被嚇跑了。（《堅瓠五集》卷四「祛瘧鬼咒」）

正因為對文化教育的重視，陽間才會對陰間不以文教治理感到驚奇不已。從某種角度來看，陰間的這種文盲式的政治治理方式，倒不見得是完全荒謬的，因為陰間很重視品格。需要說明的是，陰間雖然不重視文教，但並不會刻意歧視有文化的鬼，那些逼得人們不願意讀書識字的社會，恐怕未必比陰間更高尚。我們且看《鹿鼎記》第十七回的這段話：

雙兒道：「三少奶說，那叫作『文字獄』。」韋小寶奇道：「蚊子肉？蚊子也有肉？」雙兒道：

「不是蚊子，是文字，寫的字哪！我們大少爺是讀書人，學問好得很，他瞎了眼睛之後，做了一部書，書裡有罵滿洲人的話……」韋小寶道：「嘖嘖嘖，了不起，瞎了眼睛還會做書寫文章。我眼睛不瞎，見了別人寫的字還不識，我這可叫作『亮眼瞎子』了！」雙兒道：「老太太常說，世道不對，還是不識字的好。我們住在一起的這幾家人家，每一位遭難的老爺、少爺個個都是學士才子，沒一個的文章不是天下聞名的，就因為做文章，這才做出禍事來啦。」

人生識字憂患始，陰間對這點倒是看得相當透徹。

鬼會生病嗎？

雖然儒家說立德、立言、立功為三不朽，但追求生命的不朽，始終是人類最執著的願望。不過，陰間的鬼也是有生老病死的。

紀曉嵐就認為鬼是會死的，他說：「鬼，人之餘氣也。氣以漸而消，故《左傳》稱新鬼大，故鬼小。世有見鬼者，而不聞見羲、軒以上鬼，消已盡也。」本來《左傳》中的新鬼大、故鬼小是指祭祀中地位的高低。到紀曉嵐這裡就演化成身材的大小，「故鬼小」成了鬼慢慢消散的證據；後人見不到伏羲、黃帝軒轅時期的鬼，也成了鬼會死的證據。在《庸庵筆記》「舊鬼玩月」的故事中，那些上了年紀的故鬼「鬚眉皓白，而長不滿三尺」，說得更加直白了。

鬼既然會死，也會生病。而且麻煩的是，由於冥府嚴重缺乏專業技術人員，生了病還得跨界到陽間來請醫生。

南朝時杭州一帶有位名醫徐秋夫，在當地聲名顯赫。有天晚上，他聽到外面半空中有痛苦的呻吟聲，出門對著發聲處張望，黑漆漆的什麼也看不見，就問：「你是鬼嗎？哪裡不舒服？是缺衣少食嗎？如果生了病，要趕緊治啊！」這位名醫的職業病簡直是深入骨髓了。

那位無形的鬼說：「我是東陽人，生前是個基層官吏，因為腰痛而死，現在陰間的湖北做小官。

不過，雖然做了鬼，這病根還在，苦不堪言。聽說您是名醫，專門從湖北過來掛個專家門診的號。」

徐大夫說：「可是我連你的鬼影子都看不到，怎麼治？」

腰痛鬼說：「這好辦，您紮個茅草人，紮得精細點，按照真實的穴位扎針。紮完針，把茅草人扔到河裡就行。」徐大夫照辦了，像模像樣地在茅草人上扎針，還準備了一些祭品，派人一起扔到河裡。當晚，病鬼托夢給他，說徐大夫真是妙手回春，不僅針到病除，還照顧患者的飲食。（《續齊諧記》）

這個故事很有意思，首先，人的病痛是會帶到陰間的，即使不致命，其痛苦也毫無差別；其次，給鬼治病可以採用近似巫術的做法，直接針灸茅草人，遵循的是巫術中的相似律原則。當然，我們要注意的是，這是在大夫不能去陰間出診的情況下的處理。這位腰痛鬼在陰間的官職太低，可能沒有資格請大夫出診。如果是高層的幹部鬼，看病就有快速通道了。

唐文宗大和五年，湖北天門一帶有位名醫王超，擅長針灸，號稱針神。有一天中午忽然暴病而死，第二天又復活了。王神醫說，自己被召到陰間去出診了。當時有冥吏領著自己到了一座王宮，見一位長者躺在床上，左胳膊上有一個大如杯口的囊腫。長者命王神醫診治，於是王神醫取出針來，挑去囊腫，很輕鬆地就治好了，然後就被放回還陽。（《酉陽雜俎》續集卷一）

這位高官顯然比上一位小官的病要輕，但是由於他的級別高，就能夠請醫生跨界出診，而無須上門求醫。即使在陰間，看來醫療體制也有改革的空間。

無論官位高低，病痛是無法避免的。不過，對鬼來說，有些病卻是由陽間造成的，且帶點滑稽。

宋真宗年間，樞密使盛度病死，可是四肢還有餘溫，家人也不敢收殮。過了一天，盛樞密使又活了過來。告訴家人，自己是被勾魂使者誤抓的。到了閻王殿，發現該死的是另一位同名者，於是就被放回來了。在回來的路上遇到了太祖、太宗時期的宰相沈義倫，老宰相見到盛度很高興，說，你回去給我家裡人捎句話，我在這邊一切都好，就是「頗為汗腳襪所苦」。

盛度還陽後，病漸漸好了，就去沈家傳話。可是沈家後人搞不懂「汗腳襪」是什麼意思。後來在收拾老宰相的靈位時，赫然發現靈牌架子上有一隻臭襪子。追問之下，才得知是守靈的老兵無意中把襪子扔在這裡，後來忘了拿走，導致那邊的老宰相一直受腳臭之苦。（《括異志》卷二「盛樞密」）

不僅是鬼，還有那些成精的妖怪，也同樣無法擺脫病痛之苦。此類故事甚多，《聊齋志異》卷十三的「二班」，說的就是名醫給虎精治病的故事。至於狐狸精，都能給人生孩子了，如果罹患產後憂鬱症，恐怕也不意外吧。

在人間騙吃騙喝的鬼

農曆七月十五，佛教有盂蘭盆會，道教為中元節，都是為那個世界的成員辦的饕餮盛宴。《荊楚歲時記》說：**七月十五日，僧尼道俗，悉營盆供諸仙**。可見，至遲到了南北朝時期，佛道對此已基本達成一致了。

不過，一頓大餐終究不能代替日常飲食。祖先鬼還好，有子孫後代經常祭拜，得享血食。但對很多孤魂野鬼來說，一年中只有這一天有機會大吃一頓，其餘時間要麼餓著，要麼到處打秋風。雖然鬼的抗饑能力相當強，可是四處覓食也是必需的功課。

最直接的辦法就是在飯館周圍逡巡，與陽間的人類爭食。比如，清晨的早餐店蒸籠裡熱氣騰騰的饅頭、肉包、豆包，可能會引來餓鬼。只不過，餓鬼搶包子吃，吃法與人不同，他們享用的是「馨香」，也就是食物的香味。剛揭開蒸籠時，如果看見包子自行扭動，而且一邊動一邊逐漸縮小，那一定是餓鬼來了。一個如碗大的肉包，頃刻間會變得像核桃那麼小，而且吃起來像咀嚼麵筋，包子的「精華盡去」。破解之法也有，在揭開蒸籠的同時用紅筆在包子上點一下就行，不過，如果只有一人點，那還是「不能勝群鬼之搶也」。（《子不語》卷二十二）

除了麵食，餓鬼也愛搶其他食物吃，也是吃飯菜的香味，稱為「竊飯氣」。因為一般家庭都祭灶神（灶王爺），灶神手下的童子會負責看守食物，驅趕餓鬼。當飯菜熟的時候，群鬼像災民一樣撲上來搶著吸食香氣，童子也難以招架。不過，這是在有風的情況下，香味四散，餓鬼「以手攫之，如絲絮狀，可搏而食」。如果沒有風，香氣直上，無法散開，童子就能守住食物。

不過，我們也不必過於焦慮，因為現在生活條件好了，食物香氣中的油水足，鬼吃一頓能頂很多天，最長的甚至能挨一年。所以大多數時間裡，餓鬼沒有那麼多了！

這些搶吃的餓鬼，只為求一飽，對於吃相就不那麼看重。有些餓鬼，則希望能吃得好些、體面些，這就需要費一點心了。

南宋時，江西撫州有一戶人家姓詹，家中最小的詹小哥好吃懶做，在外面賭博輸了錢，怕被哥哥們打罵，竟然離家出走。家裡人到處找，也沒找到。詹母最寵愛小兒子，每日思念不已，可是無論是占卜還是占夢，都顯示不祥之兆，大概凶多吉少。中元節那天，詹母準備了祭品、紙錢。到了晚上，屋外似有幽幽的歎息聲，詹母想，大概是小兒子回來了。心裡默默禱告，要真是我兒，就把這錢取走。果然陰風一起，好像有人伸手把紙錢取走了。詹家以為小哥真的死了，放聲大哭，找來和尚做法事超度。過了幾個月，詹小哥竟然回來了，原來他沒死，是逃到外地打工去了。詹家這才知道，上次是野鬼來騙吃、騙喝、騙錢的。（《夷堅丁志》卷十五「詹小哥」）

有文化的鬼，行事會更細膩一點，不過文化程度的高低還是有差。清代有一秀才，趕考途中在河南陳留的一個村子借宿。傍晚時分，在村外散步，忽然遇到一人跟他打招呼。那人張口就說：我是漢代的蔡邕，已死去多年了（按，蔡邕為陳留人）。不過您別害怕，我不會害您的，只是想請您幫個忙。我的墓雖然在這裡，但後人早已失散，「享祀多缺」，以我的身份，怎麼瞧得上村裡那些俗人呢？不願像其他沒教養的餓鬼那樣求食，所以只能有一餐沒一餐的。我看閣下這麼有學問、氣質，所以冒昧打擾，希望「明日賜一野祭」。

秀才沒想到竟然遇到大名鼎鼎的名士蔡邕，喜出望外，滿口答應。兩人就攀談起來，秀才問起漢末的那些史事，對方解說一番，可是聽上去都是羅貫中《三國演義》裡的那些故事。秀才有點懷疑，再問對方的生平，更加有趣了，基本是高明《琵琶記》的情節，比如自己中了狀元，被牛丞相逼婚，然後如何與原配妻子團圓之類。

秀才聽到這裡，心裡清楚了，笑著對那位說：我手裡的錢也不多，實在無力給你弄頓大餐，不過有一句話想叮囑你：此後要想假冒蔡邕，還是先讀讀《漢書》、《三國志》、《蔡中郎集》，免得露餡，這樣才能「於求食之道更近耳」。那位假冒的鬼聽得面紅耳赤，「躍起現鬼形去」。（《閱微草堂筆記》卷二十四）

不管怎麼說，這位冒牌鬼還知道劍走偏鋒，選了很多人不太瞭解的蔡邕。在很多扶乩的故事中，有些冒牌鬼的口氣更大，只會打油詩的也敢說自己是李白，分不清丘處機和吳承恩的，也敢說自己寫了《西遊記》。

無論人還是鬼，騙吃騙喝也要更敬業一點才好。

鬼是吃素的嗎？

素食主義者越來越多，鬼當然也有吃素的，《茶經》上說：「南齊世祖武皇帝《遺詔》：我靈座上慎勿以牲為祭，但設餅果、茶飲、乾飯、酒、脯而已。」齊武帝信佛，所以希望將來在那個世界的食物也不要沾葷腥。在一些禁忌的場合，使用葷油甚至會有生命危險。比如《稽神錄》卷一「廬山賣油者」所述：

廬山腳下有個賣油郎，是個大孝子。不幸的是，某天被雷劈死了，他母親覺得上天實在不公，就到廟裡去哭訴。晚上她夢見有人托夢給她：你兒子做生意以次充好，一直把魚膏（魚油）混在油裡面，牟取暴利，而且廟裡經常從他那裡採購祭祀用油，因為魚油葷腥，腥氣上達天庭，所以靈仙不再降臨。為了懲戒他，所以執行了天罰。

不過，陰界的飲食主流應該是葷食。早在先秦時期，就常常用「血食」一詞指代祭祀，那時祭祀都是宰殺牲畜，取血以祭的。至於天子祭祀社稷時用太牢（豬牛羊），更是極為隆重的儀式。

當然，由於受到佛教、道教的長期影響，很多人家在祭祀神鬼時，為了表示恭敬，往往會用素食瓜果等作為貢品。這時有些葷素不拘的鬼神還會特別說自己想吃葷。

南宋甯宗時，浙江建德縣村民李五七，家境優越，經常供奉各種神祇。有一次，他到婺源去拜謁五侯廟（即五通廟），沒想到回家時跟來一批鬼神。大約有上百號，其中一個穿著王爺的服飾。這傢伙大剌剌地在李五七家裡廳堂坐下，對老李說：我是婺源的「五顯宮太尉」，因為你事神至誠，所以護衛你到家，想暫時在你家借住幾日。老李一聽，竟然有神仙上門這等好事，喜出望外，於是安排香案，擺上麵食蔬果等貢品。那五顯神吃了幾日，大約覺得沒啥油水，嘴裡沒味道，又現形對老李說：我在廟裡的時候，為了讓各方信徒虔誠，所以不得不吃齋食素。現在既然離境，只有你一家供奉，就不必拘禮了，有什麼雞鴨魚肉都可以上來。老李見神仙吩咐，也不敢怠慢，於是每天殺雞宰羊，美酒佳餚流水一般地獻上。那一幫鬼神大吃大喝了幾個月，李家漸漸財力不支。更可恨的是，他的妻女竟然暴病身亡。李五七覺得有點不妙，莫非這幫神仙就是打著送溫暖的旗號來到陽間大吃大喝？仙界的風氣也太腐敗了。於是他去婺源的五侯廟去告狀，狀子燒了不多時（向鬼神界告狀的專用手段），就見有兩個下級軍官押著那位「五顯宮太尉」來了，還上了枷鎖，顯然直接逮捕了。老李回家後，果然再也沒有神鬼來騷擾了。（《夷堅志》補卷十五「李五七事神」）

要注意的是，故事中主動要求上葷菜的五侯神（五通神）向來屬於淫祀，也就是民間自發的，不合禮制的祭祀。五通神在淫祀中屬於對食、色有特別愛好的。那些由官方認可且大力宣傳的神靈，大多行事嚴謹，當然也不怎麼接地氣。

除了葷素，有些鬼神還有更高的要求，比如要吃熱食。邵北崖《桃渚隨筆》載：松江某人扶乩請仙，有位陸成衣降乩說，我在鄰村做土地爺，區區小官，香火能不斷就很滿意了！但是祭祀用的貢品千萬不要用冷的，供桌上別擺些冰涼的豬肉、雞鴨。麻煩你們轉告我家裡的孩子，以後過年過節，除了燒紙燒香之外，祭品的葷素我是無所謂的，財力好就上點雞、鴨、魚、肉，沒錢就燉點蘿蔔、豆腐也行，但一定要熱菜。（《履園叢話》卷十五「祭品用熱」條）

作者錢泳還為這位土地爺護航說：古代祭祀用的青銅鼎彝，都是有蓋子的。祭祀的時候，把那些祭品放在裡面，蓋上蓋子，下面用火加熱。等到祭祀的時候揭開蓋子，就像現在的保溫鍋一樣。所謂「歆此馨香」也。若祭品各色俱冷，哪有香氣上飄呢？

鬼神愛吃葷並不難理解，可是冷飲他們也要吃，這就有點奇怪了。《夷堅志》補卷二十二「紫極街怪」條記載，南宋時期，江西饒州有個小攤販，結束了一天的生意後回家，買了一根「酥油雪糕」準備帶回家給母親吃，可是路上遇到一個男子，強行索要他的雪糕，小販不給，這人就強搶，將小販毆打一頓，還將其嘴裡塞滿爛泥。後來經算卦的指點，小販才得知這是街上一個樹怪幹的。這個故事也可見中國到了宋代已有發達的冷飲與冰品，如酥油雪糕等。

最後來個彩蛋，介紹一款陰間的工作餐：「饌以四簋，切豬肉作絲，蒸雞卵作餅，餘則蔬菜，其味悉如人間。」（《右台仙館筆記》卷十二）顯然，冥官並不是素食主義者。

冥府的聯歡晚會

我們一般把陰間稱為陰曹地府，說明其主要功能是對人生前在陽間的一生功過做出判決，決定投胎轉世還是繼續接受懲罰或直接升為神仙。這個說法代表陰間只是一個從事刑名的政府法律部門，而且只是人死後的一個中轉站。顯然，這是受到佛教輪迴轉世觀念影響形成的。雖然擔任閻羅王的很多是陽間的忠臣英烈，但地獄的框架是佛教幫我們搭起來的。實際上，輪迴轉世只是古人對陰間看法的一個面向，在另一個面向裡，地府是一個完整的社會，甚至可以說是陽間社會的鏡像。他們的生活與人世間比起來，並不見得枯燥無味，甚至陽間的人還經常客串參與進來。「唱堂會」就是很好的例子。

據說，最早的堂會記載在漢代就有了，不過，由於戲曲的鼎盛期在明清，唱堂會在那時才逐漸成為重要假日的喜慶娛樂節目。志怪作品中記載的唱堂會故事也大多發生在這一時期。

清代袁枚的《子不語》卷十七「木姑娘墳」就記載了這麼一個故事。京城的戲班「寶和班」名氣很響，某天有人來預約，請他們晚上到北京的海岱門外唱戲（又稱崇文門、哈德門）。寶和班眾演員跟著來人出城到了荒郊野外，見到一所大宅院，裡面賓客盈門，唯一有些特別之處，就是燈火都是綠熒熒的。婢女吩咐戲班：因為小姐不喜歡吵鬧，所以只能唱小生花旦戲，不能唱銅錘花臉的、敲鑼打鼓的熱鬧戲。戲班子搭好檯子開始演出，可是從晚上九點唱到半夜也沒見叫停，而且沒有茶水酒飯供應。演員們唇乾舌燥，不免有些怨懟。唱花臉的老顧心中不耐煩起來，自己化了妝，出場唱了一出關雲長的《借荊州》，一時間鑼鼓大振。霎時間，廳堂裡燈火全滅，賓客們瞬間消失。大家點起燭火一看，原來是在一座荒墳前演出。嚇得眾人急忙逃回城，第二天一打聽，才知道這是某府一位木姓姑娘的墳。

在《續子不語》卷六「石板中怪」中，某位女鬼被幽禁千年，有次趁機出逃，在陽間大肆騷擾生人，幸好有法力高強的和尚動用符咒將其鎮住。人鬼雙方坐下來會商，女鬼除了要求主人做法事超度之外，最大的願望是「吾已千年未曾看戲，可為我演戲七本，我才看和尚面上，甘心饒汝」。被騷擾者只能請戲班子為女鬼連演七場大戲。女鬼的這個要求有點不合理，一千年前的戲大約是唐代梨園教坊《霓裳羽衣曲》之類的歌舞劇吧，與《續子不語》著作的清代流行的京劇、昆曲、黃梅戲相比，算是不同娛樂節目了。

以上兩個故事說的都是相當個人化的陰間世界，我們可以理解為只是個體的愛好，最多只是家庭娛樂。不過，唱堂會在明清時期，不僅是重要的娛樂活動，而且是重要的社會交際手段。與現在的高級會所、夜總會的功能很相似。對鬼魂來說，他們的交際手段與陽間也沒有什麼差別。

比如《耳談》卷一「太白酒樓下鬼」說的就是鬼魂的社交情況。山東濟寧有位彈琵琶的盲藝人，某天被兩人強邀到郊外演奏。耳聽滿座賓客行酒令、猜枚、調笑，都是酒桌上的熱鬧場面。盲藝人開始只是淺斟低唱，「輕攏慢撚抹複挑，初為霓裳後六么」，眾賓客都哄然喝彩。可是藝人越彈越投入，「銀瓶乍破水漿迸，鐵騎突出刀槍鳴」，曲調開始雄渾激蕩，聽眾連忙阻止。藝人正自入神，哪裡停得下來。突然滿屋寂然，一個人也不見了。藝人停下來一摸，摸到一口棺材，嚇得魂飛魄散。

第二天他才知道，這棺材是剛剛自縊而死的一位婦女的。身為新鬼加入陰間社會，舊鬼們為慶祝她來到新世界，所以安排了這場琵琶獨奏助興。這可以說明，鬼在陰間並不孤單，他們也有自己的社會生活和娛樂。作者還解釋，鬼的陰氣太重，而雄渾激盪的旋律陽剛氣太盛，鬼受不了。這大概也可以解釋第一個故事中木姑娘為什麼不喜歡聽花臉戲了。

如果從另一個角度看，我們可以說，這種陰間召喚生人唱堂會，都屬於善意的邀請，雖然他們付的報酬都是紙錢，也無法提供人間的飲食。畢竟在臨時邀請的情況下，陰間已經盡可能設置了一個接近陽間的工作環境。如果粗暴一點的話，完全可以直接把藝人或手藝人弄到陰間去。比如《續玄怪錄》卷四「木工蔡榮」中記載一位姓葉的木匠暴卒，就是因為陰間宮殿倒塌，冥吏們直接到陽間抓了個手藝好的木匠到地府工作。當然，這也許是官方抓差和私人邀請之間的差別吧。

既然是善意的邀請並且佈置一個虛擬的環境，有時不免被生人看出一些破綻。比如《履園叢話》卷十五「鬼戲」中講的唱堂會的故事。戲班的吹笛手發現看戲的觀眾，喝酒都是用鼻子吸，而且走動時都是飄來飄去的，足不沾地。戲班想要測試一下，將大鑼使勁一敲，立時人跡絕無，才發現整個戲班正在古墓邊賣力地演著《西廂記》。

以上說的都是陰間邀請陽間的戲班或演員客串，但這並不是說陰間就沒有自己的演藝工作者。當他們能自給自足時，就無須臨時徵召陽間的藝人。《醉茶志怪》卷三「鬼戲」說的就是一個商販誤闖陰間堂會的故事：這位商販在荒郊野外迷了路，偶遇一場皮影戲的演出。商販邊抽著煙袋邊蹭戲看，也沒有人來驅趕。有意思的是看戲的主角，「二少女扶一老嫗，白髮龍鍾，居中對座。旁虛二座，似尚有眷客未來者」。這場景倒有點像簡化版的賈母看戲。老太太一邊喜滋滋地看著，一邊吃著瓜果零食。商販覺得老太太腮幫子一鼓一鼓的不太像人類，心中起疑，將手中煙桿用力一敲，只見「嫗與二女頭並落几上，然牙齒震震，齧物如故」。顯然嗑瓜子的動作一時還停不下來。

皮影戲算是小打小鬧，按上面這個故事的說法，很可能是某家族聚會請的戲班子而已。實際上，陰間的演出劇碼並不像我們以為的那樣只是照搬陽間。

康熙年間，有位姓何的舉人被任命為酆都知縣。何知縣到任之後清查帳目，發現一則不合理支出：「平都山洞，每年官備夾棍、拶子、手銬、腳鐐、木枷、竹板各刑具，於冬至前，舁置洞內，冥府自能搬去。」就是說，陽間每年要置辦刑具給冥府使用。何知縣大怒說，這肯定是刁民搞的花樣，結夥斂財，陰間與陽間的刑具怎麼能通用呢？差役們解釋說這是慣例，可是何知縣不信，一定要自己去勘察。進了山洞，「黑甚，扶壁緩步而進。忽露一隙之光，隨光進去，漸漸明亮。逾時，見一井平地，似有行人往來蹤跡。隨路順行，至一衙，局面宏敞」。

衙門裡迎接他的赫然便是閻羅王。何知縣心裡慌張，就想離開。閻羅王說，您是陽間的父母官，來都來了，就讓我聊盡地主之誼。此間戲班頗不俗，請大人看場戲如何？何知縣推託不得，只得入座。這時，兩個小旦呈上戲單，請閻羅王點戲。閻羅王對其中一個小旦說，今天有貴客光臨，汝等要小心服侍，賣力演出。小旦答應了。演出開始，何知縣發覺陰間所演的戲，雖然程式不變，但故事完全不同，莫非陰間全排了新戲？閻羅王解釋說：你們陽間的戲裡多忠臣義士，這些人到了陰間，都有冥職，不能再演他們的戲了，所以全是新編的歷史劇。何縣令看得過癮，一直到天亮演出結束，才戀戀不捨地告辭離開。

《宋人軼事彙編》卷一引一則筆記，介紹了宋真宗時代的一次演出：

真宗皇帝東封西祀，禮成，海內晏然。一日，開太清樓宴親王、宰執，用仙韶女樂數百人。有司以宮嬪不可視外，於樓前起彩山幛之。樂聲若出於雲霄間者。李文定公、丁晉公坐席相對，文定公令行酒黃門密語晉公曰：「如何得倒了假山？」晉公微笑。上見之，問其故，晉公以實對。上亦笑，即令女樂列樓下，臨軒觀之，宣勸益頻，文定至霑醉。（《邵氏聞見錄》卷一）

李迪和丁謂官居宰相，也只是在宋真宗善意許可下，才有機會觀賞特別的演出。高端堂會，無論陰陽，都不容易見到。

冥府也要反低俗

反低俗是政治正確的表現之一。在人類社會不同的歷史階段，低俗的定義雖然不斷變化，但是淨化心靈的運動倒是從來沒停過。春秋時曹劌勸諫魯莊公入齊觀社、漢代開始的禁淫祀、明清以來樹立節婦烈女的標準……政府為了淨化社會，很操心啊。

比起政府，志怪小說中對於心靈淨化純潔的要求似乎更高，絕大部分志怪故事都要強調因果報應，強烈要求人們脫離低級趣味。

可奇怪的是，這些故事一方面勸誡人類存天理、滅人欲，另一方面又不避諱地談到鬼在冥界的吃喝玩樂。為什麼冥府裡面從不搞反低俗的運動？要搞清這個問題，咱們得先瞭解他們到底有多低俗。具體來說，在陽間所謂「五毒俱全」的五毒——吃、喝、嫖、賭、抽，在冥界似乎都沒什麼忌諱。吃喝就不多說了，只舉一例。

清代某刑部郎中吳雲作的小公子無意中得罪了鬼魂中的黑社會，群鬼在他家吵鬧：你家公子隨地小便，濺到我們老四的身上了，「咱們兄弟今來替他報仇，要些燒酒喝喝」。吳家人沒辦法，只得答應，準備了好酒，可是這幫青皮鬼又要無賴，說是要「前門外楊家血灌腸做下酒物」，吵鬧一晚，直到吳郎中請城隍出面，才收拾了他們。（《子不語》卷八「話官說鬼」）在其他故事裡也曾遇到鬼要求吃火鍋的，沒有葷菜就破口大罵的，不過像這個故事中指定要某品牌小吃的，還是少見。可見就是當地的無賴鬼。

至於嫖妓，《諧鐸》卷六「香粉地獄」對冥界妓院有很詳細的介紹，《聊齋志異》卷六「考弊司」提到，某人入冥告御狀後，順便就去了旁邊的妓院，可見妓院已經開到冥府法院邊上了。即便如此，很多好色鬼還不滿足，要到陽間來吃花酒。據《耳談》卷十三「李賽金」記載，有位姓劉的監察御史很喜歡荊州籍名妓李賽金，經常翻她的牌子。後來劉御史去世一年多後，有公差來找李賽金，說劉御史要請她出臺。李賽金忘了劉御史已經去世，點頭答應，說完就死了，三天後又醒來，說劉御史請她作陪遊女，「崖巒泉石，幽僻險仄靡不到……謔談酣語，悉能記憶」。然後再派公差將其送回，可是那些在陰間付給她的嫖資，醒來後卻化為烏有了。

類似的例子還有不少，劉御史在冥界還有跟班，顯然在那邊也擔任一定級別的職務，而且他到陽間召妓似乎也沒有什麼限制。

冥界的賭鬼，好像也不受限制。有位沈秀才赴京趕考，在天津武清住店，晚飯後出門散步，見不遠的小廟門口有十幾個人席地而坐，吆五喝六地大賭，喧鬧聲震天。過了一會，廟裡有人提了燈籠出來，賭徒們哄然散去。有幾個人一邊跑一邊嘟囔：在哪裡不好開賭？偏要靠近倪節婦住處。另一位說，咱們這場子開了很久了，要不是你們鬧得太凶，倪節婦也不會出來。這群賭徒跑著跑著，忽然就不見了。沈秀才這才明白，這幫賭鬼真的是鬼。第二天再一打聽，原來賭鬼提到的倪節婦，是當地守寡五十年的著名節婦，在小廟出家為尼。（《北東園筆錄續編》卷五「鬼畏節婦」）

這個故事變諷刺的，一方面冥界的賭鬼們可以肆意聚眾賭博，無所顧忌，另一方面卻又以敬畏節婦的方式鼓勵陽間嚴守五倫，以淨化民風。彷彿陰陽兩界遵循的是不同的倫理規範。

鴉片是在明代傳入中國的，到清代鴉片之危害人所共知。可是，鴉片煙館竟然也開到了陰間。有位姓焦的士兵出門辦事，他在軍營裡已經喝得醉醺醺的，路遇一間鴉片煙館，他鴉片癮發作，就進去打算吸幾口。他向店主買了一點大煙對著燈點煙，可是煙槍不太對勁，吸不動。他以為煙不好，就放上自己隨身帶的大煙，可還是吸不動。焦某有點惱火，在那裡絮絮叨叨地罵人。這時進來一無頭人買大煙，焦某眼神迷離也沒看清楚，隨口怒喝：什麼玩意，用衣服蓋著腦袋，故意嚇人嗎？那位無頭人也沒搭理他，買了煙就走了。可是店主答話了：你覺得他醜，那再看看我怎麼樣？說著走近焦某，「口眼砰砰作響，舌出於口，目出於眶，累累然如鈴下垂，血淋漓滿面」。焦某大驚之下，酒全醒了，一路狂逃數里，昏倒在郊外。原來，他誤入了開在冥界的鴉片煙館。（《醉茶志怪》卷三「焦某」）

以上幾個事例都可以看出，對吃、喝、嫖、賭、抽這類嚴重危害群眾身心健康的惡習，冥府不僅不加以禁止，而且縱容其發展：妓院開在法院邊上，冥官可以到陽間嫖妓，賭徒可以隨意開設賭場，煙館公然在陰陽兩界營業……比較起來，那幾位要吃血腸的無賴鬼，倒顯得人畜無害了。而另一方面，幾乎所有入冥後復生的人，都接受了陰獄一日遊的警示教育，還陽之後不斷向周圍群眾宣講要洗心革面、重新做人。

這是不是說，冥界的生活是雙重標準？冥官向人宣講鬼理的時候道貌岸然，實際生活卻糜爛不堪？又或者說，所有那些展示陰獄的慘烈、果報輪迴的嚴苛、道德教化的效用，全是冥界給陽間人類設置的片場？又或者說，鬼和人遵循不同的規範，那些惡俗色情、低級趣味、挑戰公眾底線、污染社會風氣的事，鬼做了沒關係，人做了，就要被熊熊的地獄之火毀滅。

有鬼君的看法是，冥界向來嚴以律人，寬以待己。可惜的是，在我們的潛意識裡，冥界純淨得像白開水一樣，永遠佔據道德的制高點。而這正是冥府上下所期待的。

動物成精怪

旅行青蛙的遊戲曾風靡一時，當時手機也出現了洶湧的母性刷屏。問題是，這些把旅行青蛙當兒子養的，你們有問過它親媽的意見嗎？

在古代的志怪體系中，能夠成精的動物，比較知名的有狐狸、老虎、蛇、貓等。如果設立一個成精動物的排行榜，青蛙也許進不了前七，但是一定能進前二十五。

唐代張讀的《宣室志》是關於青蛙成精比較早的記載。太原商人石憲，某年夏天行經雁門關，天氣酷熱，他有些中暑，就在樹蔭下休息。夢見一個長相古怪的和尚，和尚對他說，我在五臺山修行，那裡遠離塵俗，是清淨之地，施主你嚴重中暑，不如隨我一遊，或許可以消暑祛病。石憲就跟著他去了，走了幾里路，果然見到「窮林積水」，群僧都泡在水裡。和尚說，這是玄陰池，我們在其中修煉，大有裨益，群僧將玄陰池作為禪堂，在水中集體誦讀梵文經書。石憲聽得入神，也想嘗試，一下水就覺得其寒無比，立刻就醒了，暑氣也去了大半。他繼續趕路，經過一片樹林時，聽到蛙叫聲，很像夢中那些和尚誦經的語調，於是循著聲音找過去，果然發現了夢中的玄陰池，池中滿是修行的青蛙。

也許這一群青蛙還只修煉到精怪階段，反正石憲覺得過於詭異，便將玄陰池中的青蛙全部殺了。

但是在包郵國，青蛙的地位就完全不一樣了。據學者研究指出：「明清兩代，江南地區青蛙神之祀極為盛行。江南所信仰之青蛙神，其職能已社會化，能禍福人，治休咎，甚而能司水旱如河神，其性格亦類人，唯形象則仍保留動物之特徵耳。」（參見由呂宗力、欒保群編著的《中國民間諸神》第三七三頁）

《聊齋志異》卷十一有青蛙神的故事，開頭就說：

江漢之間，俗事蛙神最虔。祠中蛙不知幾百千萬，有大如籠者。或犯神怒，家中輒有異兆；蛙遊几榻，甚或攀緣滑壁，其狀不一，此家當凶。人則大恐，斬牲禳禱之，神喜則已。

惹了青蛙神，要殺豬宰羊祭祀祈禱，才能避禍，否則家裡爬滿大小不一的青蛙，你怎麼辦？（其實辦法還是有的，只是需要有足夠的膽量和胃口，參見《夷堅三志》壬卷四〈漳士食蠱蟆〉。）

《聊齋》這篇說了兩個故事，其中之一說的是普通人家與蛙神結為親家。一個叫薛昆生的小朋友，才六、七歲就被青蛙神看中，強行結下娃娃親。薛家幾次想要退婚，都遭到蛙神的拒絕，說是要定這個女婿了。小薛成年之後，迎娶蛙神之女，沒想到女方不僅相貌「麗絕無儔」，而且異常旺夫，薛家從此日漸興旺，成為當地豪族。村民們不小心得罪了蛙神，都會去薛家懇求薛昆生夫妻，他們儼然成了蛙神的代言人。唯一的缺點是，家裡到處都是青蛙，家人、僕役都不敢隨意踩踏。另一個可以預見的結果是「薛氏苗裔甚繁，人名之『薛蛙子家』，近人不敢呼，遠人則呼之」。

青蛙神在江南地區盛行，有人認為是因為「蛙之為物，實有功於農田，生稻畦，搜食稻根諸蟲，禾苗乃長。故有司嚴禁漁捕」（《壺天錄》卷下）。據說青蛙神的旗艦廟在杭州湧金門一帶，最為尊貴，稱為青蛙將軍或金華將軍。

《庸閑齋筆記》卷九記載過一個故事：陳其元（清代《庸閑齋筆記》作者）調任金華縣教育局長，先到杭州辦理任職手續，借住在金剛寺附近（靠近今日的杭州火車站）。當晚，他正與房東閒談，忽然僕人跑來說，青蛙將軍光臨，請他去接待。陳其元滿臉問號回到臥室，房東一家老小聞訊也趕來圍觀。只見一隻小青蛙踞坐在書桌上。陳其元一看，不就是一隻青蛙嗎？眾人說：不對，你看這只青蛙，身上有金色的斑點，足分五趾，這是青蛙將軍的標準制服啊。於是幫著準備香燭、燒酒，一起拜服於書桌下。青蛙將軍端坐了一會兒，架子擺足了，然後躍到酒杯前，兩爪抓起酒杯細細品酒。喝完這杯，「身色漸變為淡紅，腹下則燦若金色」。眾人說，這是將軍換制服了。青蛙將軍喝完，又跳到臥室中掛的一幅畫上，端坐到半夜時分。眾人再用漆盒請它下來，燒著香將其送到金剛寺，寺僧再迎到佛像前供奉。

不要以為青蛙神喝酒很奇怪，《鑄鼎餘聞》卷四說青蛙「或祀以酒，竟能吸飲逾時，體稍變赤，如醉狀」，《集說詮真》說它「嗜燒酒，注滿器中，少頃漸盡，兩頰有紅暈，則神醉矣。又嗜看戲，且能自點，以紅單書戲目，必周視，足蘸酒濺之，或一二出，或三四出，人謂多點為歆其祀也」。

明清江南農業領先全國，除了經濟、政治等原因之外，對青蛙將軍不僅尊崇，連好酒貪杯以及偏愛看戲都照顧到了，別的地方能比嗎？

又，關於「旅行青蛙」的親媽問題，絕非說笑，此類動物、植物成精、成神的，往往群聚生活，有一親媽（親爹）作為族長。《聊齋志異》卷七「鴿異」中，張公子與鴿神交好，因此所養鴿子大異於常鴿，後因為沒有照顧好鴿子：

夢白衣少年至，責之曰：「我以君能愛之，故遂托以子孫。何乃以明珠暗投，致殘鼎鑊！今率兒輩去矣。」言已，化為鴿，所養白鴿皆從之，飛鳴徑去。天明視之，果俱亡矣。

得罪了鴿神，連鴿子、鴿孫也留不住；得罪了青蛙神，你養的青蛙仔在外旅遊，可能連明信片都不給你寄一張。

至於怎麼討好青蛙神，不知道燒香、供酒是不是有用。兒子都這麼踱，它親媽是能多和善？

為了愛，你敢做什麼？

每年的春節與情人節都很接近，George、Michael 回到南部家鄉，與北部的情侶 Linda、Mary 成為異地戀。不過，假如狗蛋或張處在家鄉遇到女同學桂花、翠芬，情人節豈不是為再續青梅竹馬提供了最好的機會？

情人節嘛，除了標配的動作之外，海誓山盟是少不了的，這個文青最擅長，情書情話寫得錦繡一般。妹子們聽聽就好，千萬別太較真。真正情深的，不靠嘴皮子，如以下這個故事。

南宋人劉庠豔福不淺，娶了絕色美女鄭氏為妻。劉庠是個普通人，沒錢也沒權，而且還不求上進，不擅長理財（「不能治生」），家道逐漸中落。落魄之後，每天就在外與狐朋狗友喝得酩酊大醉。鄭氏在家中枯坐，怨恨不已。

某天，鄭氏在家中忽然發了熱病，昏迷不醒，治癒後個性大變，每天只要見到劉庠就切齒痛罵，絲毫不留情面。劉庠自知無趣，就搬到別處去住了。鄭氏索性把門一關，不再與外面往來。可是，鄰居總聽到她在屋內與人竊竊私語，以為她有私情，「穴隙潛窺」，卻沒有看到任何跡象。幾個月後，劉庠偶爾回家，見家裡滿是金銀財寶、綾羅綢緞，大吃一驚。鄭氏說：你走後的這幾個月，每晚夜深時分，就有一翩翩少年進來，自稱五郎君，跟我雲雨一番。這些財物都是他給的。劉庠大怒，正要發作，轉念一想：自己沒本事掙錢，這小王八蛋出手闊綽，能帶著自己奔向財富自由。心念至此，當然是選擇原諒她。

於是，劉庠每天就拿著錢出去吃喝玩樂，夜不歸宿。有一天，五郎君白天來到劉家，正撞上劉庠，就警告他，不准再碰自己的老婆。劉庠又怕又貪錢，連聲答應，索性在外買房子納妾，還給五郎君塑了一尊金像，朝夕祭拜。劉庠沒孩子，請五郎君幫忙，五郎君膽兒也肥，直接偷了某元帥的第九子給他。元帥大怒，派人搜查捉拿。劉庠的鄰居偶然發現，劉家孩子裹著的綢緞不像是市井中常見的，心中懷疑，去官府舉報，元帥派人捉拿劉庠夫妻，嚴刑拷打，將其家產抄掠一空。案子還未宣判，五郎君召集群鬼，夜半劫獄，將劉庠夫妻救出，順便把牢裡的囚犯全放了。

這就是造反啊！元帥簡直要氣瘋了，派兵將夫妻倆抓起來，沒想到，群鬼晚上再次劫獄救出兩人。不僅如此，群鬼還將元帥管轄下的所有官衙、草場等付之一炬，救火的人則被雨點般的瓦礫、磚石擊退。元帥鬥不過群鬼，無可奈何，只能放過劉庠夫妻，准許當地祭拜五郎君。從此，五郎君與鄭氏生活在一起，而鄭氏名義上的夫君還是劉庠。（《夷堅支志》甲卷一「五郎君」）

這個故事中的五郎君應該就是五通神。五通神的源流，可參見《中國民間諸神》。五通神的最大愛好就是「淫人婦女」，而且「其女於神來之時，如醉如迷。已嫁者夫婦不得同衾枕，在室者父母不得至床前」。（《聞見偶錄》）五通神還被視為財神，因為「苟能祀我，當使君畢世巨富」。（《夷堅丁志》卷十三）上面故事中五郎君的行事，都比較符合，基本可以斷定是五通神。

比起其他故事中的五通神，這個五郎君似乎不能用霸王硬上弓來簡單概括。首先，沒有證據證明他對鄭氏用強，最多可算乘虛而入；其次，他對劉庠的安置也很到位，不但花錢如流水，還幫劉庠解決子嗣問題；最後，最重要的，他不惜開罪陽間的權貴，兩次劫獄不說，還把元帥治下的領地攪得一團糟，只為了能和鄭氏生活在一起。

撇開五通神的正邪不談，單憑他正面對抗堂堂封疆大吏，我們就相信他對鄭氏絕對是真愛。

那些在情人節秀恩愛、曬玫瑰花、撒狗糧的情侶，你們為了情人，敢發動第三次世界大戰嗎？

真的女神，都是憑實力單身

江東士人魏元虛，北漂來到了保定一帶打零工，因生活困頓，親朋勢利，不免有些黯然。某晚出門散步，回來時發現破舊的租住忽然變了樣，「燃燭輝煌」。他進門一看，如宅男所願，「瞥見豔女披服鮮華，據榻而坐」。這位「白富美」一見到魏元虛，立刻笑語盈盈迎上來：不瞞相公，我乃狐仙，與你的前世有緣，曾蒙你替我渡劫，現在我修仙已成，是來報恩的。魏元虛心想：你們狐狸精有點新意好不好，每次都是夙緣這個調調，又想騙我上床，到時我命也保不住。想到自己的身體菁華即將被掏空，不禁瑟瑟發抖。又一轉念，北漂的日子過得如此艱難，「即死於佳麗亦得」。這樣想想，心裡倒也釋然了。

心魔既去，嘴皮子就油膩了：仙子，那妳打算怎麼報答我呢？狐仙說：咱們先月下小酌，慢慢敘談如何？說著，拎起一個籃子來到庭院，從籃子裡源源不斷拿出「玉杯、象箸、珍饌、醇醪」，兩人對飲起來。狐仙說：你前世是帝都土著，我那時正在修煉。咱們做了露水夫妻，後來我遭遇雷劫，躲在你身下，雷公誤殺了你，我才得以活命。我到西山修煉了兩百多年，才得正果。剛得知你北漂艱難，所以來助你脫困。

在月光的映襯下，狐仙「光彩煥發，冶容婉麗，國色無雙」，魏元虛看得心裡難忍，說：既然這樣，咱們重修舊日歡好，結兩世姻緣，豈不甚妙？狐仙說：這不行，我剛煉成內丹，已脫離俗世，不能再犯淫戒。況且「盜子之元精而絕軀命，寧勿懼耶？」魏元虛說：我前世為了救你，連命都不要了，妳現在就不能為我破一次戒嗎？再說，女仙下嫁凡人的比比皆是，牛郎織女都生兩個娃了。妳已是仙人之軀，怎麼可能傷害到我。一邊說著，一邊手上也蠢蠢欲動。狐仙側身躲開：「好色者不在乎淫，子試思接狎之後，身頹氣弱，情竭興衰，有何意味？莫若繾其秀色，採其豐神，如對名花，可玩而不可褻，則意淡情長。況妾能與子清談，作解語花觀，不更勝耶？」魏元虛精蟲衝腦，哪裡還聽得進去，直上前去抱狐仙，可是對方有影無形，抱了個空。狐仙笑著說：既然已成仙，身體當然清虛。你說的那些仙女下嫁，都是窮書生意淫出來的。然後狐仙給了魏元虛一點銀子，自己化為清風而去。

兩個月後，魏元虛錢花光了，狐仙又來給了他一些銀子，並準備了給他捐官的錢。不過，狐仙說得很明白：「無論神仙，不當做賊。即地下藏鏹，亦有主者。惟暴客劫掠之資與貪墨非義之財，乘其數目未明時，分潤些微，斯不為造物所忌。安能暴富耶？且富者多累，今使子不饑不寒，不與神仙等耶？」每個人的錢是有定數的，做神仙也不能隨便偷人的錢。就這樣，魏元虛在狐仙的資助下，不僅衣食無憂，而且謀得一個官職。他去上任時，狐仙還替他安置好住處，並將其妻女接來同住。可是每次都來去匆匆，根本沒給他展示愛意的機會，讓他悵惘不已。

過了一年多，魏元虛到外地公出，在驛站裡誠心齋戒，希望狐仙能來相會。半夜時分，狐仙果然來了，但卻是告誡他要知所進退，到某年某月，就得辭官回家。魏元虛滿口答應，兩人又喝酒敘談，魏元虛看著狐仙，「益覺嫵媚超凡」，不由撲通跪下：仙子一而再再而三地照拂我，感人至深，可是，咱們若不雲雨一番，終究是憾事，妳就成全我一次吧。狐仙說：真是個癡心的人，如果這次遂了你的願，以後我們不再相見，你也同意？魏元虛說：我對二〇二五這些將來的事沒什麼想法，先救急再說。狐仙聽了默然，不再抗拒。魏元虛上前抱住，「代為解襦，登陽臺涉鴻溝，悉臻實境，非復曩時空虛矣」。以下省略八百字。

第二天一早，魏元虛醒來，發現懷裡的竟然是自己老婆。他老婆也莫名其妙，說原本在家中睡得好好的，忽然像中了夢魘，不知怎麼就到了這裡。兩人討論起來，猜測這次可能得罪狐仙了，於是回家在其牌位前焚香謝罪。但狐仙再也沒有出現，魏元虛當然也不會做春秋大夢了。

魏元虛按照狐仙的指點，提前告老還鄉，悠悠林下十幾年。六十多歲的某一天，他收到一封信，打開一看，只有一具小的招魂幡，上面寫著他的名字。他知道自己命數已到，安排好後事，無疾而終。出殯那天，有人見到「有女服縞素，長號而來，至喪前俯伏悲慟，魏孺人亟出撫，僅存白衣裳一襲，而其人杳矣」。狐仙來弔唁，了卻了兩世的夙緣。（《客窗閒話》卷三「魏元虛」）

大家可能會注意到，在這篇故事裡用的是「狐仙」，而不是「狐狸精」這個詞。學者李劍國在《中國狐文化》一書中曾辨析了狐精、狐妖、狐仙的區別。在一般人眼中這三者沒什麼差別，他們大概只分能不能睡。這不奇怪，明清的狐狸精，幾乎沒有不跟人上床的，差別只在人的身體會不會受損。所以狐仙無論怎麼跟魏元虛解釋，他就是不信。這就要怪蒲松齡——《聊齋志異》中的狐狸精，無論出於夙緣還是報恩，或者一夜情，甚至報仇，幾乎個個都以跟人上床了結。站在人類的視角，會認為這是自然規律。可我們別忘了，狐狸精具備完全的自我選擇能力，在她們眼中，人只是練級工具中的一種而已。不用跟人睡，也可以靠修內丹升級。事實上，在《子不語》與《閱微草堂筆記》中，不跟人睡的單身狐狸精多的是。

不屑於跟人睡的，都是憑實力單身的女神。

為什麼很少見到胖鬼？

在這個看臉的時代，胖基本被視為一種負能量，當年玉樹臨風的影星李奧納多，並沒有什麼醜聞，僅僅因為發福照爆出，無數粉絲就因之心碎。在很多人眼裡，胖成了現代社會的原罪。

即便在志怪故事中，鬼的形象也都是瘦骨嶙峋、面色慘白、衣衫襤褸的，很少見到方面大耳的富態鬼。這是為什麼？難道以瘦為美的風潮連陰間也佔領了？胖子連做鬼的資格也沒有嗎？並非如此。

清代杭州西湖邊有座廟叫德生庵，廟門外堆積了幾千口棺材，像山一樣。袁枚曾在那廟裡住過，很好奇地問和尚：這麼多棺材，難道不會鬧鬼嗎？和尚說：此地全是富鬼，終年安生。袁枚不能理解：城裡哪有那麼多富人？焉能有如許多富鬼？況且這裡的棺材一直沒下葬，肯定都是窮人。和尚說：所謂貧富，不是看生前的。凡是死後能接受酒食祭祀、紙錢燒化的，就可算富鬼。這千餘口棺材雖然沒有下葬，可是廟裡每年有三、四次化緣為他們做道場，還有盂蘭盆會這樣的滿漢全席，個個吃得腦滿腸肥的，哪裡會生邪心？那些遇到過鬼的人，他們口中鬼的形象哪有衣冠華美、相貌豐腴的？凡是出來作祟的，大多是蓬頭垢面、襤褸窮酸、長腳伶仃的。袁枚一聽，這話很有道理啊，果然，他住在廟裡一個多月，從來沒有鬼來騷擾。（《子不語》卷二十二「窮鬼祟人富鬼不祟人」）

有人會說，這不對，和尚說的是胖鬼，不是說胖人，這不能證明陽間的胖子比瘦子更有福。沒錯，這個故事只是說明陰間生活舒坦的都是胖鬼。

清代有個叫趙曾翼的士人，很有才華，但是個胖子，長得一般般，所以有點自慚形穢。鬱悶之下，他寫了首詩質問閻羅王，為何如此不公。當晚，他做夢入冥，見到了故友康錫侯。康告訴趙：我因為生前酷愛丹青，所以死後被閻羅王禮聘為幕僚。所有眾生投胎之前，我都要先為他們畫好五官，然後投胎。說著拿出兩本畫冊對趙說：你看看我的畫冊，就知道我的良苦用心了。趙翻開第一冊，標籤是「貴者相」，裡面的相貌都是醜陋不堪的。稍次於貴者的，雖然不猥瑣，但是「麻胡黑胖」（麻子、鬍子拉碴、面色黝黑、胖子）。再看第二冊「賤者相」，大多面貌姣好、眉清目秀，「各有一種顧影自憐之態」。趙很不高興，說：你怎麼能顛倒貴賤、播弄造化呢？這是以權謀私啊！康笑著說：老兄的見識太差！你看當世的那些台閣諸公，必然有內秀，哪裡需要靠外貌來顯貴呢？只有那些命中註定貧困潦倒的，才需要一副好皮囊，「上可以沐貴人光寵，下亦插身粉黛場中，竊斷袖分桃之愛」。古往今來的第一美男子衛玠，不就是年紀輕輕被人看死的嗎？總之，求全必然會招造物之忌，不如留點缺憾，為一生求福。

趙雖然覺得故友說得有道理，可是心裡總是彆扭。康見他不甘願的樣子，爽快地說：這樣吧，我幫你把長相改一改，改得瘦一點、俊俏一點，不過福分也就對應地削掉了。趙大喜過望。於是康稍微改了幾筆，趙還不滿意，要求再改改，康說：我和你十年好友，不忍心看著你下半輩子過於落魄，不能再改了。

這時，趙從夢中醒來。果然他的樣子慢慢變得英俊，身材也好了，可是從此文思大減，連續三十多年科考失敗，至死也沒有中舉。（《諧鐸》卷六「面目輪迴」）

所以，無論從陰間和陽間來看，胖子的福分都不錯，隨便歧視胖子是不對的，更別說大部分胖子的心態都好。即使在動漫裡，也有很多招人喜愛的胖子形象。

女神真的難伺候

人鬼、人狐之戀，有鬼君談得比較多些，而人神、人仙之戀較少涉及，這一方面是有鬼君眼界不夠開闊，書讀得不夠；另一方面，人神、人仙之戀實在是不接地氣，不太務實，而且最大的問題在於，在這類故事中，絕大部分男士都不過是女神仙的雲備胎。

有鬼君這麼說並非比喻，而是有資料支撐的。古代小說的研究者統計：從先秦到清，人神戀的故事只有二、三十篇，人仙戀的故事也不超過三十篇，遠不及人鬼戀、人妖（含人狐）戀故事的數量（見《古代小說中異類姻緣故事的文化闡釋》）。換個說法就是，平均下來，一個朝代發生的人神戀或人仙戀的概率，不超過兩次。而單單清代，就出了二十六個狀元。

現在的適齡男士，一見到心儀的妹子就「女神、女神」地叫，然後是各種線上線下諂媚。殊不知，這預示著追上妹子的概率已跌到馬里亞納海溝了。還不如開啟聖人模式，安守單身，好好讀書。

概率偏低只是第一重打擊，更加致命的打擊在於，那五、六十個人神戀、人仙戀的故事告訴我們，在神仙姐姐面前，凡人根本無從追求。也就是說，這答案根本就不在出題範圍內，無論是真誠還是套路，神仙姐姐都不 care。比如最出名的董永與織女的故事，原始出處應為《搜神記》卷一，是這麼記載的：

董永因貧困無助，賣身葬父，「道逢一婦人曰：『願為子妻。』」然後就在董永家住了十天，織了一百匹布，接著淩空而去。出門前對董永說：「我，天之織女也。緣君至孝，天帝令我助君償債耳。」這搞什麼鬼？漢代以孝治天下，賣身葬父的人多了，憑什麼是董永，他比別人更努力嗎？而且，十天裡，沒有任何夫妻生活的場景，我們只知道她在織布，織完就走了。老天爺啊，你還不如派個工人來呢！

在同卷另一則著名的故事中，杜蘭香也是莫名其妙地帶著侍女、香車、寶馬來見張碩，開口就說：「是我娘要我嫁給你的。」她娘是誰？可能是西王母。因為她自稱「阿母處靈岳，時遊雲霄際。眾女侍羽儀，不出墉宮外。飄輪送我來，豈復恥塵穢。從我與福俱，嫌我與禍會」。因為母上大人的命令，所以才「豈復恥塵穢」。而且威脅夫君，聽我的就有福了，嫌棄我就有災禍降臨。也不想想，誰敢隨便得罪西王母的乖寶寶啊？過了幾天，又對張碩說，我本來是要做你妻子的，只因為年命不合，怕稍微有點不和諧。母命難違也是她說的，「年命未合」也是她說的，你讓張碩如何追求她呢？

即使神仙姐姐安分地下嫁，凡男也決不能秀恩愛！同樣是這一卷裡，天上玉女成公知瓊下嫁弦超，一見面就說得清楚：「我，天上玉女，見遣下嫁，故來從君，不謂君德。宿時感運，宜為夫婦。」做夫妻是上帝分派的任務，當然也是緣分所在。更約法三章說：「我神人，不為君生子，亦無妒忌之性，不害君婚姻之義。」作為妻子，既不吃醋，又不生孩子，是不是有點不合理？兩位一起生活了七八年，弦超過得彷彿她不存在一樣，自己照常娶妻生子，神仙姐姐只是隔天過來，除了弦超本人，其他人只能聽到聲音，見到影子，誰也看不到她。弦超守口如瓶多年，後來只是稍微露了點口風，神仙姐姐立刻收拾行李走人。

《太平廣記》卷六十五引《通幽記》說，神仙姐姐找到趙旭，說自己是天上的青童，被上帝處罰到下界尋夫君，因為趙旭「氣質虛爽，體洞玄默，幸托清音，願諧神韻」。這話很明確地說明，凡男只有被揀選的資格，而絕無反向揀選的權利，而且所謂的「氣質虛爽，體洞玄默」云云，全憑神仙姐姐一句話，妥妥的雲備胎。後來因為趙旭僕人洩露天機，神仙姐姐也是甩手就走。

既然神仙姐姐這麼難伺候，所以有人就真的不伺候了。《太平廣記》卷六十四引《逸史》記載：神仙姐姐太陰夫人，奉天帝之命，下界「自求匹偶」。她選中了當時窮困潦倒的年輕人盧杞，認為此人有仙相，命人將其帶到仙界水晶宮，給他三個選項：「常留此宮，壽與天畢；次為地仙，常居人間，時得至此；下為中國宰相。」第一項是做自己的夫君，壽與天齊；第二項是做地仙，可以時時來水晶宮幽會；第三項是在下界做宰相。盧杞說，這還要選嗎？自然是壽與天齊。太陰夫人很高興，上奏天帝，天帝派使節再次驗證盧杞的態度，沒想到這次使者說完三個選項，盧杞竟然默默無言。使者催他立刻答覆，盧杞忽然大聲說：我要做人間宰相！太陰夫人這下滿臉豆花，只能將其送回。後來盧杞果然在德宗朝拜相。

這個故事沒有提到盧杞當時的心態，猜想起來，也許是太陰夫人盛氣淩人的態度，激起了他的逆反心理。有鬼君覺得，如果理性一點兒的話，做地仙實為上佳之選。

年輕人啊，遇到神仙姐姐，還是不夠冷靜！

當然，在以上這幾個故事中，人神與人仙之間也並非全無感情，只是在抉擇時刻，神仙姐姐總是能理智，甚至有些冷血地對待這些雲備胎，所以結局總體上都是悵惘而別。不過，只要思凡下界，神仙姐姐就會暴露練門，破解這練門，不能靠臭男人，還得是狐狸精。

天地有色鬼

反對性騷擾的運動一度非常受關注，但從鬼的角度來說，色鬼在空間的分佈是均勻的。直接地說就是，鬼、怪、精、仙等對女性的騷擾從來就沒有停止過，當得起罄竹難書了。甚至，極其惡劣的是，這種騷擾完全是霸王硬上弓，女性幾乎沒有反抗的能力。反之，女鬼、女妖很少強迫男性，基本上是因為男人管不住臍下三寸。即使在鬼界、精怪界，直男癌的特質也異常強悍。直難捱。

清代的烏魯木齊，有一個賣絲綢的小販，他老婆長得挺好看，忽然得了怪病，每天昏昏沉沉臥床不起，可是食量驚人，一頓要吃好幾個人的飯。過了兩年多，才清醒過來。她說自己的魂魄被判官捉去，被逼著做了判官的小妾。另外找了一個餓鬼附體在她身上，所以她才食量大漲。即使她壽數已到，有冥府文書拘拿時，判官又安排另一個餓鬼附體，而讓前一個餓鬼領著文書去轉世投胎。按照判官的設想，小販老婆的肉身可以接力的方式一直在陽間躺著，自己則安心地霸佔其魂魄。後來，城隍對文書進行重審，發現了判官的詭計，判其入獄。小販老婆才得以神志清醒。（《閱微草堂筆記》卷十六）

在長達兩年多的被強佔過程中，小販老婆連形神都被強行分離了，請問，你該怎麼要求她勇敢地站出來反抗呢？可是倒過來就不一樣了：唐懿宗咸通年間，河南魯山縣有個靈女觀，裡面供著一個女仙，「低鬟顰蛾，豔冶而有怨慕之色」。魯山縣主簿皇甫枚陪著朋友夏侯禎去靈女觀祭拜。夏侯禎一見女仙的塑像，立刻被擊中了，舉起酒杯喃喃自語：小生我尚未婚配，今天見到女神，願為女神裙下之臣。夏侯禎回去之後就中邪了，僕人趕緊去報告皇甫枚。皇甫枚一見他目瞪口呆的模樣，就猜到了原因：你是不是得罪靈女了？夏侯禎口不能言，只能點點頭。皇甫枚命令小吏到靈女觀去禱告：夏侯禎確實因為喝多了，有言語騷擾，可是女神如果處罰他，是僅僅因為一句話就毀了一個知識份子啊（「以一言而斃一國士」），有違上天好生之德；如果答應他的請求，納為夫婿（即到冥界做夫妻），似乎又顯得女神不守貞潔，難免引起輿論旋渦（「以一言舍貞靜之道，播淫佚之風。……必貽幃箔不修之責言」）。天下的男人多的是，何必盯著這個口不擇言的呢？還是放過他吧。祭奠完畢，夏侯禎也康復了。（《三水小牘》卷上）

這個故事中，靈女是被騷擾的一方，但皇甫枚卻更理直氣壯：把事情鬧大，不僅你作為女神的人設崩塌，而且傷害了一個對國家有益的知識份子。這兩條理由是不是有點眼熟？當然，因為現代社會好像也沒超出皇甫枚的思路，這真是化解性騷擾歷史最悠久的套路了。唯一遺憾的是，皇甫枚沒有讀到明代才出版的《封神演義》，否則他會知道，商紂王因為在女媧廟寫淫詩調戲女媧，整個國家都被滅了。

這個故事裡凡人騷擾女神，已經算是膽大的了。可是，貴為一線女神的嫦娥，也是三番五次地被騷擾。看來，無論在神、鬼、人哪一界，都是男權當道。

至於狐狸精，當色鬼精蟲上腦時，當然也不會放過。《聊齋志異》卷十的「長亭」，說的就是人與鬼合謀給狐狸精下套的故事。大意是說，一位姓石的道士，擅長驅鬼。某狐狸精一家的小女兒紅亭為男鬼所纏，老狐狸精求救於道士。道士還未施法，男鬼先找到他做了一筆交易：人與鬼是一體兩面的，咱們何必自相殘殺，便宜了狐狸精呢？我對紅亭也就是玩玩而已，他家的長女長亭「光豔尤絕」，你可以訛老狐狸精一筆，讓他答應把長女嫁給你，才同意驅鬼。屆時我假裝被你趕走，你豈不是財色兼收？石道士依計而行，果然如願。

至於妖怪甚至土偶成精騷擾女性的事，也是多如牛毛，舉不勝舉。比如北宋權臣蔡京的孫媳婦，就被一隻猿猴精騷擾，道士雖然制住了它，卻也不敢殺：「此妖上通於天，殺之將有大禍。今竄之海外，如人間之沙門島，永無還期，譴罰如是足矣。」（《夷堅支志》戊卷九「蔡京孫婦」）

七夕禁愛令

微信公號「一默如雷」曾經有篇《神仙為什麼不談戀愛》的文章，表示由於天庭的資源有限，所以神仙不允許戀愛、結婚，應該是天庭的一條基本戒律。當然，他也列舉了《西遊記》中天庭成員偷偷戀愛被懲處的情況。

神仙之間是否不許戀愛、結婚呢？當然不是。《荊楚歲時記》說：「天河之東，有織女，天帝之子也。年年織杼役，織成雲錦天衣。天帝憐其獨處，許嫁河西牽牛郎。嫁後遂廢織紝。天帝怒，責令歸河東。唯每年七月七日夜，渡河一會。」這裡說得很清楚，天女嫁給牛郎還是天帝賜婚的。怎麼可能不允許結婚呢？

我們要清楚，天庭並沒有制定禁欲的法規。《西遊記》中提到的那些受懲處的情事，違犯的是其他法規。比如天蓬元帥因為調戲嫦娥，被貶入凡間，這和愛情無關。在任何正常社會，調戲婦女都是違法的，更何況是嫦娥這種級別的女神。另一個我們可能忽略的是，天庭並不是平等的社會，等級制是非常嚴格的，否則蟠桃宴人人都可以參加了。跨身份等級的婚戀，即使在今天的印度，也是要出問題的。所以在嚴格的階級制度之下，談戀愛確實是件奢侈或冒險的事。《神仙為什麼不談戀愛》舉的「奎木狼和披香殿侍女之間的戀愛」，就是因為等級不匹配，所以兩位才相約下凡。抗戰時期，因為環境艱苦，曾有明文規定，軍官結婚必須符合「二五八團」的標準：年齡二十五周歲以上、軍齡八年以上、職務團職以上。這個規定並不是禁止戀愛結婚，只是設定了門檻。

而神仙的等級，恐怕比「二五八團」更複雜。按照道教的說法，神仙有八類：天神（如玉皇大帝、西王母、日月星辰之神）、地祇（山神、土地、河海之神等）、物靈（龍鳳麟龜、花神、樹神等）、地府神靈（泰山府君、酆都大帝、十殿閻王等）、人體之神（三屍神）、人鬼之神（關公、嶽飛以及行業神）、仙人（八仙為代表）、真人（王重陽、丘處機等）。

這麼一分，等級就清楚了，在下界赫赫有名的呂洞賓、何仙姑，因為是後天修煉才得以升仙的，其實在神仙界的地位並不高。上面提到的奎木狼，是二十八星宿之一，屬於天神，而披香殿侍女，雖無明確說法，但最多不過是主人在下界收服的妖精，大約接近物靈。雙方根本不屬於同一等級，怎麼能通過天庭的審查呢？

至於神仙與凡人之間的婚戀，這之間的差距有多大，就不必多說了吧。在階級制度無法消滅的情況下，即使做了神仙，門當戶對的婚姻也還是最佳的選擇。

關於天庭階級制度的嚴苛，可以簡單舉一個例子說明，《玄怪錄》卷二「李汭言」條說了一個故事：上仙太元夫人（疑為太元聖母，西王母的娘）屬下的倉庫主任，下界到凡間遊玩，找了個「微有仙骨」的美女為妾，本來也就是露水姻緣。沒想到這位倉庫主任膽大包天，為了炫耀，竟然將太元夫人的一件衣服偷來給小妾穿著出席宴會，結果被嚴厲處罰，那位小妾直接被處死，打入無間地獄。

按照民間傳說，牛郎織女是神仙凡人之戀，雙方的身份差距太大，受懲處也是必然的。比起上面說到的太元夫人對倉庫主任及其小妾的處罰，西王母還允許雙方每年見一次面，簡直仁慈得不得了了。

上面反復說了這些天界的婚姻家庭制度，最主要的目的不是與人發生爭執，而是要說七夕的問題。剛才引的《荊楚歲時記》的說法，牛郎織女之所以分開，是因為織女自出嫁後就好吃懶做，天帝震怒，才如此處罰。在明代小說《牛郎織女傳》中，也沿襲了這個說法。更有甚者，織女紅杏出牆的事也不少見（見《太平廣記》卷六十八引《靈怪集》）。

簡單地說，把七夕提升為中國的情人節，並且發出一系列「歲月靜好」式的感慨，其實比較違和。

某年七夕，有報導說購物網站在當天賣螢火蟲，想要營造歲月靜好的氣氛，不料天氣太熱，快遞的螢火蟲大多死傷慘重，被稱為「最殘忍的七夕禮」。還有一層可能大家都不知道，這麼多的螢火蟲，難道不是冤魂嗎？且看這個故事：

明嘉靖年間，黎聞野擔任山東樂平縣令，此人刻薄寡恩，為了打擊響馬盜魁，濫用酷刑，殺了不少非死罪之人，最終以酷吏而被免職。因為公家薪水不錯，雖然免職，但在家裡做員外也很清閒。七月七日晚，他在院子裡乘涼。月色朦朧中，忽有大群螢火蟲飛來，繞著他上下飛舞，煞是詭異。黎員外情知古怪，不過他膽兒肥，厲聲呵斥道：「這樣亂飛成什麼體統，能聚成半月形嗎？」那群螢火蟲宛如排練團體操一般，立刻聚成上弦月的形狀。黎又大喝道：「這沒什麼，有本事再聚成滿月形。」螢火蟲果然又聚成滿月之形，然後又依次顯現出下弦月和群星薈萃的樣子。黎員外這回傻了，嚇得趕快進屋關門睡覺。第二天一早，就有官府上門來調查他以前的違紀事件，雖然沒有入刑，但是一年後就憂懼而死。（《堅瓠餘集》卷二「螢異」）

螢火蟲如果自行組合成各種形狀，不見得是什麼好事，只有冤魂聚化才可能有這種主動意識。當然，如果螢火蟲一會聚成 S 形，一會聚成 B 形，那反而是安全的，不過慶祝七夕的小清新大約會覺得煞風景吧。

每當七夕，除了手機上滿屏的「歲月靜好」，另一個所謂的時尚樂趣就是充滿惡意地虐諷單身人士。不過，古人早就為單身人士報仇了。

《玉台新詠》有詩云：「東飛伯勞西飛燕，黃姑織女時相見。」說的是牛郎織女難相見，其中黃姑指牽牛星。昆山縣恰好有個黃姑鎮（似今屬浙江平湖），傳說牛郎織女就降於此地。可是織女一到凡間，王母娘娘就用簪子在河中一劃，河水暴漲，牛郎無法渡河。這條河後被人稱為百沸河。鄉民因為兩顆大星下凡，就造了一座織女祠，裡面安放著牛郎織女兩座塑像。

南宋高宗年間，因金兀術入侵中原，不少士大夫到此避難。一位姓范的書生見到這座廟，不免犯了書呆子氣，在牆壁上留下一首詩：「商飆初至月埋輪，烏鵲橋邊綽約身。聞道佳期惟一夕，因何朝暮對斯人。」前兩句是寫景，秋風初起，月落烏啼，廟裡的織女風姿綽約。後兩句就不對了，意思是，傳說中明明講得很清楚，牛郎織女的佳期只有一晚，為什麼你們要在廟裡放兩座塑像，讓這夫妻倆朝夕相對？這不科學嘛！寫完之後還向鄉民解釋，鄉民一聽有道理啊，於是把牛郎的塑像搬走，只留下織女的塑像，獨守空房。（《堅瓠二集》卷二「織女祠」）

另一位耿介的秀才，更是在七夕那天，賦詩為單身人士代言：「一拳打破支機石，兩手拆坍烏鵲橋。四十鰥夫猶未返，雙星不許度今宵。」（《小豆棚》卷十一「楊椒水」）

死鬼

鬼會死嗎？人類如果把這個問題拋給鬼世界，他們也會有些躊躇的。因為這個問題可以無限追問，就像《時間簡史》裡霍金講的那個段子一樣：據說是羅素在一次天文學演講時，一位老婦人站起來說：「你講的都是蠢話，這個世界實際上是馱在一隻大烏龜的背上的一塊平板。」羅素微微一笑，問道：「那麼這隻烏龜是站在什麼上面的呢？」老婦人說，這烏龜還是站在另一隻烏龜上面，這是一隻馱著一隻，無限馱下去的烏龜塔啊。

「人死為鬼，鬼死為聻」，這是最為常見的說法。《五音集韻》：「人死為鬼，人見懼之。鬼死為聻，鬼見怕之。若篆書此字，貼於門上，一切鬼祟，遠離千里。」但這個說法就像大烏龜背上的平板一樣，從人到鬼再到聻之後，是不是也有一個烏龜塔一樣的建構呢？

描述鬼世界已經夠難了，在這些材料裡再找出「聻」的蛛絲馬跡，幾乎是不可能的。幸好，有些材料裡有所提及。

唐文宗大和二年，揚州一位抄寫員許琛，因為機緣巧合，入冥瞭解了一些鬼死之後的情況。許琛被兩個陰差追攝入冥，「至一所楔門。高廣各三丈餘，橫楣上，大字書標牌，曰『鴉鳴國』，二人即領琛入此門」。進去之後，發現裡面陰森暗慘，既沒有任何人（鬼），也沒有任何房屋，只有無數的大槐樹，槐樹上站滿了烏鴉，鴉鳴不已。這片槐樹林方圓幾十里，穿過後才來到冥府。然後冥官發現抓錯了人，許琛命不該絕，再派陰差帶他還陽。陰差告訴許琛，返程無須經過鴉鳴國。那裡因為日月都照不到，所以常年昏暗，只能根據烏鴉的鳴叫聲判斷晝夜。這些烏鴉，因為在陽間命數已滿，被冥府捉來做報時器用的。鴉鳴國之所以看不到人（鬼），是因為那是鬼的墓地，所有死了的鬼，都集中在這裡。「人死則有鬼，鬼復有死，若無此地。何以處之？」

陰差並沒有直接說「墓地」，但意思大致沒錯。這個細節看似平常，可是如果拿人間的墓地來比對一下，不知會不會汗毛豎起。許琛以魂魄入冥，按理能看到陰間所有的東西。但他與陰差穿過長達三、四十里地的墳區，除了槐樹和烏鴉，什麼都沒看到。而實際上，整個樹林裡全是他以魂魄之眼都無法看到的死鬼（聻）。也就是說，即使在鬼世界，也存在生死問題，也存在未知的領域。人類一直認為生死是終極問題，沒想到這所謂的終極問題只是烏龜塔上最表面的一隻而已。這不僅讓人恐懼，簡直令人崩潰！

◉

上古、中古的志怪會開出各種奇妙的腦洞，到了明清時期，這些腦洞會逐漸被補上。比如《咫聞錄》卷七「鬼死」的故事：

有個姓韓的村民，整日遊手好閒、偷雞摸狗。他鄰居姚姓寡婦「矢志堅貞，不出戶庭，勤操女紅，數年，囊蓄百金」。小韓手裡沒錢了，就打起了鄰居的主意，晚上翻牆過去，想把錢全偷走。可是姚氏整晚都在紡紗，而且邊上還站了一個戴著黑帽的人，沒法下手。小韓納悶：姚寡婦以貞潔知名，怎麼家裡會有野男人呢？只見黑帽人不斷用手勾斷棉紗線，可姚氏似乎並未看到，斷了再織。連續幾次之後，站起來痛哭不已，一邊哭一邊哀歎夫君早死，家境窘迫，不如一死了之。這時黑帽人起勁了，用紅絲帶在房梁上掛了個繩圈，招手示意姚氏上吊。

小韓忽然意識到，黑帽人其實是吊死鬼，來找替身的。於是小韓大喊有賊，姚氏清醒過來，回頭見牆壁上有隱隱約約的人的印記，但是一動也不動。她用水澆上去，黑帽人在牆上的面目逐漸清晰，而且「時有碧色血水流出，顆顆凝如露珠」。過了一會，竟然有小鬼抬著棺材來收屍，把牆壁上的黑帽人像紙一樣揭下，還告訴姚氏說：「陰陽道隔，鬼為陽氣所沖，魂魄破裂，不能救矣。」這個吊死鬼因為被姚氏陽氣所沖，心膽俱裂，所以再也救不活了。作者則認為，這是因為姚氏守節，所以神明護佑，吊死鬼死於她之手，是邪不壓正。

相對於上一個故事，這個故事裡鬼的死亡明顯形而下了，不僅介紹了具體的個案，而且還描述了死因，至少顯得合情合理。

而在善於講故事的蒲松齡筆下，死鬼的生活世界就更豐富了。戚秀才與女鬼端娘有了私情，還在阿端的幫助下，重新與去世多年的鬼妻相聚。可是端娘被死鬼（聻）纏身，得了鬼病。戚秀才在鬼妻的幫助下，找到死後在陰間行巫術的王老太，請她為鬼祛聻（簡單說就是替鬼驅鬼）。可是，王老太的法術只生效了很短一段時間，端娘依舊病勢纏綿，很快就去世了。「已斃床上，委蛻猶存。

啟之，白骨儼然。生大慟，以生人禮葬於祖墓之側。」

端娘以鬼身去世之後，再托夢給戚秀才的鬼妻，「言其夫為鬼聻，怒其改節泉下，銜恨索命去，乞我做道場」。就是說，端娘最初在人間的夫君，連降兩個維度，從人變鬼又變聻，因為端娘成為鬼後不為他守節，一怒之下，將端娘也降維為鬼聻。端娘請他們夫妻倆超度她，讓她升格回鬼。

這個道場的神奇之處在於，這是戚秀才的鬼妻在陰間舉辦的，連做道場的和尚都是陰間的鬼。戚秀才要做的，只是預先燒些紙錢，供妻子在陰間辦道場開銷。「日方落，僧眾畢集，金鐃法鼓，一如人世。妻每謂其聒耳，生殊不聞。」超度完成，端娘得到解脫，轉生為城隍之女，也就是從鬼聻升格為鬼。（《聊齋志異》卷五「章阿端」）簡單說就是，鬼死了之後為聻鬼，聻鬼也會作祟，騷擾鬼甚至索命。而鬼也有各種祛除聻鬼、超度聻鬼的法術。

如果連起來看，這三個故事對於聻鬼的描述雖然還只是蛛絲馬跡，但細節確實是越來越豐富，層次也越來越清晰。

即使做了這些梳理，對聻鬼的生活世界，大概只能找到這些影子。也就是說，最多只能感覺烏龜塔的第二層存在，遑論瞭解。幸好，讀到《淞濱瑣話》卷三「柳青」中記載鬼魂的一段話：「吾輩為一氣之所流通，不能久而不滅，故世有鬼死為聻之說。竊謂神仙由修煉得來，尚且劫至則消，何況鬼哉！與其為聻，不如仍復為人，雖然昧厥本來，猶是氣完神足。」

這位鬼兄顯然是受到氣之學說的影響，將人與鬼，都用氣的流轉、聚合來解釋，甚至把神仙也說進去了。

鬼的心機有多深

人類大約從發明文字以來就開始傲嬌，在任何時代都覺得自己處在眾生的頂峰。周敦頤的《太極圖說》說：「萬物生生，而變化無窮焉，惟人也得其秀而最靈。」這類話說得太多了，以至於我們很難想像還有什麼生物或非生物比人類更聰明、更有智慧。即使對冥府世界的成員，我們也有一種智力上的碾壓感。比如在睡虎地秦簡《日書》中，提到的鬼怪形容可憎不說，且個個都蠢萌無比，很容易對付。這大約比較接近事實，在古代志怪作品中，面對鬼的時候，人只要能壯起膽子，智力上的優勢是很明顯的。

雖然整體智力程度不如人類，但偶爾還是有幾個腦子活絡的鬼。

紀曉嵐曾聽他老師談及，老師的親戚中有個膽子很大的讀書人，從不怕鬼。只要聽說哪裡有凶宅，一定要趕去住幾天。有人提到北京西山某寺廟後院常有鬼怪出沒，此人一聽，連忙帶著鋪蓋跑到那裡讀書，準備考試。確實，每晚都有奇形怪狀的鬼怪在他床榻旁出沒，此人雖然不怕，但也抓不住對方。某晚，他聽屋外有動靜，推窗一看，見樹下站著一美女。他哈哈大笑：嚇我不行，又想來色誘嗎？沒用的。沒想到美女一開口，倒真把他嚇到了。美女說：我是你祖姑奶奶，還色誘你？幾十年前我去世葬在這裡。你讀了十多年的書，馬上就要科考了，正是進學中舉、光大門楣的時候，你卻不務正業，每天晚上跟鬼鬥，白天睡覺，怎麼能考得好？祖宗們泉下有知，怎麼甘心？我之所以現身，就是要正告你，好好收心讀書，不要再做荒唐事了。

此人聽祖姑奶奶一番話，確實有道理，如醍醐灌頂，立刻收拾行李回家。可是向父母問起這位漂亮的祖姑奶奶，父母根本不知有此親戚。此人這才明白，原來是被鬼給騙了，又打算進山去跟山寨祖姑奶奶理論。朋友勸他說：那群鬼因為鬥不過你，所以才幻化來騙你。他們既然已經怕了，窮寇莫追，就放他們一馬吧。此人想想也對，就此老老實實地在家讀書。（《閱微草堂筆記》卷十一）

鬼幻化之後騙吃騙喝的情況很常見，不過像這個故事裡，不以力勝，而是智退莽夫的情況，倒是比較少見。可見，鬼並不像我們平常想像的殭屍那樣，四肢發達，頭腦簡單。而有些陰差，因為經常到陽間索命抓人，大約學習到不少人類的心計，對於計謀的運用更是讓人佩服。

京師有位富翁江潮，某天忽然被索命的陰差捉去，說他命數已到。江潮對陰差說：生死有命，我也沒什麼遺憾的，不過事出倉促，我來不及安排後事，能不能緩期一天，容我處理家事，與家人告別？我走前多燒點紙錢給你。

陰差答應了，可是拘票上的日期沒法更改。怎麼匀出這一天呢？於是陰差對江潮說，無妨，你跟我先到冥府走一趟。帶著他來到閻羅殿，故意對冥官說：徽州的江潮帶到了。冥官一看拘票，怒斥陰差：我叫你帶京師的江潮，誰讓你把徽州江潮的拘來？於是命他速速將人帶回陽間。陰差得令，順理成章把江潮帶回陽間。江潮燒了一堆紙錢給陰差表示謝意。

第二天，陰差又到，江潮哪捨得馬上就去，繼續求饒，說自己的小兒子在滄州，能不能再寬限十天？陰差說，你再多燒紙錢，我自有妙計。江潮燒了紙錢，果然十天之內沒有鬼來索命。到了第十天，是另外一個陰差來拘他，說先前那位回去後就失蹤了，冥官找了十天也沒找到，只能讓我來辦差。想來先前那小哥發了一筆橫財，索性曠工十天，在陰間逍遙去了。（《耳談》卷七「江潮」）

陰差勻出那一天的辦法確實很巧妙，雖然挨了訓斥，卻成功地拖延一天。我們一直說「閻王叫你三更死，誰敢留你到五更」，那只是因為我們對陰差的打點不夠，或者辦事的陰差不夠靈活而已。

如果說上面兩個故事中的惡鬼還只是要點小聰明，用點心機的話，下面故事中的鬼，則是轉識成智了。

某地鄉里一戶人家的婢女，因為思春不得，心情鬱鬱而死。死後魂魄不散，時常出來採補。不過這女鬼採補之術頗為獨特，她從不現形、現聲，也不附體讓人精神失常，只是進入男人的夢中，在夢中與人上床。男人醒來後，最多只是反省自己心懷齷齪，很難想到已被女鬼採補。而且，這女鬼從不過度開採，閱人無數，卻從未害過一條命。只要男子夢中縱欲稍過，身形消瘦，女鬼「則別媚他少年，亦不至殺人」。她在當地採補幾十年，雖然偶爾有人隱隱覺得不對勁，但一方面夢境恍惚，沒有證據；另一方面因為從未有人因此喪命，所以也不會想到請道士驅鬼。

紀曉嵐感慨地說，這女鬼「可謂善藏其用，善遁於虛，善留其不盡，善得老氏之旨矣」。讚歎她得老莊之精髓，評價相當高了。（《閱微草堂筆記》卷十四）

二〇一六年間，電腦阿爾法狗 AlphaGo 連續打敗韓國圍棋九段棋士李世乭，有人點評說：阿爾法狗全贏是好事，至少它還沒聰明到會輸……也有人說：不要相信人類的光明面，但一定要對人的陰暗面有信心。這女鬼如果下圍棋，應該也是高手，因為她知道「善留其不盡」，不竭澤而漁，追求永續性的採補。這留有餘味正是圍棋的精髓所在，真正有大智慧的是這位無名的女鬼。

鬼有形還是無形？

有個朋友在大學裡的分子遺傳學實驗室做研究，那些理工科的同事對於只能通過文獻記載，而不懂用科學實驗來驗證鬼魂的方法，很是不屑。或許在他們眼裡，如果不能給鬼稱重、分析成分乃至檢測DNA序列，基本就可以無視了。

不過，古人雖然沒有那麼理性，但他們對鬼世界最大的困惑之一，就是雖然鬼魂存在，卻不能以看見的方式來驗證。這時鬼魂的形質問題很自然地浮出水面。在古書中，我們會看到各種互相矛盾的記載，鬼有時有形有質，有時有形無質，有時甚至無形無質。古人對這些說法難道不感到糾結嗎？

顯然，上古時代的人基本上是不會糾結的，在秦漢以前的記載中，鬼與人的衣食住行沒有太大差別，簡單點說，就像遠方的親戚一樣，逢年過節來享用一下祭品。即使到魏晉，在東晉干寶的《搜神記》中，幾乎所有故事也都默認鬼是有形有質的。在著名的「宋定伯捉鬼」故事中，也不過是說「鬼略無重」，雖然很輕，但還沒到無形無質的地步。唯一比較明確地將其視為氣的，只有卷十六的「紫玉韓重」條，吳王夫差之女紫玉死後又現形，其母想要擁抱她時，用了「如煙然」的說法，比較近乎無質了。

南朝宋劉義慶所編的《幽明錄》中一則記載，能比較清楚說明當時人對鬼之形質的看法：有個新鬼，剛到陰間，不知道如何覓食，餓得「形疲瘦頓」。最初他還像在陽間一樣，到信奉佛道的人家幫忙幹活，推磨、舂米累了一整天。可是兩戶人家都看不到他，以為是神佛顯靈，派小鬼來幫忙，沒有一點食物供奉。後來，吃得心寬體胖的鬼朋友告訴他，必須到陽間作怪，才有吃的。於是這傢伙跑到一戶人家，將人家養的狗抱在空中，舉家驚恐，準備了「甘果酒飯，於庭中祀之……鬼果大得食。此後恒作怪」。在這個故事中，雖然人看不到鬼，但鬼的胖瘦與伙食的好壞密切相關，他們顯然是有形有質的。

但在宋代，可能是隨著道學的興起，人們對鬼神的形質有了新的認識。張載最先提出「鬼神者，二氣之良能也」，也就是說，鬼神是陰陽之氣聚合而成的，有生有滅。二程、朱熹也有很多類似的說法，此後，人們一直沿用這個路數來解釋鬼的形成以及消亡。這個路數就像現代學者區分不同思想流派所用的光譜一樣，非常富於彈性。志怪小說中的鬼，就可以很順暢地在有形有質、有形無質、無形無質以及無形有質之間不斷搖擺。

到了清代，鬼在形神之間不斷遊走的傾向越來越明顯，有些人甚至可以利用對鬼的形質的認識來對付他們。《子不語》卷四記載，康熙年間的陳鵬年還沒當官的時候，某縊鬼求替身被他破壞，縊鬼大怒，對他吹氣，「冷風一陣如冰」。這時他想到鬼不過是氣之聚合，於是也運氣對吹回去，「婦當公吹處，成一空洞，始而腹穿，繼而胸穿，終乃頭滅。頃刻，如輕煙散盡，不復見矣」。很像武俠小說中比拼內力，最後他將縊鬼吹得如輕煙一般消散掉。郭沫若還曾寫詩稱讚他：「正氣傳吹鬼，青天德在人。」

雖然鬼的形質可以不斷變幻，但其中變化的規則總是需要更為合理的解釋，清末的經學大師俞樾曾盛讚一位擅長招魂術的巫師的說法：

夫人之生也，為血肉之軀，其質重濁……及其死也，此塊然之質埋藏地下，而其餘氣尚存，則輕清而上升矣。大凡其氣益清，則其升益高……苟有一分濁氣未淨，即不能上與太清為體，於是有赫然森列而為明神者焉。其品愈下，則濁氣愈多，而去人亦益近。至於尋常之人……不過依其子孫以居。汝平時所一召而即至者，皆此等鬼也。若夫兇惡之人，清氣久絕，純乎濁氣。生前有形有質，尚可混跡人間；死後形質既離，便非大地所載。其氣愈沉愈下，墮入九幽，去人亦遠。（《右台仙館筆記》卷四）

按照這位巫師的說法，鬼之所以形質不一，主要是因為人死後形神分離，上升之氣清濁程度不同。最純淨之氣能直接升到上天；稍有雜質的沒法上去，就成為神。隨著氣的渾濁度的提高，神降為鬼，與人類也越來越接近。而品行最差的人，因為其氣渾濁度太大，ＰＭ二點五爆表，連大地也承受不起，只能沉淪到地獄中。

俞樾的看法可能是前科學時代最後的總結。之後，這個問題由科學和辯證唯物主義一勞永逸地解決了。各個時代的文科生大多是懶惰的，會把科學的結論奉為最終的解釋，比如歐洲天文學上一路走來的地心說、日心說、銀河說、大爆炸理論等，每次他們建立或推翻一個理論，我們都崇拜得五體投地並立刻到處傳播。文科生是多麼期待科學永遠進步，再提出新理論來投餵給我們啊！

走邪路的鬼

清道光年間，有個名叫顧杏園的人獲任命為廣西潯州（今桂平）太守，上任途中經過安徽無為，在蟂磯夫人廟附近停泊過夜。蟂磯夫人就是三國時嫁給劉備的孫權之妹孫尚香。船夫夜裡夢見有官員參拜孫夫人，建議把這個履新的太守淹死，因為此人將來會引發一場大災難，導致生靈塗炭。孫夫人拒絕了，說：「此等大劫，雖上帝亦只聽其自然，豈我輩所可挽回耶！」顧杏園於是順利赴任。

這是《清稗類鈔》中的一則故事。真實的歷史是：馮雲山因為在潯州當地宣傳拜上帝教被捕。桂平知縣秉承潯州太守顧元凱的意思，「以其書內載敬天地、戒淫欲諸款，類於勸善，無叛逆情」，將馮雲山釋放，押解回廣東花縣原籍。馮雲山竟然將押解的兩位官差也忽悠得入了教，潛回廣西繼續傳教。不久，洪秀全、馮雲山等人發動了金田起義。《清稗類鈔》中的顧杏園，應該就是指顧元凱，顯然這個故事中的「大劫」即太平天國，而顧太守的角色，就像《水滸傳》中放出了一百零八位妖孽的洪太尉一樣。

「死生有命」的觀念在古代早已深入人心，所以在孫夫人看來，淹死一個太守，尚不能避免這場災難。不過，古人對這個觀念也有自己的困惑，在戰爭、災荒、瘟疫等大規模的群體死亡的事件中，這些死者的命運都是一樣的嗎？

在《螢窗異草》三編卷三「訟疫」條中，有位姓劉的刀筆吏，因為父親、叔叔都在一次大瘟疫中去世，就到陰間城隍處興訟，痛斥疫鬼的殘忍。他振振有詞：「人生壽夭有命，豈於疫而獨無命耶？若有命在，何死者命皆當夭，夭者偏皆遇疫？如云無命，又何以有造生造死之說？豈先造疫，而後造命乎？抑不必造命，而獨造疫乎？」意思是，既然生死有命，上天何必還造出瘟疫來呢？難道這些人非得死於瘟疫嗎？你們所謂的命運就是這麼一刀切的嗎？城隍被他問得沒話說，只好求救於疫神部門。疫神部門還給出了解釋：瘟疫還是依照法制，由上天安排的，問題主要出在承辦的疫鬼不知輕重，有些人不該死於瘟疫的也被弄死了，現在各部會官員已經高度重視此事，開展了自查自糾。在這之後，疫鬼還與劉某訂約，以更為人道的方式在人間傳播瘟疫。

上面說的疫鬼與人達成和諧共處，其實在古代並不常見，更多是用激烈對抗的方式。這個傳統古已有之，《周禮．夏官．方相氏》說：「方相氏掌：蒙熊皮，黃金四目，玄衣朱裳，執戈揚盾，帥百隸而時難，以索室驅疫。」這裡所說的「索室驅疫」，就是到處搜查，驅除疫鬼。《後漢書．禮儀志》中還介紹了方相氏驅逐疫鬼的具體操作辦法：方相氏身披熊皮，頭戴黃金四目的面具。率領著一百二十個童男，一邊做出各種砍殺的動作，一邊念叨：「各種鬼怪們聽好了，我們已經請來了你們的天敵，有十二天神。抓到你們，要開膛破肚，零敲碎割，識相的就趕緊滾蛋，否則成了天神的口糧，可大大不妥。」

當然，上古時期，人們很少與鬼講道理，像子產那樣說出「鬼有所歸，乃不為厲」的情況是不多見的。這主要是因為那時人們對鬼世界還不夠瞭解，或者說，陰間還沒有被陽間的文化所規訓。

到了中古之後，隨著陰間制度建設的逐漸完備，以及陰間陽間交流規則的逐漸成形，各種類型的鬼幾乎都受到陰律以及陽間公序良俗的制約。即使是對抗式的驅鬼儀式背後，也都以對鬼世界的基本認識作為理據。除了人們熟知的因果報應、轉世投胎之外，即使是溺鬼、縊鬼求替，也有章可循（可參《聊齋志異》卷一「王六郎」條）。在《道聽塗說》卷九「謀代鬼」條中，某縊鬼曾自述：「凡境內有欲自縊者，土地以告無常；無常行牒，授意應替者。此間數十里內，更無他鬼，妾是以奉牒而來也。」縊鬼替生也需要等待指標——可惜陰間對GDP沒有要求，否則大可將投生名額以競拍方式放出。

可是，對於疫鬼，古人始終覺得不容易溝通。這一方面是由於瘟疫造成的後果過於慘烈；另一方面，與戰爭、饑荒造成的群體死亡事件相比，瘟疫的危害顯得更加沒有章法，無法用理性來預測或趨避。《堅瓠補集》卷二「逐瘧文」條記錄的驅逐瘧鬼的禱詞說：「夫瘧者虐也，烈如暴暑，酷如猛吏。……瘧汝亦知其醜與。來病君子，則汝為小人；遘厲聖人，則汝為狂鬼。以世所甚尊之士，而汝敢侮之；以世所甚不美之名，而汝輒居之。」敢於對君子、聖人下手，也正說明了瘧鬼的不可理喻。

正因為疫鬼的不可理喻，各地的冥官往往將其視為邪惡的入侵者，比如《閱微草堂筆記》卷二就記載了土地神沒有能夠保護當地居民，致使疫鬼闖入孝子節婦之家，「損傷童稚」，因而被免官。在卷四中，則講述了某村因為建立義塚，以致群鬼感恩，在疫鬼來襲之時，與其惡鬥，最終保護了全村居民的健康。

疫鬼的不可理喻、不守法度，更增加了其行事的詭異。在志怪作品中，關於疫鬼的記載，驚悚指數都很高，而且更加讓人心寒的是……不少與家禽有關！

《夜譚隨錄》卷二「那步軍」條記載，某天冬夜一位士兵在胡同站崗，胡同口有柵欄圍著。三更時分，有兩個黑衣人趕著幾百隻鴨子要過柵欄，士兵大喝：「現在是什麼時候了？不許通行。」黑衣人理也不理，兀自趕著鴨子穿越柵欄，彷彿沒有阻隔一樣。士兵忽然意識到黑衣人和鴨子是無形的，寒毛直豎。第二天，當地就爆發了大規模的天花，小孩子幾乎無一倖免。

《耳談》卷十五「華容驅鵝婦」條說，華容縣的某村，有位村婦夏夜在屋外乘涼。半夜時分，見一個小姑娘趕著一群鵝經過。村婦心想，哪有半夜才趕鵝回家的？多半是小偷偷鵝。於是要脅小姑娘給她兩隻鵝，否則就要聲張抓賊。小姑娘不得已給了她兩隻，繼續趕著鵝走遠了。村婦平白得了一筆小財，沾沾自喜，第二天一看，兩隻鵝竟然是「兩嬰兒病痘死者」。不久，當地就爆發了天花，小孩子也幾乎都病死了。

即使在陰間，疫鬼也比較另類，他們是走邪路的鬼！

輯二

鬼的社會

翻牆者死

按照冥府的一般規則，人之死亡，都是陰差索命的結果。只是陰差並非只有世俗所傳黑無常、白無常這一類，其實，黑白無常這種特殊造型陰差反而很少出現，更多的時候，陰差的形象與陽間的人類沒什麼差別。有時候，陰差來不及執法，也常常默許冤魂自行報復。既然自行報復，那麼死法就千奇百怪了，比如翻牆死。

明嘉靖年間，倪民悅擔任蘄水縣令。夏天到了，他去鄰縣某地避暑休假。當地有一地主陶天馭，家裡種的梨樹結了一隻碩大無比的梨子，他知道倪縣令就在此地，就想將此祥瑞獻上。

僕人捧著梨子，跟著老陶路過鄰居王仲七家門口。老王多事，故意把梨子打落在地摔壞，這下沒法給縣令獻寶了。老王還笑話老陶：鄰縣的縣令跟你有什麼關係啊，不如給我吃了倒好。老陶更加惱火，遷怒於僕人沒拿穩梨子，一頓暴打，下手沒輕重，竟然把僕人打死了。老陶索性到縣裡誣告是老王動的手，在衙門上下一番打點。酷刑之下，老王被迫承認是自己打死了僕人，不久就死在獄中。

過了不到一個月，老陶從外面回來，狂呼「老王不要打我」。到家之後，還沒關門，又翻牆出去，沒想到牆內外落差太大，他翻過去直接摔死了。等收屍的棺材送來，他骨斷筋折，「諸體青腫，七孔血流」，顯然死後還被老王狠揍。（《耳談》卷十四「王仲七冤報」）

陶天馭之所以翻牆摔死，是因為被王仲七的冤魂追殺，神志不清，慌不擇路。但有時陰差執行公務索命，出公差，也會出現翻牆死的狀況。

明代浙江臨海人範少參科考失利，從杭州回家，經過一座山隘，已是深夜，他就在山上打個盹。天快亮時，有個當兵的走來，問他為何睡在山上，範少參很不好意思地說，落第秀才，白天沒臉從這裡過。當兵的說，您將來科舉連戰連捷，要做大官呢，不必擔心。范少參想對方不過是說些客套話而已，問他做什麼的。當兵的說，我奉命到這裡山下抓個犯人，這就和您一起下山吧。到了山下一戶人家，當兵的對范秀才說，我這就進去抓人，待會兒有老虎經過，你聽到有哭聲傳出，就是得手了，我出來的時候，你也趕緊跟著跑。范秀才覺得奇怪，就在門口等著一看究竟。「少頃果有猛虎咆嗥而過」，就見當兵的從那戶人家裡抓了個人，直接翻牆出來，然後就聽屋內傳來哭聲。他心裡一驚，也跟著狂奔，跑著跑著，當兵的和他抓的人都不見了。他忽然意識到，這個當兵的，其實是陰司派來索命的陰差。（《涉異志》「關山隸」）

這個故事裡，陰差帶出的人，當然就是死者的魂魄。一般來說，魂魄被帶出家門，意味著與肉身的正式分離，宣告死亡。可是陰差索命，為什麼非要翻牆出入呢？大家不妨自行大膽猜測吧。

清代咸豐年間，有一秀才夜晚在院子裡散步，忽然見一人翻牆進來，秀才衝過去喝叱說：什麼人？那人說，我是公差。秀才說，即使你是公差，也不能隨便翻牆啊！那人也不答話，直接拿出證明文件，原來是冥府索命的拘票，上面也列著秀才的名字。秀才一看，嚇得癱軟在地，跪求陰差放他一馬。（《庸閑齋筆記》卷九「恒太守遇鬼」）

活人的小命都掌握在陰差手裡，他翻牆提個人怎麼不行了？

為虎作倀：鬼的側翼

以前把肅貪稱為「打老虎」。打老虎反腐的招數很多，比如調虎離山、先打週邊側翼等等。那些被打擊的側翼，往往對老虎毫無忠誠可言，很快就會把老虎供出來。

不過，在志怪小說中，那些作為「老虎」側翼或前驅的倀鬼，往往卻是赤膽忠心。

清道光年間，杭州西湖南高峰一帶忽然有老虎出沒。村民們出高價請人捉老虎，有山裡人應募。準備了毒弩，製成機關放在老虎可能出沒的地方，選一個膽大的人爬上機關邊上的大樹，其餘幾十人拿著火槍在山下埋伏。終於等來了虎嘯聲，不過先出來的是倀鬼，來到放置毒弩的地方，自言自語說：「此不利於大哥。」動手將機關破壞後，繼續前行。樹上的人等倀鬼走遠，再下去重新設置好機關，然後爬上樹等著。老虎過來時，觸發機關，被毒弩射死。在前面探路的倀鬼聽到聲音，再轉回來，見到有人在樹上，怒氣衝天，要上樹為大哥報仇。樹上的人引燃事先準備好的爆竹，山下的人聽到爆竹聲，再衝上來，一邊開槍一邊衝殺，趕走倀鬼。（《右台仙館筆記》卷十二）

在這個故事裡，真正殺虎只需一人，其餘幾十人都是為了對付倀鬼——倀鬼要為大哥報仇，山裡人早就預料到了倀鬼的忠心。而有些倀鬼，為老虎的服務不僅忠心，甚至到了貼心的地步。

元成宗大德年間，江西永新州有個醫生林行可，因為醫術高明，經常有人請他出診。某天晚間，有位老太太來請他出診。林醫生跟著老太太走了幾里路，來到一片樹林前。老太太說，你在這裡等一下，我去把病人喊出來。林醫生納悶，誰會住在樹林裡啊。模糊的月光下，就見老太太走到林中一座墳前，一晃就不見了。林醫生更加奇怪了，正好不遠處有座東嶽廟，趕快躲進廟裡，關好門。這時老太太領來一隻老虎，找了半天也沒看見醫生，長歎一聲說：真是可惜，三年了，我就想著為你騙這個醫生來吃，想不到你福薄至此。林醫生躲在廟裡大氣也不敢出，直到天亮才連滾帶爬地回家，此後堅決不出診了。（《異聞總錄》卷一）

這個老太太的智商當然需要充值（畢竟，只要踹開廟門就行了），但身為倀鬼是無疑的，而且比之其他倀鬼，她能花三年時間為老虎謀劃，不僅僅是忠心，已經很貼心了。

為什麼這些倀鬼都如此忠心耿耿呢？當然可以簡單地說因為他們的魂魄受制於老虎，所以喪失了自我分辨的能力，形同傀儡。可是老虎何德何能，可以指揮倀鬼呢？下面這個故事，從更宏觀的角度解釋，似乎比較合理。

唐代的一位監察御史柳並外出巡視。唐代的監察御史掌「分察百僚，巡按郡縣，糾視刑獄，肅整朝儀」，級別不高，但是權力很大，你懂的。

柳並這次巡視是微服私訪，除了幾個僕人，只有一個秘書隨行。眾人經過一座荒山，就在一座廢棄的驛站休息，大家都在屋裡席地而臥。半夜時分，忽然有個小鬼悄悄進來，只有一尺來高，長得像猴子一樣。小鬼拿著一面小旗子，插在秘書腦袋邊上，然後離開。除了柳御史，其餘人都睡著了，什麼也不知道。柳御史心知有異，等小鬼離開後，悄悄起身把旗子拔掉扔出屋子。過了一會兒，一隻老虎進來，在每人身上聞一下，什麼也沒做就離開了。又過了一會兒，那小鬼又進來在秘書腦袋邊上插了面旗子，柳御史又悄悄拔掉，老虎又白跑一趟。這麼反復了三回，天終於亮了。

柳御史知道，那小倀鬼應該是前來給老虎定位的，可能這位秘書命數已到。他叫來秘書，告訴他事情的經過說：你大概難逃一劫了，我把防身的劍給你，你自己逃命去吧。這秘書雖然從事文字工作，膽子卻不小。他告別御史後，自行進山要深入虎穴，找老虎算帳。

秘書進山後，發現一座茅草庵，進去一看，裡面沒人，但桌上有文房四寶和一卷文書，邊上還有一張虎皮。拿起文書一看，裡面全是人名，有的打了鉤，有的沒有，自己的名字也在其中。原來這是勾魂的冥簿啊。秘書心中明白了，那老虎是勾魂使者所化。他將冥簿和虎皮都拿上，仗劍而去。走了沒幾里路，一個胡僧從後面叫住他，胡僧說自己就是勾魂使者，並不是非要吃他。而是「天配合食之」，昨晚沒吃成，已經誤了工期了。即使他帶走冥簿，命數還是難以抗拒的，不如用巫術技巧免災。

胡僧的巫術不複雜：讓秘書用劍自刺，將血塗在外衣上，將外衣和虎皮交給胡僧。胡僧穿上虎皮，化為老虎，撕咬那件帶血的外衣。吃完之後又恢復人形，然後告訴秘書，衣服已經代他被殺，此後不再有事了。秘書又回到御史身邊，老虎果然沒再出現。（《太平廣記》卷四百三十三引《原化記》「柳並」條）

這個故事很清楚地說明，倀鬼為老虎服務，或者說魂魄受老虎控制，其實他們都是天曹的棋子，不過是嚴格執行上天的命令而已。倀鬼對老虎所謂的忠誠，自然也是奉命行事。當然，上天最後還是被欺騙了，即使天網恢恢，有冥簿作為操作說明書，有倀鬼的精確引導，但還是可以用巫術來鑽漏洞。不過除此之外，我們還有另一層感慨：唐代真是氣魄宏大，萬邦來朝，連勾魂使者都可以啟用胡僧作為外援。

當然，就像天網恢恢之下，巫術也可以有存在的空間一樣，倀鬼的忠誠也會打折扣的。《太平廣記》曾提到唐代馬拯的故事，他殺了老虎之後，有群倀鬼奔走回來，趴在虎屍身邊痛哭流涕。馬拯痛斥這些倀鬼：「汝輩無知下鬼，遭虎齧死。吾今為汝報仇，不能報謝，猶敢慟哭。豈有為鬼，不靈如是。」忽有一鬼答曰：「都不知將軍乃虎也，聆郎君之說，方大醒悟。」就其虎而罵之，感謝而去。

這個細節很有意思，更加證明這群倀鬼是烏合之眾，毫無頭腦。當初他們全心全意以老虎為老大哥，盡心服侍；老虎死了之後他們如夢方醒，才痛斥老虎罪行累累。這些倀鬼，靈魂被控制，等老虎死後他們也不再忠誠，這點也是再自然不過了。

假鬼假怪

古人有一種說法叫「卜以決疑」，意思是遇到什麼不確定的事情就去求神問卜。占卜的方法有很多種，比如占夢、星象、術數、風水等等。其中體現中國特色而又最具互動色彩的，大概要算扶箕了。

扶箕又稱作「扶乩」或「扶鸞」，就是把筷子插在簸箕上，懸掛起來，占卜的人扶著搖動的箕（大部分箕是自己會動的），筷子就在下面的沙盤上亂畫。扶箕的人根據筷子在沙盤上畫出的形狀來猜測、判斷所問事情的吉凶，後來逐漸發展為筷子直接寫出判詞，大家記錄下來就可以了。還有的不用筷子和沙盤，直接用筆和紙，這樣就更方便了。有時箕仙精神特別亢奮，筆就會自己蹦起來在牆上寫。

最早的箕仙是個叫「紫姑」的女人。傳說紫姑是一個大戶人家的小妾，因為正房嫉妒，將其虐待致死，後來成鬼再成仙，經常通過扶箕顯靈。紫姑的地位雖然不高，但在神仙界享有盛譽，顯靈事蹟極多。不過信奉她的基本為鄉下人，莊稼人經常向她請教點農事方面的問題，像什麼時候栽種、收割一類的。

讀書人中開始興起扶箕，大概始於宋朝，到明清時達到鼎盛。有學問的人扶箕，他們主要詢問

的是科舉考題、功名前程、生死壽夭之類關乎自己命運的大問題。（以上參考許地山《扶箕迷信的研究》）

由於扶箕的廣泛流傳，所以請來的神鬼就五花八門。《五雜組》卷十五說：「箕仙之卜……大率其初皆本於遊戲幻惑以欺俗人，而行之既久，似亦有物憑焉，蓋遊鬼因而附之，吉凶禍福，間有奇中，即作者亦不知其所以然也。」很多遊魂野鬼，假冒自己是呂洞賓、何仙姑等。扶箕者一方面很難判斷遊魂的來歷，另一方面也視為文字遊戲，所以作假就作假吧，馬馬虎虎就行。

清乾隆年間，有個圍棋高手程思孝，到京城遊歷，打遍京城無敵手。有一次，程國手參加文人雅集，有人扶箕請仙，請來的神仙自稱張三豐，有人問箕仙，是否會下棋？箕仙說會啊，可以跟你們凡人手談一局。眾人歡然叫好，這是跟箕仙對弈啊。大家商量好對弈的規則，程國手在棋盤上下，箕仙則在沙盤上寫出自己下子的位置，「如縱第九路橫第三路下子，則判曰九三，餘皆仿此」。一開始的佈局階段，程國手覺得箕仙深不可測，下的全不是凡人的定式。「以為仙機莫測也，深恐敗名，凝思冥索，至背汗手顫，始敢應一子，意猶惴惴。」跟箕仙下棋，緊張到不行。不料到了中盤階段，發現箕仙不過爾爾，遂放手攻殺，箕仙竟然潰不成軍，全域覆沒，舉座譁然。箕仙忽然在紙上大書：「吾本幽魂，暫來遊戲，託名張三豐耳，因粗解弈，故爾率答，不虞此君之見困，吾今逝矣。」我只是路過此處，大家不過玩個請神遊戲而已，何必較真呢？（《閱微草堂筆記》卷十一）

紀曉嵐記載的另一則故事，有一位姓吳的人家扶箕請仙，來的箕仙自稱是道教全真派創始人王重陽的弟子丘處機。一個客人問道：「《西遊記》真是您寫的嗎？是講煉金丹秘訣的嗎？」乩仙說是。客人又問：「您的書是元初寫的，為什麼裡面寫的祭賽國、朱紫國、滅法國，都是明朝制度呢？」箕仙忽然不動了，再問也不回答，原來已經逃走了。丘處機的弟子李志常寫過一部《長春真人西遊記》（簡稱《西遊記》），與神魔小說《西遊記》完全不同。客人大概原本就有此疑問，所以想直接請教作者，沒想到竟然使得箕仙露餡而逃。（《閱微草堂筆記》卷九）

還有一次是紀曉嵐自己遇到的，也是文人雅集，有人在扇面上畫了雞冠，請紀曉嵐的同事李露園題詩。李露園是康熙五十三年的舉人，寫詩信手拈來：「紫紫紅紅勝晚霞，臨風亦自弄天斜。枉教蝴蝶飛千遍，此種原來不是花。」大家都說句句語帶雙關，寫得好！後來在另一次雅集上扶箕請神，有人恰好請箕仙以雞冠為題寫一首詩，沒想到箕仙寫的就是李露園這首。紀曉嵐大吃一驚，查都不必查了，這百分之百是抄襲啊。然後箕仙再也不動，想是已掩面跑開。（《閱微草堂筆記》卷七）

為什麼有這麼多冒名的箕仙呢？《續子不語》卷十「關帝血食秀才代享」間接回答了這個問題。有一回，一個秀才請扶箕請仙，請來了關帝。秀才請教了一段關於《春秋》的問題（《春秋》問題不去孔廟請教孔子，卻來問關羽，可見秀才混蛋），關帝很快回答了他。秀才回家越想越覺得不對，關王爺何等尊貴，怎麼我一請就到，難道是山寨的？不行，我要寫狀子到天帝那裡去告狀。正寫著呢，有位小鬼現身討饒：「大哥，您先別告，我就是假冒關帝的遊魂。因為流落到關帝廟，每天打掃打掃房間。天帝看我可憐，讓我代替關帝，吃點供品什麼的（聖帝憐我勤苦，命我享受廟中血食，並非關帝也）。關帝只有一個，各地關帝廟裡的神仙，都是就近取材，選些品德好、文理通順的鬼做替身。普通人是別想請到關帝的，只有皇帝親自祭祀，關帝才會下來寒暄一番。」也就是說，仙界為了提高遊魂的就業率，給他們一碗飯吃，實際上對假冒關帝是默許的，並非零容忍。按照佛教的說法，這叫「月映萬川」。

當然，並非所有的箕仙都是假冒的，有些記載，看起來是請到了真神：

揚州謝啟昆太守扶乩，灰盤書《正氣歌》數句，太守疑為文山先生，整冠肅拜。問神姓名，曰：「亡國庸臣史可法。」時太守正修葺史公祠墓，環植松梅，因問：「為公修祠墓，公知之乎？」曰：「知之。此守土者之責也，然亦非俗吏所能為。」問自己官階，批曰：「不患無位，患所以立。」謝無子，問：「將來得有子否？」批曰：「與其有子而名滅，不如無子而名存。太守勉旃。」問：「先生近已成神乎？」曰：「成神。」問：「何神？」曰：「天曹稽查大使。」書畢，索長紙一幅，問：「何用？」曰：「吾欲自題對聯。」與之紙，題曰：一代興亡歸氣數，千秋廟貌傍江山。筆力蒼勁，謝公為雙勾之，懸於廟中。（《子不語》卷十九「史閣部降乩」）

這個故事在《熙朝新語》卷十一亦有記載，很可能真是史可法降臨。只是沒法驗證。

鴉片戰爭後，西方文化入侵，扶箕也與時俱進，以請國外神仙為榮。《扶箕迷信的研究》記載：拿破崙、華盛頓、托爾斯泰等人都曾到中國箕壇來作客。民國時期，大連有幫人扶箕請仙，誰知請來的是耶穌，耶穌他老人家滿嘴英文，誰也聽不懂，只好再請一位神仙來翻譯，結果竟然請來了濟公。耶穌不說猶太語說英文，酒肉和尚做翻譯，據說當時還有基督徒在場。

一九一七年北洋政府時期，上海一些知識份子陸費逵、丁福保等創辦了上海靈學會。據介紹，上海靈學會融合了西洋催眠術、通靈學、東洋妖怪學以及中國本土扶乩占卜術。靈學會成立的盛德壇招引五大洲各路神仙降臨，在社會上頗有影響力。當然，對於請來的中外神仙的成色，是無須深究的。

整體來看，扶箕是文化人的自娛自樂，他們自己相信，圈外人看著熱鬧就好，大可不必深究，反正大清朝也不是靈學會搞垮的。

鬼世界的通行證

先引兩段話：

初，昭王有疾，卜曰：「河為祟。」王弗祭。大夫請祭諸郊，王曰：「三代命祀，祭不越望。江、漢、雎、章，楚之望也。禍福之至，不是過也。不穀雖不德，河非所獲罪也。」遂弗祭。孔子曰：「楚昭王知大道矣！其不失國也，宜哉！《夏書》曰：『惟彼陶唐，帥彼天常，有此冀方。今失其行，亂其紀綱，乃滅而亡。』又曰：『允出茲在茲。』由己率常可矣。」（《左傳．哀公六年》）

二十七年春，吳伐陳，楚昭王救之，軍城父。十月，昭王病於軍中，有赤雲如鳥，夾日而蜚。昭王問周太史，太史曰：「是害於楚王，然可移於將相。」將相聞是言，乃請自以身禱於神。昭王曰：「將相，孤之股肱也，今移禍，庸去是身乎！」弗聽。卜而河為祟，大夫請禱河。昭王曰：「自吾先王受封，望不過江、漢，而河非所獲罪也。」止不許。孔子在陳，聞是言，曰：「楚昭王通大道矣。其不失國，宜哉！」（《史記．楚世家》）

這兩處記載說的是一件事，楚昭王出兵征戰時生病，專業巫師建議他運用巫術將病灶轉移到大臣身上，他拒絕了。巫師占卜後，認為是黃河為祟，請他祭祀黃河祈福消災。他也拒絕了。理由是「祭不越望」——即諸侯只能祭祀自己國境內的山川，楚國境內的就是江、漢、沮、漳四條河。祭祀黃河是越級了。「祭不越望」本是官方祭禮的原則，雖然後來大家不當一回事，但當初制定這個原則，至少說明其他諸侯國境內的神靈保佑不了自己（黃河屬於天子的，級別更高），更進一步說，這也許意味著在神靈世界也有著一定的行政區。

這麼說也許可以部分解釋中國地方神祇的發達，除了少數一統江湖的大神，很多大區級、省部級、廳局級乃至科級神靈，都有自己的勢力範圍或空間限度，也就是有自己的行政區。各級神靈有些有直接的上下級統屬關係，有些只是條線關係，有些地方上的小神，甚至可以成為獨立神國，不受制約。

史學家周振鶴說，中國行政區的兩個原則是「山川形便、犬牙交錯」，這主要是為了中央政權治理的方便。神靈世界的政區地理，可能沒法找出規律，但是大可以依附於人類世界的行政區。比如作為城市保護神的城隍，據《中國民間諸神》所述：

明太祖朱元璋登基之初，極力利用民間信仰以鞏固自己的統治，自然不會忽視城隍神的作用。他對禮臣說：「城隍神歷代所祀，宜新封爵。」於是大行封賞，除了六個王爵外，所有的府城隍皆封公，州城隍皆封侯，縣城隍皆封伯。至洪武三年，他整頓祀典，取消諸神的爵稱，城隍也都按其行政建制稱某府某州某縣城隍之神。同時他又下令仿照各級官府衙門的規模建造城隍廟，供奉木主，「以鑒察民之善惡而禍福之，俾幽明舉不得倖免」……又命令各級官員赴任時，都要向城隍廟宣誓就職，從而借助人們對當地城隍神的信仰來強化各級地方官的地位及其行政權力。（一六六頁）

必須承認，朱元璋的這一政策，是冥府地方行政制度建立的堅實基礎。當冥府的城隍神與天下的府州縣同構時，行政治理的條線就非常清晰了。

明代江西鄱陽縣有一座晏公廟，本來無人注意，不知從什麼時候起，廟神忽然顯靈，香火旺盛。有位姓劉的副知府回鄉探親，聽說此事，就特意來試試，果然靈驗無比。劉知府覺得沒道理這麼靈驗，就在廟裡燒了一份狀子投訴，要求廟神說清自己的身份，否則就派人拆了這座廟。當晚就有人托夢給他：我是浙江新安的商人，因為沉船淹死在廟旁。因為「淹滯廟中不能歸」，只好附於廟神混口飯吃，您貴為知府，行公文到冥府，就能給我開路條，讓我回鄉。第二天，劉知府就寫了一份公文在城隍廟燒化，果然，當晚那商人又托夢給他：冥府辦事效率很高，城隍已經給我開了路條，這就可以返鄉了。此後，廟神就再也不靈驗了，恢復了往日的衰頹。（《涉異志》「晏公廟」）

紀曉嵐被發配至新疆的時候，有一次兵丁捧了一疊空白的公文，請他寫行文給陰間的路引：「凡客死於此者，其棺歸籍，例給牒。」兵丁解釋說，這是慣例，沒有這些路條，客死邊疆的魂魄就沒法回到內地。紀曉嵐看他們提供的範文，文辭粗鄙，就說，這是那些師爺托詞騙錢的吧，拒絕幫他們寫。過了幾天，兵丁說，城西的墓地有鬼在哭呢，因為沒法回鄉。他根本不信，過了幾天，兵丁報告說，鬼哭聲已經到內城了；又過了幾天，連他住處的窗外也聽到半夜鬼哭。他這才有點信了。同事也勸他說，你說的未必沒有道理，可是「鬼哭實共聞，不得照者，實亦怨公，盍試一給之，姑間執讒慝之口」。不妨開出公文來，要是鬼還哭，那你也有話可說。沒想到，他寫完交給師爺去焚化後，當晚果然消停了。紀曉嵐這下真信了，還寫了首詩：「白草颼颼接冷雲，關山疆界是誰分，幽魂來往隨官牒，原鬼昌黎竟未聞。」紀曉嵐還特別說明，因為路引是用於冥府的公文，所以不能用朱紅的印章，必須用黑色的。（《閱微草堂筆記》卷一）

講究！

「幽魂來往隨官牒」，這話說得非常清楚。《閱微草堂筆記》卷二十三也說道：「聞歿於塞外者，不焚路引，其鬼不得入關。」可見，鬼魂的遷移是需要路條的。這也從側面證實了冥府按照管轄區域劃分的地方行政管理制度確實存在。

而且，不僅從邊疆到內地需要路條，內地的遷移也需要：清代太倉州知事德齡安有個浙江籍的師爺，一天忽然被鬼魂附體，發癔症（瘋了），大呼小叫：「回去吧，回去吧，胡不歸！」一聽這鬼魂的口音，還是陝西的。德齡安問他：你要回就回啊，幹嘛附體到別人身上？鬼魂說：我叫莫容非，是前任太倉州趙刺史的遠親。千里迢迢來投奔他。沒想到他不念親情，一文不拔，我流落街頭，窮困而死。德齡安說，那你應該找趙刺史報怨去啊，纏著師爺幹什麼？莫容非說，趙刺史調走了。我沒有路條沒法出境，只能附體師爺，這樣容易驚動您，您給我開一張路條，我就放過師爺。德齡安二話不說，讓書記員寫了一張證明：「諮明一路河神關吏，放莫容非魂歸故鄉。」蓋上印章，師爺的病立刻就好了。（《子不語》卷二十三「鬼求路引」）

我們還可以注意到的是，冥界是接受陽間和冥府雙重管理的，陽間開具的路條，冥府的「河神關吏」等關卡都承認其合法性，這是一個非常有趣的管理體制。《聊齋志異》卷三「李伯言」的故事也印證了這一點：

山東沂水人李伯言入冥臨時擔任三天閻羅王，幫助冥府審案。差使結束，準備還陽，路上被幾百個「闕頭斷足」的鬼攔住。眾鬼自稱是異鄉之鬼，思念故土，「恐關隘阻隔，乞求路引」。李伯言說自己已經交卸了職務，沒法開具證明了。眾鬼說，無妨，幽明一理，南村的胡水心正準備做道場，您還陽之後，請他在清醮之時，口頭代為開具路條，也能生效。

無論個人還是團隊，鬼魂的遷移都需要官方的路條。

幽明一理，信夫！

鬼告狀

據說目前清明節最新潮的祭奠品是路由器。在經歷了溫飽型的冥幣，小康型的別墅、護照之後，我們終於意識到，那個世界也要與時俱進步入資訊時代。不過有趣的是，雖然兩個世界各自都有了高大上的資訊傳播手段，然而兩者之間的資訊交流方式，似乎還停留在過去。托夢、現形、附體等，仍是鬼魂向人類傳播資訊的主要方式。托夢是最常見的人鬼通信方式，具有超越時空、即時傳遞、接收便捷等優點。如果勉強比附的話，則與上個世紀的呼叫器相似，只能單向傳遞，僅限於鬼托夢給人，反過來則不行。

人如何向那個世界傳遞資訊呢？似乎也很原始，在志怪小說中，主要的方法有兩種：扶箕和具牒。扶箕是一種占卜的方法，許地山先生著有《扶箕迷信的研究》一書，收集了大量的事例。但作為占卜的方法，扶箕只是提問而已，我們最多只能將其看成臨時性的諮詢活動。更為人們所看重的，可能是具牒。

具牒，簡單地說就是以應用文（公文）的形式向陰間傳遞資訊、表達訴求，特別是在陽間很難實現的要求。當然，我們在家中或寺廟燒香祈福時，也可以表達訴求，但那是口頭傳達，而具牒則是行諸文字，既有儀式感，也是有圖有真相的意思。《淮南子．本經訓》說：「昔者倉頡作書，而天雨粟、鬼夜哭。」以正式的行文傳遞到陰間，那邊多半會認真對待的。

按照操作者的身份，可以分成三類：一類是道士作法時，以符籙的形式徵召天神求雨、驅鬼；一類是政府官員以公文的形式要求陰間配合公務活動；第三類則是平民百姓越界的上訪。這次先說最後一類。

古人遇到冤屈，陽間所有的路都走不通時，往往會訴於天。如果能寫一份狀紙，比簡單地口頭哭訴，效果更好。如《稽神錄》卷五「劉璠」條載，高級軍官劉璠因為犯法被發配到海陵，海陵太守褚仁規擔心他會惹更多麻煩，於是誣陷他謀反，判了死刑。行刑之前，劉璠對監斬官說：「我是被冤殺的，請轉告我的妻兒，將來收殮我的屍體時，在棺材裡多放點紙筆，我要到陰間去鳴冤。」此後褚仁規果然接連遇到怪事，最終因為政殘暴被賜死。

上面這個故事也許可以解釋成巧合，在另一個故事中，則明明白白將具牒上訪的作用說清楚了。《全漢文》卷六十三「上表訴冤」條記載，西漢景帝時，長安令段孝直家裡有一匹千里馬，愛逾珍寶。景帝的親戚雍州刺史梁緯看中了這匹馬，多次強行索要不成，便將段孝直構陷下獄。段在臨死前，讓妻子準備「紙三十張，筆十管，墨五挺，安墓中」，準備打一場上訪的持久戰。兩個月後，景帝大會群臣，已經死去的段孝直忽然在朝堂上現身，痛陳自己「上訴皇天，許臣明雪。若不聞於陛下，何以免此幽沉」，並且一口氣列出梁緯的不法之事二十一條，「於殿前上表，帝覽訖，忽然不見」。冤魂現身，朝堂震動，景帝下令徹查無誤，於是在段孝直墓前將梁緯明正典刑。

在這個故事裡，段孝直的報復顯得光明正大，因為他並沒有借助陰間的超能力直接殺死仇人，而是明明白白地將其罪狀列出，其中暗含的前提是，那個世界也是講道理的、尊重法律的，並非一味地不成章法。正因為那個世界也講理法，所以具牒上訪並非只針對陽間的冤屈，如果生人受到陰間鬼魂的騷擾，也同樣可以跨界告狀。《北東園筆錄初編》卷四「與鬼講理」條記載，一次浙江鄉試，科場有女鬼現身，到處找某位秀才，要報仇索命。考生最擔心科場鬼鬧事，所以大家找到要被索命的人，叫他自行退考。那位秀才得知後，說出原委，原來他家裡雇了個挑夫，挑夫的妻子是個悍婦，動輒打罵丈夫。秀才看不下去，怒斥挑夫說：「夫為妻綱，你是夫綱不振。她打你，你就不能打她嗎？」挑夫一時激憤，回去搧了老婆一個耳光。那悍婦大怒，認為天下只有老婆打老公的，如今竟然倒行逆施了。哭鬧了一夜，最後上吊身亡。現在那悍婦鬼來考場報復了。眾秀才一聽，這還有天理嗎？於是一起寫了篇文章，與女鬼講道理，「向空焚之」。最後還警告說：「若再夜出為祟，當同詣明遠樓訴諸關帝，押汝入無間地獄也。」此後，這女鬼就不再來鬧了。作者梁恭辰感慨地說：「鬼之情狀，與人無殊，可以情動，亦可以理遣也。」

也正因為那個世界有理可講，所以祟人鬧事的鬼還是害怕人們具牒告狀的。《右台仙館筆記》卷五記載，浙江慈溪馮孝廉家有鬼騷擾，他雖然不懼，但是煩擾不堪。於是寫狀紙準備到城隍廟上告。晚上寫了個草稿，準備第二天謄寫清楚。當晚就聽到書桌上有紙筆窸窸窣窣移動的聲音。第二天起來一看，草稿被撕碎了，筆也禿了。馮孝廉哈哈大笑：「鬼也怕我寫狀紙啊！」換了紙筆寫好狀紙，到城隍廟焚燒了。當晚就聽到有鎖鏈稀裡嘩啦的聲音，此後那鬼再也沒有出現，顯然是被地府抓走了。

雖然具牒上訪有實際效用，但陰間並不鼓勵興訟，有些官司還是採取調解的方式。《子不語》卷五「城隍替人訓妻」條說，杭州的周秀才娶了個悍妻，不孝敬公婆。每逢佳節，就穿著孝服拜見婆婆，詛咒她早死。周秀才生性懦弱，無力馴悍，只能每天寫狀紙焚燒，祈禱城隍爺主持公道。連寫九張之後，城隍托夢召他，耐心地解釋：「爾婦忤逆狀吾豈不知，但查汝命，只一妻，無繼妻，恰有子二人。爾孝子，胡可無後，故暫寬汝婦。汝何嘵嘵！」意思是他命裡只有這一個妻子，將來還有兩個孩子，命數所在，悍妻殺不得。為解決矛盾，城隍「命藍面鬼持大鎖往擒其妻……召兩旁兵卒執刀鋸者，皆猙獰兇猛。油鐺肉磨，置列庭下……厲聲數其罪狀，取登註冊示之。命夜叉：『拉下剝皮，放油鍋中。』」經過一番來自地獄的威脅恐嚇，悍妻終於改邪歸正。

這個故事將人鬼交流的兩種主要方式都展現了：人以具牒，鬼則以托夢。兩個世界的交流，借助文字或夢境，都需要通過某種仲介的作用。這樣做有幾個好處：一是簡單、經濟，對人來說，人力、物力的成本都很低；二是可以繞過複雜的官僚系統，將訴求直接送達。如果繞過仲介，直接上訪會出現怎樣的後果呢？《聊齋志異》中的《席方平》一篇告訴我們，親身上訪會遇到無窮無盡的推諉、截訪、黑獄，那就顫抖吧！

你身旁的人，有幾%是鬼？

有鬼君曾經在本書前言「鬼世界的九十五條論綱」中提到，由於人鬼在形質上的差異，人很難長期在冥界生活，而鬼卻能很好地融入人類社會。按照這個邏輯推演，混跡於陽間人類社會的鬼應該非常多。事實上，我們周圍的鬼確實很多。驚不驚喜？意不意外？

在「掠剩使」的故事中，鬼是這麼說的：「凡市人賣販利息，皆有常數，過數得之為掠剩，吾得而掠有之。今人間如吾輩甚多。」（《稽神錄》卷三「僧瑨楚」）

「今人間如吾輩甚多」已說明人鬼混雜的情況，至少在唐代就很普遍了。當然，這裡說的混居於人類之中的鬼，其實是長期出差的掠剩使，嚴格說來，還不能算是移民。到了宋代，市民社會的發達，大批的鬼遷居陽間，人鬼雜處的局面蔚為可觀：

南宋有個官員史忞退休後，回故鄉臨安鹽橋定居（今杭州市下城區慶春路中河北路口的慶餘亭）。他帶著下屬一起逛街，見到一個賣烤鴨的人竟是自己舊日雇用的廚子王立，不過這廚子在史忞做官時就死了，下葬都一年了。王立看見舊主，連忙上前請安，並端上一隻烤鴨。史忞問：你身為鬼魂，怎麼能光天化日之下在帝都亂竄？王立說：我這不算什麼，如今臨安城中，十分之三都是鬼（「以十分言之，三分皆我輩也」）。或扮成官員，或扮和尚、道士，或扮商販，或扮失足婦女，每天與人來往，和平相處。

史忞又問：你這烤鴨是真的嗎？王立說：當然是真鴨，就在農貿市場買的，每天買十隻活鴨，天不亮到作坊裡就著爐火烤熟，然後賣掉。天天如此，尚可糊口。不過，白天好過，晚上難熬。沒地方住，只能睡在屠戶的肉案下面，有時還要被狗追著到處逃。史忞感慨不已，給了他兩貫錢，讓他找個安身之處。此後，王立常常給他送烤鴨。時間久了，史忞覺得有點不對勁，我一大活人，每天跟鬼來往，莫不是將不久於人世？王立就跟他說，您不用擔心，您家裡孩子的奶媽就是鬼。說著拿出兩個小石子，「乞以淬火中，當知立言不妄」。史忞不大相信，因為這個奶媽在他家已經生活了三十年，現在是六十多歲的老太了。回到家後，他假裝開玩笑地對老太說，外人傳說你不是人，是鬼？老太大怒：是啊，六十多了，也該做鬼了。雖然惱怒，卻沒有畏懼之色。正好有僕人在一旁熨衣服，史忞試著將小石子扔到熨斗的炭火裡，果然就見老太的臉色變了，身體像逐漸氣化一樣越來越淡，「如水墨中影」，然後就消散在空氣中。（《夷堅丁志》卷四「王立爊鴨」）

這個故事對人鬼混居的生活描述得很細緻，至少有幾點是可以肯定的：一、他們的確是來自冥界的移民，並非出差公幹。二、他們遵循陽間的生活秩序，即使生活不如意，也不隨意使用法力，入鄉隨俗，就像吳太伯來到吳越要斷髮文身一樣。三、他們可以長期在陽間生活而不被發現。四、他們身份的暴露，往往是因為被同類說破。

不過，最令人震驚的，是杭州城中鬼的比例竟然高達總人口的百分之三十，南宋時的杭州是首屈一指的國際大都市，生活便利，工作機會多，群鬼彙集也是可以理解的。所以下面一個南宋的故事還是發生在杭州。

南宋孝宗年間，河北人王武功，在湖北武昌一帶做官。他雇了一個十多歲的小僕人，名叫山童，這孩子聰明伶俐，很討人喜歡。後來，王武功生了個兒子，又雇了賈氏為奶媽。可是孩子出生不久，山童忽然不告而別，怎麼也找不著了。當年冬天，王武功調任臨安，在錢塘江邊遇到了山童。山童請他到茶館敘話，王武功說，你在我家裡做得好好的，我待你也不薄，怎麼不說一聲就走了呢？山童說：不敢向您隱瞞，我其實是鬼，原本在您家裡做事很安心。可是您雇的奶媽賈氏也是鬼，她怕我洩露她的身份，對我百般構陷，我只能避開。您將來對她要提防著點。說著就告辭離開。王武功半信半疑地回到家中，正跟夫人說起此事，賈氏抱著孩子進來，向主人誇耀自己帶孩子帶得好，「以兒肥腴誇為己功」。王武功把孩子交給夫人抱著，轉臉笑著對賈氏說，山童說你是鬼，這是真的嗎？賈氏拍掌大罵：官人怎麼能相信那個小王八蛋的話？一邊罵一邊走到廚房，眾人跟著進來，只見賈氏如煙氣一般，瞬間就消散了。（《夷堅志補》卷十六「王武功山童」）

這個故事中，雖然山童曾暗示賈氏可能對孩子不利，但多半是構陷，因為在山童離開的那段時間，孩子並未有什麼異常，反而養得肥肥胖胖的。很可能是鬼魂之間的矛盾導致互相揭發。兩個故事都表明，鬼魂的身份被說破後，就立刻消散。

這種鬼移民到陽間，與人類共同生活的情況，志怪作品中稱作「生身活鬼」。「生身活鬼」一般並無惡意，像《聊齋志異》卷八中的「呂無病」，甚至是賢妻的典範。《夷堅志補》卷十六的女鬼「蔡五十三姐」，嫁為人妻之後，生了一男一女，自己掏錢讓遊手好閒的丈夫做生意，生活富裕起來。可是遇到一個道士，運用法術說破她的身份，導致她「寂寞滅無跡」。

可以猜測一下，很可能在陰律的規定中，鬼移民到陽間是絕對的禁忌，因為只要被說破，他們基本是以屍骨無存的方式湮滅——在關於鬼的形質的記載中，身體的發散、消逝，往往意味著鬼的死亡。也就是說，他們在陽間「寂寞滅無跡」，也許並非我們想像的那樣，可以回到冥界，而是觸發了陰律中的死刑判決。而這一結局帶來的遺憾是，他們根本沒有機會說明自己移民陽間的原因，他們是鬼魂史上的「失蹤者」，隨風而逝了。

壓不住的棺材板

這兩年，中國大陸網路上有一句俗語「×××的棺材板壓不住了」，意思有點像「×××哭暈在廁所」的升級版。具體的用法當然不是很嚴格。志怪小說當中，「棺材板壓不住」的情況還真是不少。建議各位鍵盤俠在深夜敲出這幾個字的時候，留心身後是否有什麼動靜。

棺材板無論如何都壓不住的是殭屍。殭屍修煉成功之後，常住在棺材中，半夜出來活動，或祟人，或遊蕩……對他們來說，棺材蓋至關重要，甚至能決定其生死。

杭州錢塘有個叫李甲的，生性好勇鬥狠。有一次跟朋友喝酒閒扯，酒桌上有人說：附近有一套二手房出售，比市價便宜很多，不過聽說那套房子鬧鬼，所以沒人敢買。李甲說，可惜我沒錢，否則就去買了來住。那人也喝多了，對李甲說，你要是敢獨自在那房子裡住一晚，我就買下來送你。眾人起哄，這事就說定了，李甲第二天住進去。

第二天下午，眾人一起來到那套宅院，擺下酒菜，把李甲鎖在屋內，自行到鄰家等著。李甲看了看這套房子，正廳旁有個小門，裡面黑洞洞的。他想也不必自行探險，不妨就在院子裡一邊喝酒一邊等著。

三更時分，鬼果然出現了，個子不高，臉如白灰，雙眼漆黑，披頭散髮，直奔酒桌而來。李甲絲毫不懼，拔出寶劍，大戰惡鬼。惡鬼轉身進了小門，李甲追進去，沒想到裡面另有機關，一具棺材蓋從空中飛來，在他頭上盤旋。李甲對著棺材蓋亂砍，可是那玩意太沉，慢慢壓下來，如泰山壓頂。不得已，李甲大聲呼救。眾人聽到求救聲，開門進來，見李甲已被壓在棺材蓋下。眾人將他拽出來要背著走，棺蓋竟然不依不饒，追著眾人。這時，公雞叫了一聲，棺材蓋忽然不見，李甲這才逃得性命。

第二天，房主來解釋說，小門後面的園子裡放著棺材，棺材板常常飛出來作祟，壓死了不少人。眾人於是請示官府，將棺材燒掉，從此不再鬧鬼。（《子不語》卷十五「棺蓋飛」）

這個故事中提到的鬼，應該就是殭屍之屬。一般來說，除了殭屍，一般的鬼怪不會這麼熱愛棺材板，甚至將其作為武器。鄉民最後以焚燒棺材的方式處理，也是對待殭屍出祟的常規做法。

在《右台仙館筆記》卷六的一則記載中，棺材板則更加威力驚人：

上海的寶山羅店鎮（今日美蘭湖地區，地鐵七號線終點站附近）有個叫羅大林的小販，自幼膂力過人，生性粗豪。不過因為家裡窮，一直沒錢娶媳婦。當時羅店鎮有處豪宅鬧鬼，有好事者慫恿羅大林打賭，只要去宅子住一晚，就眾籌資助他娶親。宅子的主人也拿出三間店鋪作為酬勞，請他驅鬼。羅大林慨然應允，當晚，他入住鬧鬼的豪宅。二更時分，有黑衣鬼闖進來，在屋子裡四處溜達。羅大林原本躲在床上的帳子裡，這時突然竄出，雙手抓住黑衣鬼的手。那鬼動彈不得，就對著羅大林吹氣，吹出的氣冰冷無比。羅大林不敢鬆手，只能側頭避開，然後對著鬼吹氣，那鬼也扭頭避開。一人一鬼，就這樣你來我往地鬥起氣功。僵持了好一陣，周圍傳來雞鳴聲，那鬼身子立刻縮小了一點，隨著雞叫聲此起彼伏，鬼的身子越來越小，身體也越來越硬，根本沒法吹氣了。羅大林也不敢放手，就這麼一直抓著他，直到天亮，眾人開門進來，只見羅大林抓著的原來是一塊棺材板。於是將其焚燒，此後這豪宅就不再鬧鬼了。羅大林得了店鋪和娶親的錢，從此日子好過多了。唯一遺憾的是，因為與棺材板僵持之時，一直歪著脖子，此後再也正不過來了。

這個故事裡沒有提到殭屍，嚴格地說也沒有鬼，是棺材板成精了。這種情況並不常見，但理論上沒毛病。逝者的墓葬中往往陪葬的花樣太多，在地下得陰氣滋潤，除了屍體可以修煉成殭屍，棺材板、陪葬的明器等，都可能精氣凝聚。

然而，這個故事其實暗藏著一個尾巴。棺材板並不是輸給了羅大林，而是輸給了雞鳴，這說明棺材板之所以成精，是因為有殭屍帶它練級，才會有此特徵（幾乎所有的殭屍，都是怕雞叫的）。也就是說，豪宅附近是有殭屍的，可是在這個故事中，殭屍始終沒有出現，或許這殭屍繼續升級了，至於下落如何，不可考。

關於鬼魂、殭屍與棺材板的關係，還有很多細節可以討論。其實這個道理不難理解，墓葬與棺材相當於他們的住房。最近這些年，中國大陸只有七十年產權的房子已經深刻地改變了我們的三觀、改變了階級構成、改變了國家的經濟命脈。對於擁有住房永久產權的鬼魂和殭屍來說，他們與棺材的關係，恐怕不是飛幾塊棺材板就能說清楚的。

最後附一則與鬼魂無關的棺材的故事，回到現實中來，繼續為七十年產權的房子而奮鬥。

陸秀才遐齡，赴閩中幕館。路過江山縣，天大雨，趕店不及，日已夕矣。望前村樹木濃密，瓦屋數間，奔往叩門，求借一宿。主人出迎，頗清雅，自言沈姓，亦係江山秀才，家無餘屋延賓。陸再三求，沈不得已，指東廂一間曰：「此可草榻也。」持燭送入。陸見左停一棺，意頗惡之，又自念平素膽壯，且舍此亦無他宿處，乃唯唯作謝。其房中原有木榻，即將行李鋪上，辭主人出，而心不能無悸，取所帶《易經》一部燈下觀。至二鼓，不敢熄燭，和衣而寢。

少頃，聞棺中有聲，注目視之，棺前蓋已掀起矣，有翁白鬚朱履，伸兩腿而出。陸大駭，緊扣其帳，而於帳縫窺之。翁至陸坐處，翻其《易經》，了無懼色，袖出煙袋，就燭上吃煙。陸更驚，以為鬼不畏《易經》，又能吃煙，真惡鬼矣。恐其走至榻前，愈益諦視，渾身冷顫，榻為之動。白鬚翁視榻微笑，竟不至前，仍袖煙袋入棺，自覆其蓋。陸終夜不眠。

迨早，主人出問：「客昨夜安否？」強應曰：「安，但不知屋左所停棺內何人？」曰：「家父也。」陸曰：「既係尊公，何以久不安葬？」主人曰：「家君現存，壯健無恙，並未死也。家君平日一切達觀，以為自古皆有死，何不先為演習，故慶七十後即作壽棺，厚糊其裡，置被褥焉，每晚必臥其中，當作床帳。」言畢，拉赴棺前，請老翁起，行賓主之禮，果燈下所見翁，笑曰：「客受驚耶！」三人拍手大劇。視其棺：四圍沙木，中空，其蓋用黑漆棉紗為之，故能透氣，且甚輕。（《子不語》卷十二「棺床」）

陰間賭場有賭鬼

之前看到有新聞說，因為內地反腐，導致澳門博彩業營收大幅下滑。對沒有好勝心的人來說，那些賭得七葷八素、晝夜不分的賭徒，是神一般的存在。這些賭徒的嗜好似乎是先天的。果然，在《子不語》卷三「賭錢神號迷龍」條中有證據：

浙江縉雲縣有位李姓縣令，生性好賭，還因此被同僚參奏，可依舊癡心不改。臨終時，還拍著床沿吆三喝四（「作呼盧聲」），他太太哭著說：你都病成這樣了，這是何苦呢？李縣令說：你有所不知，我現在正跟賭友們玩著呢！幾位陰間的朋友，正在我床邊和我開局擲骰子呢，只不過你們這些俗人看不見而已。說完一口氣喘不上來，沒氣了。過了一會兒又醒過來，說：趕緊燒點紙錢，替我還賭債。說著還介紹了陰間賭場的規則：

陰間的賭神叫作迷龍，手下有幾千個賭鬼。迷龍寫下花押（就是簽名），命令賭鬼拿著花押到各處找準備投胎的人，在投胎轉世的一刻，將花押放入其天靈蓋中。這樣，投胎者一出生就好賭，隨便什麼人都勸不了。我們見到有些人為了賭錢，自己的老婆讓人睡，自己的孩子被人打，自己不吃不喝，不眠不休，都是因為迷龍的花押在起作用。不過，陰間的賭局與陽間略有不同。賭鬼下注之後，在骰盆中擲下十三粒骰子，但不是比大小，而是看骰子是否會顯現出五彩金光，有金光的算贏。至於賭資，則是陽間燒化的紙錢。陰間所有的賭場都歸迷龍管，他只要抽頭即可。那些輸了的賭鬼，窮困潦倒的，就到陽間祟人，散佈瘟疫，騙點酒食吃吃。

李縣令還信誓旦旦地說，你們給我燒一萬貫紙錢，我去打點一番，還可以放我生還的。家人趕緊照辦，可是燒了紙錢後，李縣令竟然一瞑不起，再也沒活過來。有人解釋說，他騙到了一萬貫的賭本，肯定在那邊賭得不可開交，怎麼願意回來呢？

這個故事除了介紹了陰間賭場的規則，還解釋了賭性的成因，就像另一些故事裡提到的，酒鬼酒量的大小取決於酒腸的大小。醫學的各個門類在陰間都可以轉化為外科，從而杜絕了成癮症的心理學解釋。也就是說，賭性就是天生的，不是後天養成的。我們這些不愛賭的人，無須自卑。

故事中所說的陰間賭博方法，在其他文獻中也得到了印證。南宋時期，山東兗州人姜潛，為了準備科舉，在離家百里的地方專心讀書。有時想念家人，就會來一場說走就走的旅行。有天晚上，忽然思鄉心切，於是帶著書童連夜趕路。為了安全起見，姜先生還帶了弓箭以備不測。正走著，見前面樹林裡燈火熒熒，姜先生安慰膽小的書童說，最多是些孤魂野鬼，沒什麼可怕的。再走近一些，只見十幾個鬼在那裡吆五喝六，賭得正起勁呢。姜先生一言不發，拿出弓箭對著群鬼射了一箭。賭鬼一驚，霎時不見了。走到近前，有大疊的紙錢放在地上，這幫鬼逃得太快，連賭資都來不及帶走。姜先生見裝骰子的骰盆「瑩潔可愛」，於是帶著這陰間的寶貝回了家。（《夷堅支志》庚卷四「碧石骰盆」）

這個故事並未提到開設賭局者，可能就是群鬼一時興起聚賭而已。這也可以理解，陰間的賭場也在不斷進化中，也許到了清代，賭博活動集約化，自然會出現開設賭場抽頭的老闆。而且，從賭資和賭具看，這幫賭鬼設的彩頭還不小，算是豪賭了。

歷來政府在宣講賭博的危害時，都會提到嗜賭會造成傾家蕩產、妻離子散之類的慘劇。賭鬼到了陰間，這事也是做得出的。湖南湘潭地區有個姓張的漢子，因為經常走陰差（就是到陰間做臨時工），所以與陰間的城管、胥吏、流氓無賴都很熟悉。某天晚上他外出有事，遇到一位在陰間做挑夫的石五，石五一見他就說：張大哥，你來得正好，我有個急差使要抬轎子，一時找不到人，你幫我個忙。張大哥就答應了，兩人（其中一個是鬼）抬著空轎子到一處官衙，上面寫著「北郭福社」（地方土地神，類似陽間的鄉鎮幹部）。石五說，就是這裡的官爺要賣老婆。張大哥大吃一驚：這個國家怎麼了，連父母官都養不起了嗎？造福護佑一方的地方首長，難道連老婆也不能護佑了嗎？國家對公務員太虧欠了，再窮不能窮領導啊！（張異曰：「因貧乃仕，豈仕猶貧？今以一方保障，尚不能庇一渾家，何以官為？豈誠國而忘家耶？抑不足以養廉也？」）

正說著，一婦人衣衫襤褸地走出來上了轎子，他的夫君也身著破衣爛靴來送別。張大哥一看，這官爺自己認識啊，就是鄰鎮去世已久的濫賭鬼尹秀才，原來這哥們兒做了陰間的鎮長。張石兩位抬著轎子上路，尹秀才還派了一個僕人陪著。夫人在轎子裡嗚咽，僕人在外勸解：太太您別傷心。賭場上沒有常勝將軍，也沒有常敗將軍。說不定過兩天老爺賭運來了，連戰連捷，又把您贏回來呢。夫人聽了，哭得更厲害了：這個沒良心的！現在家徒四壁，我是他最後的賭本了，他拿什麼翻本呢？老娘不伺候了。

張大哥這才明白是怎麼回事。尹秀才生前就是因為嗜賭，家產敗光，被追債的逼死。沒想到到了陰間，連老婆也送上賭桌，對賭博確實是真愛了。

張石抬了十餘里地，送到湘潭鎮的土地廟。辦完差使，張大哥告別石五，回家睡覺。第二天，鎮上哄傳土地廟裡多了一尊夫人塑像。張大哥跑去一看，果然如此。於是向街坊鄰居解釋這新夫人的來歷。可是北郭鎮的鄉民們有意見了：自家土地奶奶都保不住，以後我們在湘潭鎮面前還抬得起頭嗎？於是糾集一幫人，光天化日下又將夫人塑像抬回北郭鎮。可是到了晚上，塑像又被陰差抬回湘潭。如此反復幾回，北郭鎮的鄉民終於放棄了，認賭服輸吧！自己的官爺做了鰥夫。而湘潭鎮的土地爺呢，自然是湘人有一妻一妾了！（《小豆棚》卷十「湘潭社神」）

《諧鐸》卷十「神賭」條講的也是類似的故事，被賣的土地奶奶同樣破口大罵：「將枕邊人作孤注，天下負心人有若是哉！」不過我們倒可以換個角度理解，陰間的賭鬼，無論是官員還是百姓，賭品還不錯，無論賭注是錢是人，輸了都不賴帳。這點和韋小寶倒有幾分相似。而且本書稍早有提到，陰間的賭鬼多少還知道尊重禮法，不敢在孝子節婦門前開賭場。（《北東園筆錄續編》卷五「鬼畏節婦」）

古代帝王好賭者甚多，西漢的七國之亂，其誘因與賭博也不無關係，至於傳說中宋太祖賭博把華山輸給陳摶，更是能看出一代明君在賭性上的大手筆。這等氣概，陰間確實比不了。

陰間阿公店

本書多次提到陰間有豐富的娛樂生活，這自然也包括青樓文化。不過，陰間的妓女的緣起比陽間多一類，就是不少鬼在生前就是失足婦女，死後在陰間重操舊業而已。

《聊齋志異》卷七「梅女」條就提到陰間的這一職業。年輕的秀才封雲亭幫助了一個吊死鬼梅女，從此兩位情好日密，但梅女始終堅守最後的防線，被逼得急了，就替封雲亭叫了一個妓女鬼，「聊以自代」。這妓女年近三十，名顧愛卿，「眉目流轉，隱含蕩意」，封雲亭就毫不客氣地將其拿下。不過，顧愛卿入這一行卻並非重操陽間舊業，她生前是一位典史（政法部門的下級官員）的愛妾，這典史貪贓枉法，地府本已剝奪他的陽壽，只因他去世的父母在冥官那裡求情，願將兒媳顧愛卿賣入青樓，為他還貪債。顧愛卿到了陰間也是豔名遠播，被陰間的老鴇視為搖錢樹。

這個故事的後續情節頗為曲折，在此暫不詳述，讀者可自行翻閱。不過其中明確提及了陰間的妓院及妓女開展經營活動的情況。只不過，微博上最近有句話說：「每個男人的血液裡都流淌著豔遇的渴望，靈魂深處也都有責任的銅牆。」有些男人，即使到了陰間，也對「北里之遊」念念不忘。《聊齋志異》卷六「考弊司」條，講河南人聞人生，因為替一位下級冥官打抱不平，隻身入冥投訴，在閻羅王那裡告御狀，一舉扳倒鬼王。本來可以瀟灑還陽，可是，這哥們兒在回程時，偶然瞥見陰間的曲巷（妓院）,「低徊不能捨」，藉故支走了送他的秀才，忙不迭地跑去叫小姐。可是他忘了自己入冥時根本沒帶錢，被老鴇痛斥：「曾聞夜度娘索逋欠耶？」最後只能將衣服剝下，聊作嫖資。因為這一耽擱，他還陽時，才知道自己在陽間已暴斃三天了。

需要指出的是，陰間的妓院，主要還是為陰間社會服務的，畢竟人鬼之間的交集不是那麼方便。所以，有些入冥復生或誤入那個世界的人，偶爾能遇到陰間社會的大型宴會，其中重要的助興節目就是歌伎、舞伎的演出。比如《三水小牘》卷上「趙將軍凶宅」條就有很詳細的描述：

蠟炬齊列，有役夫數十，於堂中灑掃，辟前軒，張朱簾繡幕，陳筵席，寶氣異香，馥於簷楹……少頃，執樂器、紆朱紫者數十輩，白東廊升階；歌舞伎數十輩，自後堂出，入於前堂。紫衣者居前，朱綠衣、白衣者次之，亦二十許人，言笑自若，揖讓而坐。於是絲竹合奏，飛觴舉白，歌舞間作。

這次陰間的聚餐，應屬於私人宴請，但也動用了幾十位僕人、幾十位歌舞伎。即使在陽間，規模也不算小了。如果不是借用凶宅舉辦，一般人大概也很難窺其全貌。

志怪小說中對陰間的妓院、妓女記載雖然不是很多，但至少可以看出，那個世界對這類娛樂活動並沒有絕對禁止。我們甚至能找到官妓的記載，比如：《睽車志》卷二就記載了陝西汧源縣（今陝西寶雞隴縣）的土地爺，竟然包養了三、四個樂伎女鬼，縣令為解救她們，命令和尚念誦法華經超度，不久，這幾位樂伎得以陸續離開土地爺投胎轉世。氣得這位陰間的官老爺要跟陽間的官老爺拼命。

陰間社會雖然有自己的運行規律，但在某種程度上是陽間社會的鏡像或投影。古代社會因為認識不到賣淫嫖娼的危害性，所以曾經有發達的青樓文化，雖然寬嚴尺度不一，但並沒有完全取締。清初的一位漢人大臣曾說：「世間之有娼優，猶世間之有僧尼也。僧尼欺人以求食，娼妓媚人以求食，皆非先王法。然而歐公（歐陽修）《本論》一篇既不能行，則饑寒怨曠之民作何安置？今之虐娼優者，猶北魏之滅沙門毀佛像也，徒為胥吏生財。不揣其本而齊其末，吾不為也。」（《子不語》卷九「裹足作俑之報」）

這位大臣名叫湯斌，是清初的理學名臣，同時又因為主動參加清政權，被不少人目為漢奸。

陰間的文青

有鬼君偶爾打開著名的App，一眼望去，各個小組內均勻地分佈身著棉布裙子、帆布鞋，素顏、安靜、執拗、乖僻，執著於文字、音樂、繪畫、電影、攝影、獨自旅行的文青，只好奪門而出。

當然，還必須說明的是，文青並不是這個時代獨有的，自古以來，無論是民國、唐宋或魏晉都有。以有鬼君的淺見，魏晉時期的文青應該是最有特色的，去翻翻《世說新語》就知道了。隨便舉個例子吧：

王子猷居山陰，夜大雪，眠覺，開室命酌酒，四望皎然。因起彷徨，詠左思《招隱詩》。忽憶戴安道。時戴在剡，即便夜乘小舟就之。經宿方至，造門不前而返。人問其故，王曰：「吾本乘興而行，興盡而返，何必見戴？」（《世說新語．任誕》）

這條王子猷雪夜訪友的段子，是不是讓我們想到了前幾年一條著名的微博：「梁朝偉有時閑著悶了，會臨時中午去機場，隨便趕上哪班就搭上哪班機，比如飛到倫敦，獨自蹲在廣場上餵一下午鴿子，不發一語，當晚再飛回香港，當沒事發生過。突然覺得這才叫生活。」

既然古往今來有如此龐大的文青隊伍，在生死輪迴的過程中，也必然會在陰間留下很多蛛絲馬跡。我們就從魏晉開始吧：

《世說新語．文學》說：「何晏注《老子》未畢，見王弼自說注老子旨，何意多所短，不復得作聲，但應諾諾，遂不復注，因作《道德》論。」何晏原本就有神童之名，當時早已名滿天下，可是在不到二十歲的王弼面前談老子，連嘴都張不開。王弼可算當時第一流的文青了，可惜英年早逝。在他去世後四十年，另一位文青陸機就見到了陰間的王弼。

那一年，陸機也只有二十多歲，他北上洛陽，在河南偃師附近的一個村子投宿。見村口一間屋子裡有個年輕人，「神姿端遠」（就是很帥的意思了）。年輕人身邊放著一部《周易》，正在那裡玩投壺的遊戲（類似貴族們聚會時玩橋牌，既是遊戲，也是高端人群的社交禮儀）。如我們所知，那時談論《周易》《老子》《莊子》這三玄，就像當代文青談村上春樹一樣有格調。陸機一見年輕人身邊的這幾樣標配，自然心生親切，兩人便攀談起來。陸機自負才學，沒想到這年輕人開口便滔滔不絕，「妙得玄微」，陸機只能跪了。兩人談到深夜才抵足而眠。第二天，陸機告辭離開，到了一家旅店，向旅店大媽眉飛色舞地談起昨晚遇到的高人。大媽說：你來的那地方是荒地，根本就沒人住，只有一座王弼的墓。陸機再趕回去查看，只見「空野霾雲，拱木蔽日」，確實沒有人煙。昨晚遇到的一定就是王弼之鬼。（《太平廣記》卷三百一十八「陸機」條）

魏晉另一位著名的文青嵇康，因得罪司馬氏而被判死刑。「康將刑東市，太學生三千人請以為師，弗許。康顧視日影，索琴彈之，曰：『昔袁孝尼嘗從吾學《廣陵散》，吾每靳固之，《廣陵散》

於今絕矣！』」按照這個說法，《廣陵散》最終沒有在世間流傳。《笑傲江湖》中，魔教長老、音樂發燒友曲洋，一氣掘了二十九座晉以前的古墓，去尋找廣陵散的曲譜，終於在蔡邕的墓裡發現。

不過，早在曲洋盜墓之前，嵇康曾現身傳授過《廣陵散》。《幽明錄》記載：會稽人賀思令擅長彈琴，經常在月下野外「臨風撫奏」（又是一種文青風格）。某天他照例在彈奏，忽有一人現身，這人面色慘白，身上還帶著刑具，對賀先生的彈奏點頭稱許。一曲奏罷，這人自我介紹是嵇康。賀先生倒也不怕，與嵇康就演奏技巧進行了深入的交流。嵇康說：你的技術是沒問題的，但節奏太快，於古法不合，韻味稍遜。賀先生謙虛求教，嵇康也不藏私，將原本成為絕響的《廣陵散》傳授給他。

這兩則故事中，王弼和嵇康都是為文青所激，惺惺相惜，才從陰間趕過來交流。猜想起來，如果對方不是執著於文字、音樂、繪畫，不夠安靜、執拗、乖僻，這兩位大牛是絕對不會現身的。即使做了鬼，文青風也是要維持的。

魏晉時期的另一位著名文青曹植，他的現身，則表現了文青的另一面。

韓愈之父韓仲卿曾任秘書郎，專門負責整理圖書。有一次夢見一位戴著黑色頭巾的年輕人。這人「風姿磊落神仙人也」（還是很帥的意思），對韓仲卿說，我寫的那些詩文，現在都藏在建鄴李氏家中，您負責收集整理圖書，想請您替我討來編輯，為我寫一篇序，讓我文名不朽。將來一定會重重報答您。韓仲卿醒來一想，這事本來也是自己的工作，何樂不為呢。於是到李家將曹植文集討來，細細編訂，分為十卷，並為之作序，圓了曹植求不朽的願望。（《龍城錄》卷上「韓仲卿夢曹子建求序」）

韓仲卿只能算是國家圖書館館長，其文才自然遠不如曹植，想來曹植只是把他當成一個靠譜的編輯看待，所以與他也沒有什麼文學上的交流和共鳴。稍可推知的是，曹植所說的報答，不知落在何處。因為在韓愈剛三歲時，韓仲卿就去世了，算不得享福。很可能所謂的「陰報」，應驗在「文起八代之衰，道濟天下之溺」的韓愈身上。有子如此，可以說是很大的福報了。

上面這三位青年才俊，都是英年早逝，所以即使再次現身，依然能將文青的風采定格。當然還有更重要的一點，這三位其實都是如假包換的貴族，做文青只是他們在錦衣玉食之外的興趣愛好，而不是為了提升格調，因為他們的格調早就高得離譜了。

陰間如何搶生源

每到大學入學時期，名校爭搶優質生源的話題就很熱鬧。有鬼君既不是清華、北大畢業，也與藍翔技師學院毫無關聯，所以可以毫無顧忌地開腦洞，於是想到了陰間也有搶生源的問題。

在大部分情況下，某人的陽壽已盡，陰差來拘走，這是常態，無須爭搶。可是，淹死鬼（溺鬼）和吊死鬼（縊鬼），必須找到生人替代，才能轉世。這些溺鬼和縊鬼尋找替代的過程，稱為求替。如果說陰差是依據官方拘票，有一定的規章制度可循，那麼求替則很少有章法，八仙過海，各顯神通，誰有本事鎖定替死鬼，誰就可以逃離苦海。

因為溺鬼和縊鬼都具備一定的超能力，所以開個空頭支票，幻化美妙的願景，是比較常用的辦法。就像股市大漲的時候，言之鑿鑿地說牛市才起步，你難道不心動？

清代蘇州人朱祥麟，生活不太檢點，是個好色之徒。有一次在朋友家喝酒，散席時已是深夜。他在空蕩蕩的大街上遊蕩，走到護龍街（今人民路）時，見一美貌少婦獨自夜行。老朱色心大動，也不想想深更半夜的，顯然有詐。他尾隨少婦走了一段，不斷出言挑逗。少婦不答，只是微笑著向他招手。老朱大喜，跟著少婦來到一處宅院。房屋不大，但是陳設華麗，尤其是一張大床，「綺帷羅幔，繡被錦衾」。

少婦慢慢輕解羅衫，一直脫到只剩內衣，讓老朱先到床上去候著。老朱「心蕩不能自持」，正待上床之時，眼前忽然一亮，見十多個人提著燈籠走來，燈籠上寫著「蘇州城隍」的字樣。眨眨眼再看，少婦、眾人、燈籠、房子、大床，全都不見了，自己正站在范莊前（近觀前街）石欄杆的水邊。老朱這才意識到，剛才碰到的是溺鬼找替身。所謂的上床，就是一頭栽到水裡去。這一嚇，酒也醒了，色心指數瞬間跌停。「此等景象，必溺鬼幻為之，使非神燈一照，是人必於溫柔鄉中失足矣。」（《右台仙館筆記》卷八）

不僅是溺鬼，縊鬼也擅長幻化場景，引人入甕。當然，有些溺鬼腦子不太靈光，雖然幻化了場景，但計算有誤，以致功敗垂成。

在蘇州市觀前街南不遠處，有一條叫王府基的小巷，本地人稱作「皇廢基」，據說是張士誠的故居。那裡有一條旱河，下雨天會有少許積水，天晴就乾涸。清代時有個醉漢從那裡經過，被溺鬼迷惑下水，可是因為水實在太淺，無論如何也淹不死他。溺鬼正頭痛之際，有人提著燈籠經過，對醉漢說：「你被鬼迷了吧，跟我走。」醉漢跟著他走到玄妙觀前宮巷，只見這人提著燈籠從一戶人家的門縫中穿過去。這一下醉漢才恍然大悟，知道自己遇上鬼了，這才逃脫。原來，那位提燈籠的是官方鬼差，也是來索命的，順便砸了溺鬼的場子。（《履園叢話》卷十五「鬼差救人」）

上面兩個故事，溺鬼都是單獨行動，所以不存在爭奪生源的問題。換句話說，如果只有一所大學的招生組進駐，考生沒有其他選項。如果同時出現兩到三個招生組，爭奪就必然出現。

浙江紹興的裁縫王二，出門打工，半夜回家，手裡還拿著幾件縫製好的女裝。經過一條小河時，忽然從水裡跳出兩個人，全身赤裸，拽住他就往水裡拖。王二應該是中邪了，所以才不由自主地跟著他們往水裡去。這時河邊樹上蹦下一人，吐著長舌，手裡拿著繩子。他將繩子甩出，套住王二就往岸上拽。兩個裸體鬼開口罵道：「王二是我們的替身，你搶什麼搶？」持繩鬼說：「王二是裁縫師傅，你們天天在河裡光屁股，又不用穿衣服，要他何用？不如讓給我。」三個鬼就此爭奪起來。王二雖然已近昏迷，但還有點意識，心裡想著是，要是衣服弄丟了，可賠不起。在三鬼的爭奪中，還騰出空來把手裡的幾件女裝扔到樹上。巧得很，他的一位親戚正好在此時路過，月光映照下看到樹上花花綠綠的衣服，走近查看，才救下了王二。（《子不語》卷九「鬼爭替身人因得脫」）

這個故事具體說明了在爭搶生源的過程中，溺鬼和縊鬼是如何互黑的。不過其中還有個漏洞，假如兩位溺鬼贏了，王二究竟做誰的替身呢？難道這二位還要繼續廝打嗎？

與之類似的還有《閱微草堂筆記》卷十七的一則故事：有個叫吳士俊的小混混，因為瑣事被人揍了一頓，想報仇又打不過，一怒之下，打算上吊自殺。他剛走到村外，就有兩個鬼過來致意。一個說投井死比較好，另一個說還是上吊風味更佳。各抓著他的一隻胳膊，誠意相邀。小吳同志本來腦子就迷糊，這一鬧，他也不知怎麼死比較好了。這時，他的一位舊相識走來，趕走了那兩個鬼，親自送小吳回家。小吳回到家裡，清醒過來，死志頓息。回想起來，那位舊相識其實早幾年前就上吊死了。因為他死後家中貧困，小吳曾送了些錢救濟。這舊相識的吊死鬼，其實是來報恩的。

很多人會問，既然求替會導致這麼多的糾紛，為什麼不設定一些規則，讓溺鬼和縊鬼按照規則尋找替身呢？當然，地府並非全無作為，還是制定了規則的，曾有記載說：「凡境內有欲自縊者，土地以告無常；無常行牒，授意應替者。此間數十里內，更無他鬼，妾是以奉牒而來也。」問題在於，雖然制定了規則，但遵守與否，如何遵守，其中可鑽的漏洞實在太多。叢林規則依舊是最高的生存法則。只有在極少的情況下，要靠溺鬼或縊鬼的良心發現，主動放棄轉世投胎的機會。像《聊齋志異》卷一「王六郎」所述的情形，實在少見。

所以陰間爭奪生源的戰鬥，是不會結束的。

鬼為什麼會打架？

紀昀的《閱微草堂筆記》中記載了不少能視鬼的特異功能者，因此也留下了陰間社會的一鱗半爪。其中一位視鬼者說：鬼亦恒憧憧擾擾，若有所營，但不知所營何事，亦有喜怒哀樂，但不知其何由。大抵鬼與鬼競，亦如人與人競耳。（《閱微草堂筆記》卷十一）鬼與鬼之間也有爭鬥，就像人與人之間一樣，也是紛紛擾擾的。

當然，與人不同的是，鬼之間的約架沒有那麼多的繁文縟節，他們不喜歡打嘴炮，更願意像成吉思汗那樣：爾要戰，便戰。《閱微草堂筆記》卷四就記載了這麼一個鬼約架的故事。

河北東光縣有一個村子，村民急公好義，在戰亂年代建了義塚，安葬那些無主的屍體。到雍正年間，東光縣發生瘟疫，死傷無數。很快就波及了鄰村，這時，村長夢見有百餘人在他家門外致意，其中一人上前說：這次的瘟疫是疫鬼所傳的，很快就要到貴村了。我們都是當年受貴村恩惠的無主之鬼，現在報恩的時候到了。我們打算組織起來阻擊疫鬼。不過赤手空拳的，難以抵擋，想請您幫忙燒點紙旗、紙製的刀槍劍戟，武裝抗暴！村長醒來，趕快召集村民糊了幾百件武器和旗子，恭敬地燒化。過了幾天，每晚都能聽到村外傳來喊殺聲、格鬥聲，到天亮才停。後來，全村果然沒有一個人染上瘟疫。

類似陰間為了陽間的安危而爭鬥的情況，其實並不少見，比如《廣異記》「韋秀莊」條記載：唐玄宗開元年間，滑州（今河南滑縣）城隍為了保護城池不被黃河淹沒，與黃河之神約戰。戰前五日，城隍爺現形，請當時的滑州刺史韋秀莊助戰。作為父母官，滑州的安危當然是第一優先，韋刺史滿口答應。到了約架那天，他調集兩千士卒登上黃河邊的城樓。當時河水暴漲，已到城下了。只見「河中忽爾晦冥，須臾，有白氣直上十餘丈，樓上有青氣出，相縈繞」。白氣是河神，青氣則是城隍。韋刺史命士卒對準白氣一通亂射，過了一會兒，白氣漸漸小了，最後消散不見，而青氣則冉冉上升，回到城樓中。陰間與陽間精誠合作，最終擊敗了河神，守住了城池。

在志怪小說中，我們可以看到有大量陰兵的記載，不過，絕大部分的陰兵是為陽間服務的。對陰間來說，他們的維穩任務並不繁重，無需太多的常備軍。當然，日常糾紛中出現爭鬥、約架的情況很普遍，只是他們對炒作並無興趣，即使請人介入，也不過是做個評判而已。

有位瓜農，在墳地邊種了幾畝西瓜。每到西瓜快熟的時候，都要住在瓜田裡守護。晚上偶爾有鬼經過，也不以為意。某晚，他聽到外面有喧鬧聲，似乎是鬼在爭鬥。出來一看，只見有兩個男鬼正在墳頭廝打，邊上有一女鬼扭扭捏捏站著觀戰。兩個男鬼一見瓜農出來，立刻停手，其中一位說：「您來得正好，幫我們評評理。天下竟然有這麼無恥的鬼嗎？當著丈夫的面，調戲他老婆。」另一位也是這麼說。瓜農問女鬼是怎麼回事，女鬼很不好意思：「我生前是妓女，我們的規矩是，只要恩客給的錢多，就悄悄地約定將來從良嫁給他。死後到了陰間，重操舊業，但是客人太多，也記不清跟哪位定過婚約。」這兩位就是為此爭鬥的。（《閱微草堂筆記》卷十四）

鬼找人做裁判，當然是出於對人類的信任，也是對人類社會基本道德規範的認同。因此，有些狡黠的鬼還會請人幫忙作弊。

有位老秀才在荒廢的寺廟開了私塾，教孩子些簡單的蒙學，以為糊口。因為在荒郊野外，所以晚上經常能看到鬼影幢幢，也能聽到鬼在竊竊私語。老秀才見得多了，也不害怕，只是尚未與鬼打交道而已。某天晚上，牆外有聲音說：「老先生，我們做鄰居很久了，一向不敢打擾。今天想請您幫個小忙，您常讀古詩詞，能不能抄錄一首溫庭筠的《達摩之曲》焚化。」又聽很輕微的聲音說：「這首詩最後一句的『鄴城風雨連天草』，請您將『連』字寫作『粘』，感激不盡。」顯然牆外的鬼頗有雅興，在爭這首詩的字句，想請老秀才做個評判，小聲說話的那位，是想讓老秀才幫忙作弊。老秀才手邊正好有溫庭筠的詩集，隨手拿起扔出牆外。過了不久，就聽外面「木葉亂飛，旋飆怒捲泥沙灑窗戶，如急雨」。兩個鬼已經為了一字之差打起來了。（《閱微草堂筆記》卷十七）

鬼為了詩詞的字句爭鬥，已算夠風雅了，甚至還有為了朱熹、陸九淵孰是孰非而扭打的，心學與理學之爭延及黃泉之下，就不由得讓人肅然起敬了。新儒家的開山祖師熊十力，就很喜歡跟人吵架，他跟馬一浮、蒙文通、梁漱溟都吵過，與廢名吵得甚至要動手了。

和諧社會，打打嘴炮即可，社群媒體上發個文，就會有一大票圍觀者。為了學問打架，還是交給陰間吧。

敬祝雷神萬壽無疆

關於造神運動，簡單來說，可以分成兩類，一類是民間造神，一類是官方造神。

古代官方的造神就是制定祀典，正史的《封禪書》、《祭祀志》、《郊祀志》都有大量的記載。因為列入祀典的神太多，這篇只談關於雷神在祀典位次的一點小問題。

《周禮‧春官》說大宗伯「以槱燎祀司中、司命、飌師、雨師」，這可能是戰國時期的想像，不過很顯然，在這次的祀典中，並沒有雷神的位置。其實，在整個先秦時期，對祀典的管理是很混亂的，按照司馬遷在《史記‧封禪書》中的說法：「自五帝以至秦，軼興軼衰，名山大川或在諸侯，或在天子，其禮損益世殊，不可勝記。及秦並天下，令祠官所常奉天地名山大川鬼神可得而序也。」在秦統一中國之前，各地造神運動很不統一，有的是天子核可，有的是諸侯審批，檔案管理亦相當混亂。所以，秦統一之後，做的一項重要工作，就是將造神的權力收歸國有，嚴禁各地批租神仙名額。

嚴禁地方批租神仙，並不等於中央政府不能幹，秦始皇下了命令：「而雍有日、月、參、辰、南北斗、熒惑、太白、歲星、填星、二十八宿、風伯、雨師、四海、九臣、十四臣、諸布、諸嚴、諸逑之屬，百有餘廟。」一百多座廟，一百多個神仙，就是沒有雷神。

為什麼會這樣？可能主要還是雷神的出身有問題。《山海經．大荒東經》介紹雷神的來歷：東海的流波山有一個叫夔的雷獸，身子黑乎乎的、長著牛頭人身，只要出入水中，必定會興起風。它叫起來的時候，聲音就像打雷。黃帝一看，這廝不錯嘛，可以鼓舞士氣。於是派人把它捉來殺了，剝了皮做鼓，把骨頭做成鼓槌，敲一下雷聲隆隆，五百里外都能聽到。就這樣，雷神把生命獻給了黃帝領導的部落解放事業。（「東海中有流波山，入海七千里。其上有獸，狀如牛，蒼身而無角，一足，出入水則必風雨，其光如日月，其聲如雷，其名曰夔。黃帝得之，以其皮為鼓。橛以雷獸之骨，聲聞五百里，以威天下。」）

出身不好的雷神，只能不斷熬資歷，直到西漢平帝元始五年，王莽上書要求修改祭禮，就是祀典，提出要「分群神以類相從為五部，兆天地之別神」（《漢書．郊祀志》）。其中，立雷公廟、風伯廟於東郊兆，雨師廟於北郊兆。這可能是在文獻中第一次提到雷公廟的設立。相對風伯、雨師這種老資格神仙，雷神在經過先秦及整個西漢的蟄伏之後，終於第一次進入高層。

可是，這個第一次多少有點尷尬，大家知道，王莽是個理想主義者，最大的願望就是恢復古禮，甚至不惜削足適履，可是，古代的祀典中並沒有雷神的位置，這恢復古禮的名單，好像混進了什麼似的。而且王莽在歷史上的名聲太壞，被他提拔進入領導層，也不那麼光彩。所以，後來很長一段時間的祀典中，雷神經常有意無意地被忽略了，也就是說，在安排祀典的銘牌上，經常會被漏掉。比如《隋書．禮儀志》說「（東）晉元帝建武元年……每以仲春仲秋，並令郡國縣祠社稷、先農，縣又兼祀靈星、風伯、雨師之屬」。這個命令裡就忘了給雷神放名牌。到了他的孫子晉成帝，雷神的名牌又放上了，進入六十二位天郊祭祀之神的名單（《晉書・禮志》）。就這樣，在隨後的幾百年中，雷神一會兒躋身風伯、雨師的行列，一會兒又莫名其妙地被忽略。宦海浮沉，也是蠻苦的。

好在神仙的歷史都是由帝王書寫的，在偉大的唐代、偉大的唐玄宗天寶年間，在中華民族最強盛的新時代，雷神的地位迎來了歷史性的轉機。先是天寶四載，唐玄宗下令：「風伯、雨師，濟時育物。謂之小祀，頗紊彝倫。去載眾星已為中祀，永言此義，固合同升。自今以後，並宜升入中祀。仍令諸郡各置一壇，因春秋祭社之日，同申享祠。」然後在天寶五載下令：「發生振蟄，雷為其始。畫卦陳象，威物效靈。氣實本於陰陽，功大施於動植。今雨師、風伯久列於常祠，惟此震雷未登於群望。其以後每祀雨師，宜以雷師同壇祭，共牲，別置祭器。」（《文獻通考》卷八十《郊祀考》）

這兩道命令實在太值得分析了。先是指出風伯、雨師化育萬物，勞苦功高，可是只安排了中層職位，實在德不配位（謂之小祀，頗紊彝倫）。他們的同僚星宿之神，去年已經提升為高層領導了，今年無論如何也不能讓風伯、雨師寒心了，理當晉升（固合同升）。將風伯、雨師加以升等，這是第一步。第二年，將雷神升等也就順理成章了。因為雷神進入職場比風伯、雨師更早（發生振蟄，雷為其始），貢獻也更大（氣實本於陰陽，功大施於動植）。這樣久經考驗，怎麼能不給予應有的地位和待遇呢？於是，雷神也成功升等。

這個次序是絕不能反過來的，首先，風伯、雨師從秦始皇以來就位居高層，而雷神則一直在高層上下徘徊，要提拔，必須從資歷更深的幹部先提拔。其次，要將雷神提升為高層領導，必須拋棄以往的出身、形象等不利的評價，建立新的評量體系，也就是說，雷電乃陰陽激盪所生，而「氣實本於陰陽，功大施於動植」，從發生學的角度重新確立了雷神的優越地位。

這一次唐玄宗對風雨雷三位神仙的升等，具有決定性意義。此後，雷神雖然不是每次都出席祭祀大典，但高層領導的地位已不可動搖。朱元璋登基之後，也對神譜有很重大的修改、調整，其中對雷神的地位做了明確的安排：「風雲雷雨、山川、城隍之神，凡各布政司、府州縣，春秋仲月上旬，擇日同壇祭。設三神位，風雲雷雨居中、山川居左、城隍居右。凡各布政司府州縣、春秋仲月上旬、擇日同壇祭。設三神位、風雲雷雨居中、山川居左、城隍居右。風雲雷雨帛四、山川帛二、城隍帛一，俱白色。……先詣風雲雷雨神位前、次詣山川神位前、次詣城隍神位前、次詣讀祝所。」

祝文格式：

維洪武　年歲次　月　朔　日

某官某等，敢昭告於

風雲雷雨之神

某府州縣境內山川之神

某府州縣城隍之神

曰：惟神，妙用神機，生育萬物，奠我民居，足我民食。某等欽承上命，謹具牲醴庶品，用申常祭。尚饗（《明會典》卷九十四）

什麼意思?就是各地政府部門,要在祭祀時設立牌位、神像,祭品的規格、祭祀時的祝文都有一定的格式。而且《明會典》裡提到的具體禮儀,是依級別不同而規格有差異的。

在國家的強力推行下,對風雲雷雨的祭祀,不僅有儀軌、有理論,還有祭祀的「尸祝」(負責讀祭文),宗教信仰的幾大要素都全了。政府對提高雷神的地位,可謂盡心盡力。換句話說,雷神從西漢末年以來進入神譜系統。原本只是作為風伯、雨師的添頭存在,由於唐玄宗的拔擢,在唐代以後,成為高級別的神仙。明代則被安排了一系列相應的待遇。至此,從造神到升等的工作基本完成。

不過,官方所造的雷神,與民間的雷神卻有些疏離了。簡單地說,民間的雷神很接地氣,《聊齋志異》《子不語》中幾則關於雷神的故事,既有顯示其威嚴的,也有顯示其智慧的,甚至有提到他們御下不嚴,負有領導責任的。總之,民間的雷神更可親、更有人情味,而官方的雷神則端坐於供桌前,吃吃冷豬肉而已。

把鍋甩給老天爺

中國人自古以來就有甩鍋給老天爺的習慣，這是因為中國的「天」有不說話的傳統。

對於早期「天」或「帝」是不是人格神，其實一直有爭論。比如《詩經》裡說，「天命玄鳥，降而生商」，「履帝武敏歆」。前一句是說上天命玄鳥產卵，娀氏之女簡狄吞之而生契，後來就是殷商的始祖。後一句說的是薑嫄踩到天帝的腳印而感生後稷，後稷就是周的始祖。這是很多民族都有的感生神話。問題在於這裡提到的「天」和「帝」的面目都有點模糊不清。天命玄鳥可以說明天是有意志的，但也僅此而已，不能證明他老人家整天盯著下面有沒有不公之事。至於踩到的腳印，有人說壓根就不是天帝，其實是野人留下的。

相比之下，基督教裡的上帝就非常明確，《聖經》〈創世記〉第二章：耶和華神吩咐亞當說：「園中各樣樹上的果子，你可以隨意吃。只是分別善惡樹上的果子，你不可吃，因為你吃的日子必定死。」耶和華會說話，會憤怒，會將亞當、夏娃趕出伊甸園，這是妥妥的人格神。當然，天帝是不是人格神，並不能區分宗教信仰的高低，只要能代表最高意志就行。

當然會有人反駁說，《西遊記》裡的玉皇大帝，不是有鼻子有眼嗎？孫悟空就見了他很多次。這當然不錯，不過，我們仔細看看這位玉帝的表現，孫猴子出世，他說：「下方之物，乃天地精華所生，不足為異。」孫悟空鬧龍宮、鬧冥府，他說：「朕即遣將擒拿。」太白金星說要去收服妖猴，他說：「依卿所奏。」武曲星君說封他弼馬溫，玉帝也同意。孫悟空要做齊天大聖，他也同意……反正任何神仙上奏，他都同意，從來不駁回。如來對孫悟空說，玉皇大帝「自幼修持，苦歷過一千七百五十劫。每劫該十二萬九千六百年。」修煉了這麼久的所謂天界最高統治者，在所有的議題上，按的都是贊同鍵。他是表決機器嗎？

實際上，人們也不可能所有的事都賴上帝。只能說，在既有的常識和邏輯都難以解釋（或不願解釋）的時候，甩鍋給老天爺是比較便捷的。比較有特點的是古代的科舉考試。

作為中國特色的科舉考試，是一種選官制度，但其難度比如今的公務員考試大多了。具體難到什麼程度，研究科舉制度的學者給出過一系列的錄取率等統計資料，以及一些匪夷所思的案例。也就是說，「天道酬勤」在科場上是不大靠譜的，或者說，命數才是更管用的，而命數之所以管用，背後又有一些奇怪的因果報應的規則在起作用。例如科場鬧鬼事件對考生的衝擊相當大，以至於幾乎每次科場都會發生，而這些事件也往往被歸之於嚴格的因果報應，也就是由不說話的那位玉帝哥們兒操縱。《夜譚隨錄》卷二說：

果報之異，在在有之，而見於棘闈者尤著。或云：舉子入場之前一夕，執事官公服誠以召鬼神，請神以紅旗，招家親以藍旗，引恩怨鬼以黑旗。召訖，插三色旗於明遠樓四角，吏且招且呼曰：「有冤者報冤，有仇者報仇。」云云。故場中怪異疊見，愈出愈奇。

讀書人日常吃飯穿衣、琴棋書畫、縱情聲色，大約問題都不大，但是一參加科考，似乎就觸發了因果報應的規則，四里八鄉的怨鬼都會來考場尋找仇人。《續子不語》卷三「奪狀元須損壽」記載：

清康熙年間，江南士人赴京參加會試，某人因在鄉試中了解元，得意忘形，向其他舉子自誇，今年的狀元，舍我其誰！考期臨近時，同屋有士人夢見文昌帝為本次考試開科取士，宣佈名單時，果然那位解元是狀元。士人夢中正心意難平，忽有女子上殿喊冤，說此人德行有虧，怎麼能中狀元呢？文昌帝轉臉問一位穿紅衣服的神仙該怎麼處理。紅衣神說，這事好辦，明萬曆年間也有類似的情況。把下一屆的狀元提前到這一屆錄取就行。不過他提前三年中舉，按例要減陽壽六年。文昌帝批准了，重新唱名，狀元為王式丹。

第二天，那位解元照例在那裡吹噓，同屋的士人將夢中所見告訴他。此人立刻面如死灰：此冤孽難逃。不僅不想考狀元，連考試都不參加了，當日就收拾行李回鄉，半路上就病故了。那一屆的狀元，果然就是王式丹，後來在六十歲去世。

這個故事其實不怎麼靠譜，因為喊冤的女子並未說明自己與解元的關係，以及解元究竟怎樣德行有虧。而文昌帝不問緣由，就直接換了狀元人選。真實的情況可能是這樣的：呼聲很高的解元忽然在大考前夕因病棄考，而且在返鄉途中去世。這就引發了眾人對科場潛規則解釋的熱情，將其改造成一個語焉不詳的科場因果報應的故事。當然，無論怎樣改造，甩鍋給老天，是一定的。《清異錄》卷下「會舉人名鬼」有專門的說法：

釋種令超，遊南嶽，將至祝融峰，逢赤幘紫衣人，同憩道側。超問其所之，因密語曰：「我豈人也，凡舉子入試，天命俊鬼三番旁護之，欲以振發其聰明，其中為名第及時運未偶者，則無所護衛。君以一第為兒戲邪？我即其數也，隸蓬萊下宮西台，此來南嶽，關會一人陰德增減耳。」

這個故事很清楚地指出，舉子們能考中，完全是因為老天派神仙（俊鬼）保佑，考不中的，是因為「名第及時運未偶」，沒有鬼神罩著，與個人的努力關係不大了。下面這個故事，說得就更神奇了：

清乾隆年間，廣西鄉試，某考場的考官發現一份試卷不錯，就要推薦給主考，忽然夢見有人說：「此人三破婚姻，不可薦。」他沒在意，照樣推薦了。主考也覺得不錯，打算錄取。結果那個考官又被托夢，說這份試卷的文章是抄襲的，連出處都給出了。托夢之鬼還警告說，如果你們不錄取，這人的秀才功名還能保住，如果錄取了，將來查出來抄襲，連秀才功名也要褫奪。你別害他了。考官去告訴主考，主考說，是不是抄襲的，我們一時也沒法確定，所以放榜的時候，把此人的名字放在後面，名次靠前有可能覆核時會發現，放在後面應該會安全。沒想到，放榜之後，那鬼又跑去給磨勘的官員托夢（按，類似複審的委員），最後這秀才因抄襲而被除名。作者感慨地說：「陰司之報施至於再夢三夢而不已，亦可謂不遺餘力哉。」（《北東園筆錄》四編卷六「破人婚姻」）

因為科舉的偶然性太大，以至於有點風吹草動，就被認為有看不見的鬼神之手在起作用。《庸庵筆記》「戊午科場之案」就曾談及，在咸豐八年那場驚天的科場舞弊大案爆發之前：「某夕嘩傳大頭鬼出見。都人士云：『貢院中大頭鬼不輕出見，見則是科必鬧大案。』」結果呢，順天（首都）鄉試的主考、軍機大臣兼大學士柏葰被砍了腦袋。不僅是清代科場案中唯一被處斬的一品大員，在科舉史上死於科場案的官員中，他的職位也是最高的。

在嚴苛的因果報應規則籠罩下的科舉考試，也因此跟個人的才學關聯不大，七八歲時欺負弟弟妹妹、十幾歲時爬牆頭偷看女生洗澡、二十幾歲時出去喝了一次花酒……這些當初不以為意的劣跡都可能在考場引爆，防不勝防。所以，科舉上的問題甩鍋給老天，是最便捷的辦法了。

這一代廢青，來自上一代廢鬼

如果十年可算一代的話，有鬼君的辦公室曾經出現過四世同堂，從六〇後到九〇後都有。這導致話題的公約數極小：維吉尼亞．吳爾芙要解釋、《存在與虛無》要解釋、虎撲要解釋、鬼畜要解釋……六〇後可以倚老賣老，九〇後可以倚小賣小，八〇後人多勢眾，有鬼君這樣孤零零的七〇後，分分鐘被其他年齡段的同事碾成渣。

說到代際差異，其實一代有一代的特點，一般來說，談不上什麼優劣。不過，最近流行的「本屆人民不行」這話，我們也不必妄自菲薄，古代的人民其實也不行，甚至更不行。《西遊記》第八回「我佛造經傳極樂，觀音奉旨上長安」中講到唐僧取經的起源：

如來對眾言曰：「我觀四大部洲，眾生善惡，各方不一。……那南贍部洲者，貪淫樂禍，多殺多爭，正所謂口舌凶場，是非惡海。我今有三藏真經，可以勸人為善。……我待要送上東土，叵耐那方眾生愚蠢，譭謗真言，不識我法門之旨要，怠慢了瑜伽之正宗。怎麼得一個有法力的，去東土尋一個善信，教他苦歷千山，遠經萬水，到我處求取真經，永傳東土，勸化眾生，卻乃是個山大的福緣，海深的善慶。誰肯去走一遭來？」

這不是很明確地說南瞻部洲的人民不行嗎？那可是大唐盛世啊！那一代的人民都不行，其他時代就無足論了。

不過，有鬼君覺得，全怪一代的人也不對，無論哪一代的人不行，說到底都是因為前一代的鬼不行。謂予不信，《水滸傳》的開頭就說得分明：「張天師祈禳瘟疫　洪太尉誤走妖魔」。宋仁宗朝內外提點殿前太尉洪信奉旨前往龍虎山請張天師，將伏魔殿強行打開，放出一干妖魔：

> 只見一道黑氣，從穴裡滾將起來，掀塌了半個殿角。那道黑氣，直沖到半天裡空中，散作百十道金光，望四面八方去了。
>
> 當時住持真人對洪太尉說道：「太尉不知，此殿中當初是祖老天師洞玄真人傳下法符，囑咐道：『此殿內鎮鎖著三十六員天罡星，七十二座地煞星，共是一百單八個魔君在裡面。上立石碑，鑿著龍章鳳篆天符，鎮住在此。若還放他出世，必惱下方生靈。』如今太尉放他走了，怎生是好？」
>
> 有詩為證：千古幽扃一旦開，天罡地煞出泉台。自來無事多生事，本為禳災卻惹災。社稷從今雲擾擾，兵戈到處鬧垓垓。高俅奸佞雖堪恨，洪信從今釀禍胎。

沒有仁宗朝放出的這一百零八個魔君，哪裡會有徽宗朝的各路強人聚義水泊梁山？這些魔君下到凡間，雖然只是人民的一部分，但各個階層都有，覆蓋面很廣。他們是可以攪亂整個社會的。實際上，歷史上的很多天災人禍，都可以被歸結為那時的人民不行，命數不好，而人民的命數不好，是因為轉世前的鬼不好。

《聊齋志異》卷十一「鬼隸」記載，明末山東濟南府曆城縣有兩個差役，奉命到外地公幹，年末回城交卸差使，遇到了兩位同樣是差役打扮的人，他們自稱是濟南府的差役。曆城縣兩位差役說：濟南府的差役，我們十之八九都相熟，怎麼從未見過你們呢？對方回答說：實不相瞞，我們是濟南城隍麾下的陰差，要到東嶽府去投遞公文的。濟南府將有一場大劫難，我們此行遞送的公文，是死亡的花名冊。兩個差役大驚失色，問究竟有多少人罹難。陰差說，具體數字不是很清楚，大約有百萬人。什麼時間呢？陰差說：正月初一城破。

兩位差役嚇得魂都飛了，算算日子，回到濟南府的時間，正好是年底，豈不要趕上大屠殺？可是不回去，交卸差使的日子要延誤。陰差說：你們兩個蠢貨，耽誤時間重要，還是避開大劫難重要？趕緊逃吧。差役聽了他們的話，亡命鄉間。不久，清兵攻下濟南，「扛屍百萬」。

這次清兵攻佔濟南，記載並不太多，時為一六三八年，皇太極派多爾袞沿運河南下攻取山東，第二年正月，清軍渡過運河，經臨清，包圍濟南。濟南無備，為清軍輕取，德王被俘。俘獲人畜計四十六萬二千餘，金銀百餘萬兩。至於屠殺人數，據歷史學者研究，至少有十萬人。蒲松齡一六四〇年生於山東淄博，其父輩對此事印象應該極深。如此慘烈的人禍，至少在當時人眼中，恐怕與命數有關。

為大家熟知的唐代安史之亂，禍根也出在鬼那裡。時值唐玄宗朝，宰相李林甫的家奴蒼璧死而復生，他向主人講述了自己的經歷：

蒼璧被索命的陰差押解至一處大殿，陰差囑咐他在殿角等候，自己先進去通報。這時，「見殿上卷一珍珠簾，一貴人臨階坐。似剸割事。殿前東西立仗侍衛，約千餘人」。就是有君王升殿處理政務，有一紅衣官員出班上奏：現下有新奉命下界叛亂的安祿山，等您指示。貴人問：李隆基雖然皇位已盡，但命保得住嗎？紅衣官員說：他生活奢靡，本來應該折壽的，不過因為不好殺戮，有仁慈之心，所以壽命之數還在。貴人又問：安祿山之後，還有數人僭越稱帝，殺害百姓，要速速制止，不能讓他們禍亂太久，傷了天帝的心。紅衣官員說：自大唐建立以來，天下百姓安居樂業已久，「據期運推遷之數，天下之人，自合罹亂惶惶」。命數已到，老百姓該受罪了。貴人說：那這樣吧，先把楊國忠和李林甫這兩人弄到這裡來。

這貴人又絮絮叨叨地處理了不少政務。蒼璧在下面聽著，也不敢亂跑。到了傍晚時分，貴人散朝，陰差帶他上殿，見到一位道士，道士對他說：你趕緊回去，告訴主子李林甫，早點過來報到。蒼璧就此被帶回陽間。

李林甫得知世道將要大亂，對權勢也不再關注，只是沉迷酒色中，結束了一生。（《太平廣記》卷三百三「奴蒼璧」，引自《瀟湘錄》）

歷史學家對安史之亂的解讀當然很有道理。不過，從有鬼君的視角看，真實的原因是，唐玄宗那屆的人民命數已盡，「天下之人，自合罹亂惶惶」，且安祿山等數人叛亂，擾亂盛世，也是早已安排好的。所謂的「天下之人，自合罹亂惶惶」，當然不是指所有人，而是群體性的因戰亂流離失所。

除了戰亂這樣的人禍，瘟疫、地震等天災，也同樣能造成群體性的命運多舛，而這些變故，也早在冥府的安排之中。比如《續夷堅志》卷四「鎮城地陷」、《堅瓠餘集》卷一「瘟部神放燈」等都談到過，這裡就不囉唆了。

更能精準說明人民的命運取決於鬼的是下面這則故事：

明末崇禎年間，安徽宣城有位姓高的秀才，在村廟裡開館教學生。某晚，他正在院子裡納涼，忽聽背後的廟殿裡燈影幢幢。從視窗望進去，只見面南坐著個儒生，兩旁站著十多個頑童。這倒不奇怪，奇怪的是，這些頑童個個「深目巨鼻，貌極猙獰」。高秀才看得心驚肉跳，拍窗大喊。那儒生聽到叫喊，走出來對他說：您別著急。我也是老師，這些小孩子，三十年後都是王侯將相。天帝擔心他們目不識丁，所以讓我辦個掃盲班，讓他們稍微認識幾個字，略微知道點仁義道德。將來天下大亂，那些流民百姓，不至於被「其魯莽啖噬也」。我就是借您的教室用一個月，之後掃盲班就結束了。說完他再進去熄燈，高秀才就什麼也看不見了。（《觚剩》卷四「鬼徒」）

這裡的暗示已經很明顯了，那十多個「深目巨鼻」的孩童，就是要投胎轉世將來入主中原的清朝勳貴。在當時漢人的想像中，清軍入關之後，除了改正朔之外，更是文化上的重大創傷。為了讓他們少些殺戮，連天帝也不得不對其文化水準進行強化速成教育。可是，速成的效果看來不是太好。

輯三

鬼世界的政治

地府不必有人出來負責嗎？

郭沫若曾稱讚《聊齋志異》說：「寫鬼寫妖，高人一等；刺貪刺虐，入木三分。」此話流傳甚廣，也因此誤導甚廣。比如，我們往往會因此認為《聊齋志異》中的陰間政府無比腐敗，以諷刺當時社會的黑暗，其中卷十的《席方平》被視作典型案例。當然，故事中的冥王貪腐殘暴，不過最後的結局是，由於更高一級官員二郎神的介入，整個冤案大逆轉，最後的判決是：「冥王……宜剔髓伐毛，暫罰冥死；所當脫皮換革，仍令胎生。隸役……當於法場之內，剁其四肢；更向湯鑊之中，撈其筋骨。」從閻羅王到最低一級的冥吏，全受到了嚴厲的懲處。也就是說，地府對於失職、瀆職乃至腐敗的官員，也是有問責機制的。我們可以以管窺豹，從索命的角度瞭解地府的問責情況。

我們大都知道，中國古代的地方政府都屬於現代政治學意義上的小政府。主要的工作是刑名和錢糧，也就是判官司和收賦稅。地方的治理，大部分靠紳士。比如義倉、社學、鋪路、修橋、迎神、賽事，以及維持風俗和道德，都是由紳士在承擔。而地府，由於經濟情況的特殊性，收賦稅的工作也基本免了，只剩判官司這項工作。這項工作，大部分是與陽間打交道，其中最重要的就是勾魂，或曰索命。

按照那時的看法，每天有無數的冥官奔走於世間，負責將大限已到的人拘至陰間，完成索命的任務。因為工作量巨大，出現失誤、偏差，甚至有冥官在其中上下其手，必然會有抓錯的情況。事後是如何處理的呢？

最常見的是，發現抓錯了，立即糾正，將人遣返陽間，但對冥吏不做過多處罰。五代時，浙江有位姓趙的小官，妻子病死，尚未安葬時又復活了。據她說，自己被冥吏拘押至陰間，結果冥官檢索冥簿時，發現抓錯了。當時一位白衣的冥官說，既然已經抓來了，將錯就錯吧。另一位綠衣的冥官則堅決要求遣返，兩位官員還爭執了許久。最後綠衣冥官嚴厲斥責冥吏，命其將人帶回陽間。（《稽神錄》卷四「趙某妻」）

有些時候，遇到嚴苛的冥官，則除了改正錯誤外，還會及時對失職的冥官進行懲處。南宋高宗年間，臨安人趙善廣被冥吏追至陰間，到了地府，冥官嚴厲質問：趙善佐，汝前生何以敢殺孕婦？趙善廣說，我不是趙善佐啊，是不是抓錯了？冥官於是轉臉怒斥冥吏，人命關天，不是小事，怎麼能犯錯？立刻命令將失職的冥吏收監坐牢，將善廣遣返。（《夷堅乙志》卷十五「趙善廣」）

在另一些故事裡，抓錯人的冥吏則會被當場打板子。有些失職的冥吏會用各種方式掩飾，可能是由於害怕被問責。福建一位黃秀才的女兒黃十一娘，被冥吏索命。在趕赴地府的途中，冥吏發現自己抓錯了，「忽有恐色」。於是威脅黃氏說：我要抓的是王十一娘，結果搞錯抓了你。待會見到冥王，妳就說自己姓王，要是敢說實話，我非捶死妳不可。黃氏不敢回嘴，只得答應。幸好，他去世的父親正在地府為官，認出了女兒，這才得以復生。雖然故事最後並未提及對冥吏的處罰，但「恐色」已經說明，追責是免不了的。（《夷堅甲志》卷十三「黃十一娘」）

有些冥吏的掩飾方式不是威脅，而是蠱惑。唐憲宗元和年間，吳全素在長安複習應科舉考試，半夜裡有冥吏拿著公文將他抓到陰間。到了地府，發現自己只是上千人之一。地府安排他們每五十人一組，輪流點名進去。點到的，立時判決，被押赴各種不同地獄受刑。有受火刑的，有受湯刑的……輪到吳全素時，他辯解說：「全素恭履儒道，年祿未終，不合死。」判官說：「冥司案牘，一一分明。據籍帖追，豈合妄訴！」吳全素不服，要求查驗冥簿，結果調閱冥簿查看，果然記著他還有三年陽壽，下一年科舉得中明經，只是沒有官祿，也就是沒有官做。判官就開導他：「人世三年，如白駒過隙，而且你這三年也沒有榮華富貴可享。既然已經來陰間了，何必再回去呢？來來回回的，手續極其煩瑣，不知要蓋多少公章，不是給我們添麻煩嗎？」吳全素說：「我離家多年，就為了得個功名，再說還有三年壽命，怎麼能放棄呢？」判官勸說無效，只得放他還陽。（《玄怪錄》卷三「吳全素」）

以上說的失職大都是陰差工作失誤造成的，所以問責並不像我們想像的那麼嚴厲，一般來說，能及時改正即可。可是對於陽間來說，這是人命關天的大事，為何如此輕描淡寫呢？陰間自有說法。

河北獻縣一位姓韓的儒生，性情耿直，凡事愛較真。某天他被陰差索命到陰間，結果冥官查驗冥簿，發現抓錯了，該死的是另一位同姓的人。於是冥官命令打陰差二十大板，將韓秀才送回。韓秀才心中不服，抗議說：人命關天，你們怎麼能任由昏聵的鬼做公務員？如果不查驗冥簿，我豈不是要冤死了嗎？你們還有臉自我吹噓聰明正直？冥官笑著說：「夫天行不能無歲差，況鬼神乎？誤而即覺，是謂聰明；覺而不回護，是謂正直，汝何足以知之？」這話意思是，即使是宇宙的運行，也會有偏差的，何況是鬼神呢？工作中出現失誤是正常的。工作失誤能及時發現，這才是聰明；發現錯誤能及時改正，並不遮遮掩掩，這才是正直。在這位冥官眼裡，天道也不是精準無誤的，無論陽間、陰間，努力接近天道，能及時發現並改正工作中的失誤，就很不錯了。（《閱微草堂筆記》卷二）

這位冥官所說的地府運行的兩條基本原則，雖然簡單，但做到並不容易。

鬼紅是非多

中國大陸曾公布過《國家資訊化發展戰略綱要》公佈，其中提到「所有具媒體屬性和輿論動員功能的網路傳播平臺，都將被管理」。這是什麼意思？按照有鬼君熟悉的術語猜測，應該就是「禁淫祀」。

什麼是淫祀，《禮記．曲禮》說：「非其所祭而祭之，名曰淫祀。淫祀無福。」就是說，沒有得到國家許可的祭祀活動，都是非法的；同樣地，沒有得到國家執照的廟宇，也是非法的，要堅決打擊。得到國家許可的可祭祀的神仙有哪些呢？《禮記．祭法》說：「夫聖王之制祭祀也，法施於民則祀之，以死勤事則祀之，以勞定國則祀之，能禦大菑則祀之，能捍大患則祀之。」大致就是國家棟樑、民族英雄才有資格被祭祀。用現在的話說，至少要能進忠烈祠的人才行。

打擊淫祀也是自古以來的國策，《漢書．平帝紀》記載，西漢平帝元年就頒佈了「班教化、禁淫祀、放鄭聲」的政策，這三條相當於如今的思想政治課、打擊邪教自媒體、反三俗（庸俗、低俗、媚俗）。

為什麼要禁淫祀？很簡單，這些非法的廟宇和祭祀往往具有極強的動員能力，這對政權的穩固是極大的威脅。陳勝、吳廣兩人，何德何能，竟然扯起造反的大旗？還不是因為「大楚興，陳勝王」

這個口號吼出來的。後來以他們為榜樣的例子，不用再舉了吧。所以，對於這類邪教，必須扼殺在搖籃中：

三國時的名將孫策渡江作戰，帶了個道士于吉隨行。于吉擅長製作符水，為人治病，在吳地威望很高。本來孫策不過將其視為保健醫生，可是，于吉不安分，辦了個傳道的微信公號，在軍營中與眾將士勾勾搭搭，官兵們一大清早就往于吉的營帳裡竄，幾分鐘就10萬+。當時正逢天旱，船行緩慢，孫策正為此焦慮，目睹此事，勃然大怒。命人將其捉來：行軍緩慢，軍心不穩，你還在船上優哉遊哉地裝神弄鬼，敗壞士氣，非懲治不可。將于吉綁在已進入燒烤模式的太陽下，讓他求雨，如果正午之前能求來大雨，就放他一馬，求不來，立刻殺掉。

說來也怪，于吉被綁上之後，就開始烏雲密佈，到了中午時分，瓢潑大雨如期而至。眾將士高興啊，這下于道長有救了。孫策見到于吉如此得軍心，更加不能忍受，食言殺了于吉。孫策的理由是：「此子妖妄，能幻惑眾心，遠使諸將不復相顧君臣之禮。」在他看來，于吉的危害不僅僅在於求雨的妖術，作為百萬訂閱的網紅，他的動員能力會動搖上下尊卑的政治秩序，當然得殺掉。（《搜神記》卷一）

在歷代打擊非法網紅的運動中，湧現了很多厲害的牛人，最出名的要算狄仁傑。狄仁傑曾擔任「知頓使」，負責皇帝出巡時的食宿。唐高宗駕臨汾陽宮，經過並州，並州長史李沖玄上奏說，御道要經過妒女祠，這妒女祠很靈驗，但是「俗言盛服過者，致風雷之變」，如果有皇帝的儀仗經過，必定引發暴風雨天氣，驚動聖駕，建議改道。狄仁傑反對，說，皇帝乃真命天子，聖駕出行都是「風伯清塵，雨師灑道」，大小神仙都伺候著，難道要為一個小小的吃醋女鬼改道？高宗聽了很高興，這娃真是善解人意。

狄仁傑得皇上如此看重，仕途一帆風順，後來升為江南巡撫使，巡視整個包郵國。當時包郵國多淫祀，非法網紅多聚集於此，狄仁傑到了之後，依法治理，狠狠打擊，整個包郵國的網紅自媒體，他老人家滅掉一千七百個，只留下四個根正苗紅的（吳、楚俗多淫祠，仁傑一禁止，凡毀千七百房，止留夏禹、吳太伯、季劄、伍員四祠而已）。（《新唐書．狄仁傑傳》）

不過，劇情很快反轉。狄仁傑打擊非法網紅，沒想到自己也成了網紅。武則天稱帝時，他擔任魏州刺史，因為為官清廉，造福百姓，他上調中央之後，魏州百姓也給他立了生祠，搞了個微信公號。每個月的月初，「皆詣祠奠醊」，燒香上酒。結果，遠在長安的狄仁傑，上朝時竟然滿身酒氣，殊為不敬。幸好武則天知道狄仁傑素不飲酒，才沒有怪罪他。（《太平廣記》卷三百一十三「狄仁傑祠」）

狄仁傑這種對非法邪教趕盡殺絕的辦法，到了宋代以後，變成恩威並施。一方面要打擊頑固不化的惡靈惡鬼，另一方面也要滿足廣大人民群眾崇奉神祇的心理需求。像狄仁傑那樣，打得整個包郵國就剩四個公號，怎麼「班教化」？於是，從北宋後期開始，對宣揚正能量的公號頒發許可證（《變遷之神》記載，一〇七〇年代，對神祇的賜封開始增多，大量的賜封活動從北宋後期開始，並在整個南宋時期一直持續）。這種頒發許可證的方式，也就是不再簡單地查禁廟宇，而是將其納入官方管理之中。政策的執行當然有很多複雜情況，不再囉唆。

在恩威並施的策略下，非法網紅與政府管理之間的拉鋸戰始終存在，禁淫祀雖然是古代政府的基本國策，但直到清朝，還是無法杜絕。

康熙年間，西安副知府去終南山求雨，見到山腰有一座廟，廟裡有一尊美少年的塑像，從服飾看，像是漢代的公侯。知府問道士，道士說這是孫策。知府說不對啊，孫策縱橫江東，卻從來沒有來過長安。而且孫策是蓋世英豪，這少年的塑像卻很娘炮（而神狀妍媚如婦女），多半不是孫策。正好太白山要修建龍王祠，那是有國家許可證的正規廟宇。知府就打算拆了這座廟，把磚瓦拿去蓋龍王祠。

當晚，美少年托夢給知府，說：我不是孫策，是董賢啊！王莽把持朝政後，將我逼死。天帝可憐我死得無辜。我雖然身居高位，得哀帝寵信，但是從未害人。所以天帝封我為大郎神，主管此地的陰晴。知府當然知道董賢，那可是漢代最著名的同性戀啊，不免盯著他多看了幾眼，果然媚態十足。

知府醒來之後，不僅不拆這座廟，還拿出一百兩銀子將其修繕，在董賢塑像邊上，塑了當年給董賢收屍的義士朱栩的像。為了讓董賢高興，還在廟門塑了一座王莽的跪像。此後，他在這座廟求晴求雨，無不靈驗。（《子不語》卷二「董賢為神」）

能容得下非主流文化的 gay，並且做好管理，收到了極好的效果，這位官員的管理水準，值得打賞。

冥府開庭記

按照有鬼君掌握的材料，冥府的法律體系顯然是有缺陷的。雖然有鬼君認為，陰間的最高法是自然法，但這只是一個原則，離法網恢恢的完備體系還很遠。

隋煬帝大業年間，擔任兗州府佐史（大約相當於兗州都督的司法助理）的董慎，是個正直無私的官員。無論是都督還是其他官員，只要在執行公務時枉法，他一定會直言進諫。即使因此屢被斥責，也毫不畏懼。

某天，董慎出門辦事，剛出了城門，就遇到一位黃衣使者，拿出文件對他說：泰山府君徵召你為錄事（掌總錄文簿）。董慎接過文件一看，上面寫著：「董慎名稱茂實，案牒精練，將分疑獄，必俟良能，權差知右曹錄事者。」意思是因為他善於辦案，公正無私，因此給了這個差使。董慎知道是地府徵召，倒也不懼，就隨著使者到了地府。

泰山府君一見董慎，就命下屬賜他「青縑衣、魚須笏、豹皮靴，文甚斑駁」。讓他坐在自己旁邊，並誠心請教：「現在有一樁難辦的案子。閩州司馬令狐寔因為犯了重罪，被關入無間地獄中，可是天界有指令下來，說令狐寔乃天界大仙太元夫人的三等親（大約是曾孫輩），所以按照八議中議親的原則，減罪三等。結果其他犯人知道後，以犯人程翥為首的一百多人聯名要求援引這一判例，也給自己減刑。天界指令他們統統減罪二等。我擔心此例一開，大家都會攀龍附鳳，找理由給自己減刑。您看這事怎麼處理？」

董慎說：「天地刑法，豈宜恩貸奸慝。隨便減刑，怎麼能服眾呢？不過我只是一個法務人員，雖然知道這麼做不合法，但是不大會寫判詞。常州府的秀才張審通，文采斐然，不如把他請來寫判詞。」泰山府君於是命下屬將張秀才也請來。張秀才果然「辭彩雋拔」，幾分鐘寫就：「天本無私，法宜畫一，苟從恩貸，是恣奸行。令狐寔前命減刑，已同私請；程翥後申簿訴，且異罪疑。倘開遞減之科，實失公家之論。請依前付無間獄，仍錄狀申天曹者。」

大意就是將天界的指令駁回，一律不准減刑。判詞上交天界後，很快有了回覆，將府君嚴厲申飭，意思是說，八議是自古以來就有的司法原則（議親，指皇親國戚；議故，指皇帝的故舊；議賢，指依德高望重者；議能，指才能出眾者；議功，指對國家有大功勳者；議貴，指上層貴族官僚；議勤，指為國家服務、勤勞、有大貢獻者；議賓，指前朝的貴族及其後代）。堂堂太元夫人，連自己的曾孫子都罩不住嗎？下界地府，竟然妄議天庭，特此罰泰山府君停止享受貴族待遇六十年。犯人的減刑判決不得更改。

泰山府君聽了處分之後，勃然大怒，對張秀才說，你瞧瞧你幹的好事。於是命令手下用一塊肉塞住他的耳朵（即使其一耳失聰）。張秀才說，我再給上天寫一份判詞，如果還是不允，那就隨便您怎麼處罰。新判詞說：「天大地大，本以無親；若使奉主，何由得一？苟欲因情變法，實將生偽喪真。太古以前，人猶至樸；中古之降，方聞各親。……請寬逆耳之辜，敢薦沃心之藥。庶其閱實，用得平均。令狐寔等並請依正法。仍錄狀申天曹者。」意思是法不容情，八議一出，大家各顯神通，各種偷奸耍滑的手段都會冒出來，必須嚴格執法。

判詞再上交後，上天的批示傳下來說：「再省所申，甚為允當。府君可加六天副正使，令狐寔、程翥等並正法處置者。」也就是說，抗訴成功，上天不僅准許了張秀才的判決，而且還升了泰山府君的官。府君大喜過望，命左右弄塊肉捏成耳朵的形狀，安在張秀才的額頭上，說，剛才塞了你一隻耳朵，現在給你三隻耳，怎樣？又轉頭對董慎說，感謝你推薦的好秀才，你原本還有九年陽壽，我再加你十二年。然後命陰差將兩人送回陽間。董慎後來果然又多活了十二年。而那位力抗天庭的張秀才，還陽之後沒幾天，額頭就生出一隻耳朵。這只新耳朵特別靈敏，時人都說：「天有九頭鳥，地有三耳秀才。」（《玄怪錄》卷二「董慎」）

這次冥府的審判，最終是冥府抵制天界的指令，堅持了司法公正。太元夫人的天威還是沒能夠庇護自己的曾孫子。通觀整個審判進程，我們可以發現以下幾個特點：一、冥府的司法並不是完全獨立的，天界對具體案件經常會有批示、指令；二、冥府司法亦有自己的主體性，對於上級的批示、指令，並不是盲目地執行，而是審視是否合理合法，而上級也不是一味霸道，聽不進意見；三、保護、縱容權貴的八議制度，在陰間最終得以廢止；四、判決書寫得好壞，具有至關重要的作用。

雖然我們可以在其他材料中看到，冥府審案時確有不少枉法之處，但總的來說，這個不完備的法律體系還算公正。朱子說得好：「未有天地之先，畢竟也只是理。」張秀才的第二份判詞，很好地詮釋了自然法在冥府至高無上的地位。

雷公老爺，你好大的官威！

在天庭、冥府的公務員體系中，雷部可能是規模最大的部門。這主要是因為他們的工作相當繁重，在各地行雲布雨以及執行天罰，都需要雷神參與。按照《歷代神仙通鑒》的說法，雷部最高長官的學名為「九天應元雷聲普化天尊」，下轄複雜的雷部組織，總部為神雷玉府，下設「三十六內院中司、東西華台、玄館妙閣、四府六院及諸各司，各分曹局」，且每個機構中均有「玉府左玄、右玄、金闕侍中、僕射、上相真仙、真伯、卿監、侍宸、仙郎、玉郎、玉童、玉女左右，司麾諸部雷神、官吏、將吏」。具體的數目也許無法精確計算，但可以想像這是一個多麼龐大的機構。然而我們要注意到，真正在一線工作的，是最後才提到的「諸部雷神、官吏、將吏」。至於那些「金闕侍中、僕射、上相真仙、真伯」等等，都是後方辦公室的行政人員。

一線員工地位最低，這不難理解，而且雷神還有致命的弱點——醜！

雷神最早的形象出於《山海經．大荒東經》：「狀如牛，蒼身而無角，一足，出入水則必風雨，其光如日月，其聲如雷，其名曰夔。」後來雖然有所變化，但始終沒有進化成人形，總是「背插兩翅，額具三目，臉如赤猴，下頷長而銳，足如鷹爪」。這種糙哥形象，不僅顯得魯莽、粗俗，事實上他們也確實比較簡單粗暴。東漢王充的《論衡．雷虛篇》曾這樣描述：

盛夏之時，雷電迅疾，擊折樹木，壞敗室屋，時犯殺人。世俗以為擊折樹木、壞敗室屋者，天取龍；其犯殺人也，謂之陰過，飲食人以不潔淨，天怒，擊而殺之。隆隆之聲，天怒之音，若人之呴籲矣。

《鄉曲枝辭．雷擊逆婦記》記載了一位虐待婆婆的兒媳受雷擊的情況：

妻反肆詬誶，且語侵其姑。鄰人咸集，為之排解。忽雷聲殷然，黑雲如墨。妻似有所覺，急趨後圃，取大甕覆其頭。俄頃霹靂一聲，甕底穿穴，頭出於外。穴環其頸，若荷枷然。宛轉哀號，母憐之，欲破甕以出……越日而斃。

雷神發起火來，連皇宮也不放過，《庸庵筆記．己醜八月祈年殿災》記載：

光緒十五年八月二十四日寅刻，雷電交作，大雨如注，西便門外有一槐樹陡被雷擊，樹中有蟒蛻一具，長約丈餘。或曰蛇已被雷收去，或曰避而之他。喧傳之際，雷又大震，嶽撼山搖，霹靂一聲，直擊祈年殿前所懸之額，碎墮陛上，雷火燃著懸額之楣木。未刻，殿內火起，煙焰從福扇窗櫺冒出，燒著樑柱，其光熊熊如赤虹亙天。……奉祀劉世印率人進殿，將列祖列宗楠木雕刻之九龍大寶座搶出，而皇天上帝之寶座火已燃及，無從措手。戌刻後，祈年殿八十一楹及檀木雕成之朱扉黃座悉為灰燼。數十里內光同白晝，香氣勃發。……夜過半，火勢猶未衰，至天明乃熄。丹陛上之漢白玉石欄杆悉皆炸裂。

據作者薛福成介紹，祈年殿向來是各種妖精的最佳藏身之地，雷神為民除害，理所必然，可是他們發起狠來，連天帝的牌位也不放過。好大的官威啊！

可是事情還有另一面，我們同樣看到很多雷神猥瑣、愚蠢的記載。《稽神錄》卷一「江西村嫗」條曾提到，有個鄉村老太被雷劈傷手臂，空中立刻傳來驚呼：「糟糕，劈錯了！」隨即落下一瓶藥膏，還順帶說明須外敷。雷神隨身攜帶療傷藥，可見準星欠佳的情況時有發生。有些糊塗的雷神甚至連藥膏也忘帶了，只能隨口介紹土法偏方，「可急取蚯蚓，搗爛傅臍中」。

《志怪錄》「蓮花和尚」條中，誤傷的後果更加嚴重。一位每日行善的和尚無緣無故遭到雷劈，連腦袋都被打裂了。眾人猜想這和尚多半表面做善事，其實背地裡作惡多端，因此遭陰譴。可是五天後和尚還陽，說自己是被雷神誤傷的，雷神及小鬼們在陰間搶救了數日才使他復生。人是活了，可是肢體的損傷卻無法回復原狀，腦殼已成八楞狀，從此人們稱他「蓮花和尚」。

最誇張的一次是《五雜組》卷一的記載，唐朝時，某條觸犯天規的龍逃出天庭，躲在代州城的一棵大槐樹中，被執行追逃任務的雷公劈了。不過，雷公竟然在執行天罰時被卡在樹杈中，卡在……樹杈中……狂吼數日也掙不脫。鄉民們不敢靠近。狄仁傑此時正在代州為官，前來與雷公談論了之後，命令木工鋸開大樹，這才救出這個蠢貨。至於其他一些糗事，比如執行任務時被頑童用竹框子罩住無法掙脫，被人澆了一桶尿飛不起來之類，更是屢見記載。

為什麼雷神出醜的記載也這麼多？首先要說明，一支如此龐大的隊伍，出個把蠢材、敗類是很正常的。其次，因為雷神、雷將的數目，還遠遠無法滿足下界百姓呼風喚雨以及執行天罰的需要，所以雷部在凡間招收了大批預備隊、臨時工。

有個姓董的小夥子，因為長得尖嘴猴腮，與雷公頗有幾分神似，某天在睡夢中被值日的功曹引薦到雷部臨時上場。因為有兩位雷部將軍加班行雲布雨，積勞成疾。眼前有一樁急活：下界某兒媳不孝敬公婆，觸犯天條，被判雷劈而死，以正風俗。姓董的小夥子只要在空中把雷斧對準不孝的兒媳扔下去即可（有土地神在地面精確引導，不會劈錯）。任務完成得很輕鬆，雷神也很滿意，想讓他轉正職。小夥子可能覺得這工作不夠體面，找了個理由拒絕了。（《子不語》卷五「署雷曹」）

不過，預備隊招多了，難免就會有濫竽充數的，權力不大、能力不強，官架子倒是很足，比如雷奴：

清代杭州有個姓施的市民，六月天雷雨過後，到屋後小解，忽然看到樹下「有雞爪尖面者蹲焉」，嚇得狂呼「觸犯雷神」，趕緊回屋。當晚就神志不清，被雷神附體，雷神提了要求：「治酒飲我，殺羊食我，我貸其命。」一家人趕緊讓雷神吃好喝好，施姓市民三天後才痊癒。不久有道士經過，得知此事，哈哈大笑：這算哪門子的雷神啊！不過是雷部的奴才而已，小名阿三，專門侍奉雷神、雷將的。最喜歡在凡間狐假虎威，騙人吃喝，真正的雷神，法力高得多。（《子不語》卷八「雷部三爺」）另外，《子不語》卷八有雷錐被人偷走，《夷堅支志》戊卷九有雷斧被小孩子奪走等各種雷神出醜的記載。

大膽猜測一下，那些涉及雷神猥瑣、愚蠢、顢頇的記載，大部分並非真正的雷神，而是作為臨時工、預備隊的雷部奴才，他們本事沒多少，官腔倒是學得十足。

冥府的司法冤案

在志怪小說中，有大量活人入冥後復生的故事，也就是我們通常說的到閻羅殿走了一遭。此類故事其實可以從入冥的原因做進一步細分。有鬼君以自己閱讀所得，大致分成以下幾種情況：一、被陰差索命，但是到了冥府後發現抓錯了，再被放回；二、同樣被索命，但入冥後因各種機緣被撈出來；三、入冥擔任臨時工，即「走陰差」；四、作為證人在冥府的案件審理中出庭；五、被冥府約談（這一點見後面章節）。

第一種大致相當於活人被冥府起訴之後又撤訴。起訴很好理解，也很簡單，閻王殿發出一份索命的文書，陰差就可以拿著文書到陽間拿人。麻煩在於撤訴過程以及善後事宜，比如，陰差抓錯人是否要按照瀆職罪受罰？生人在冥府受到的精神、肉體上的傷害怎麼辦？冥府撤訴後怎樣與人達成和解？……

幸好，這一系列問題，在志怪小說中都有答案。

陰差瀆職是否受罰？答案其實很可笑，全看審判官的心情。在聊齋著名的《席方平》故事中，席方平最後能翻案成功，是因為遇到了二郎神。二郎神的判詞中說：「城隍、郡司……受贓而枉法，真人面而獸心！是宜剔髓伐毛，暫罰冥死。……隸役者……肆淫威於冥界，咸知獄吏為尊；助酷虐於昏官，共以屠伯是懼。當以法場之內，剁其四肢；更向湯鑊之中，撈其筋骨。」不僅處死，還要用清朝十大酷刑伺候，挫骨揚灰。這幾個貪贓枉法的酷吏，基本是按照最高規格刑罰處置的。在正常流程情況下，判官一般就是申飭陰差幾句，責令送人還陽即可，要是不小心誤抓了冥官的親朋好友，可能也就打幾十大板。這類故事很多，不再舉例了。

為什麼冥府對瀆職罪的處理這麼輕描淡寫？有鬼君猜想，陽間最看重的人命關天，在陰間的權重卻很小。說陰間是草菅人命也許有點苛刻了，但至少他們不是很在乎。

正因為冥府對於人命關天看得很輕，所以在撤訴過程和善後事宜上，也讓我們覺得非常草率：《子不語》卷二十三「饒州府幕友」記載：饒州府幕僚袁如浩跟著主翁新上任，某晚上廁所見到一個三十多歲的白衣男子，他自稱是上一任幕僚，已身為鬼魂。上任太守侵吞賑災款，災民到天庭上訪。天庭派人核查帳簿，沒想到太守早準備了假帳本，蒙混過關。災民反而被判誣陷罪，為首者處以死刑。災民到陰間後繼續上訴城隍，這個幕僚雖對太守的罪行一無所知，也被株連，被抓入陰間關著，等一個月後案情查明，他「罪雖獲免，而皮囊已腐，不能還魂」。不僅如此，他在陽間的棺材被扔在官署牆角，民工在這裡隨地大小便，污穢不堪。這個幕僚復活早已無望，只能懇求袁如浩將他的棺材移至郊外安葬。

在這個案子中，冥官並未貪贓枉法，但對幕僚撤訴之後，理論上是將其釋放了，實際上卻魂歸無處，這條命就交待了。連入土為安都做不到，更不用說什麼冥府賠償了。

當然，在冥府撤訴之後，有不少人能復活回到陽間，但冥官卻不肯承認自己的錯誤。《廣異記》

「河南府史」記載：唐玄宗天寶年間，一位姓王的小公務員，莫名其妙被捉到陰間，冥王判決更可笑：「此人雖好酒，且無狂亂，亦不辜負他人，算又未盡，宜放之去。」就是說，王公務員雖然有點貪杯，但是沒有喝酒誤事，平時也沒做過什麼壞事，冥簿上的壽命也沒到期，就放他回去吧。這純粹是在拿人命開玩笑呢！冥王接著說，既然來了，就參加一個地獄警示教育培訓班吧，警鐘長鳴。王公務員只能可憐兮兮地跟著參觀了血腥的酷刑教育。這姑且算是入冥的必修項目，倒也罷了。更為荒唐的是，培訓班結束後，冥王又說，你還陽之後，真的會向群眾宣講咱們冥府的因果報應嗎？老子想來想去，你愛喝酒也得入罪才行，否則顯得咱冥府沒有威懾力。命令陰差用竹竿蘸上水，在他腳上點了一下，再放其復生。王公務員還陽之後，被水點的那個地方長了一個疔瘡，至死也治不好。

在《耳談》卷一「保安州城隍」的故事中，因為陰差錯抓了賣肉的屠夫施忠，而且在抓捕過程中野蠻執法，直接鎖住施忠的腳踝，拖到冥府。等案情清楚，被放回時，「其雙足皆損，必杖而跛曳始行」，造成了永久的殘疾。

有些撤訴的進程，更體現了冥府官僚體制辦事拖拉、不負責任的特點。《太平廣記》卷三百七十五「韋諷女奴」記載，唐代韋姓富豪的婢女，因為長得漂亮，被正房嫉妒，竟然將其活埋在園中。婢女死後，先由冥吏初審，發現冤情，命不該絕，於是判決她還陽。可是，二審的判官在審理過程中，因為其他錯誤被免職。這個案子就被擱置了，這一擱置就是九十多年！九十多年，能想像嗎？然後，因為天庭來清查積案（有天官來搜求幽系冥司積滯者，皆決遣），婢女才被釋放。

據婢女自己陳述：「如某之流，亦甚多數，蓋以下賤之人，冥官不急故也。」身為女奴，地位低下，她的冤案能在九十多年後浮出水面，還是要感謝天庭的。

至於冥府撤訴後的和解措施，基本是沒有的，能讓人順利還陽，就很仁慈了。只舉一例吧：

博陵人崔敏殼，十歲的時候被陰差誤抓，暴病身亡。他在陰間申訴了十八年才成功。閻王在申訴判決之後對他說，我們是該放你還陽，不過十八年了，你在陽間的肉身早已腐爛，沒法處理啊。不如這樣吧，本王給你找個好人家轉世投胎，官位和俸祿都加倍，算是賠償了。崔敏殼不幹，就想要回這條命。閻王說不過他，再加上理虧，只能派人買了進口的「重生藥」，將其肉身恢復。（《太平廣記》卷三百零一「崔敏殼」）

如何到冥府當公職

一

冥府的公務員大部分從陽間徵召，這個早已說過，但徵召的形式並不一致。如果與陽間選拔官員作比較，那麼有以下幾個特點：首先，選拔是單向的，即冥府單方面發佈調令，不是靠到處投簡歷拿到offer。這很好理解，沒有幾個人活得好好的，想到冥府做官。其次，來自冥府的徵調是經過充分醞釀考察的，有德者優先，德才兼備是基本的原則。最後，對調令基本不能拒絕，但有時可以想辦法拖延。

我們先看一則故事，大致描述了徵召的程式：

南唐常州刺史陸洎自上任以來，「性和雅重厚，時輩推仰之」，是個寬厚仁慈的好官。某年九月，他的副手李承嗣來訪，陸洎忽然對李說：明年這個時候，我就要與諸君訣別了，尚有一年陽壽。原來，不久前有陰差托夢，將他帶到冥府（名為「陽明府」）。冥府官員向他宣讀了調令：「洎三世為人，皆行慈孝，功成業就，宜受此官。可封陽明府侍郎，判九州都監事。來年九月十七日，本府上事。」陸刺史說，這是靈命已定，沒法更改了。李承嗣只能默然無語。第二年，直到九月十六日，陸刺史身體還沒有任何異樣。李承嗣有點狐疑：我們向來視您為智慧長者，可是這次的事很蹊蹺，您是不是受了什麼妖異蠱惑了？陸刺史說，不會錯的，我已經把公私交易處理完畢。第二天果然就到那邊上任了。（《稽神錄》卷一「陸洎」）

我們可以簡單解說一下調令的說法，「三世為人」，應該是指陸洎三次轉世都是人身，而且德行上、功業上都很有成就，所以調任冥官，有明確的職務和分管領域，指定了上任的時間。這是一份比較完整的官方文書。

陽明府所指尚不知曉，根據行文看，應該不是城隍一類的地方政府，可能是中央部會。「都監」在宋代掌軍事，可能陸洎是調至冥府的國防部或參謀總部工作。提前一年宣佈調令，也是為了給陸洎更充裕的時間安排陽間的後事，比較人性化。

在很多記載中，冥府徵召都是會給假的，短的三天，長的有十天、二十天，韓世忠被冥府聘為閻羅王，給的假期是一個月。（《夷堅志》補卷二十五「韓蘄王」）

至於選官的標準，記載中也往往會有說明。比如「太山府君選好人，（孔）瓚以公明幹，則相薦舉」（《太平廣記》卷三百二十七「李文府」）、「上帝以鄴郡內黃縣南蘭若海悟禪師有德，立心畫一冊，有閻波羅王禮甚。言以執事有至行，故拜執事為司命主者，統冊立使。某幸列賓掾，故得侍左右」（《宣室志》「郤惠連」）、「近上帝以靖平生無諂，俾主判地下平直司，候天符下，即之任矣」（《括異志》卷一「陳靖」）……都是強調德行優先、德才兼備。

而且，冥府還要特別強調：陰間選官比陽間要公正無私得多。比如《剪燈新話》卷四「修文舍人傳」說：「冥司用人，選擢甚精，必當其才，必稱其職，然後官位可居，爵祿可致，非若人間可以賄賂而通，可以門第而進，可以外貌而濫充，可以虛名而攫取也。」

有時候，因為過於強調德行優先，甚至文盲他們也徵召。

《堅瓠秘集》卷三「東嶽祭酒」的故事說，明萬曆年間，長洲一位符姓市民虔信道教，每日祈禳不輟。某天有陰差拿著公文找他，說東嶽府君請他到陰間某司做祭酒，大約就是文化教育部門的司長的位置，現在是公示階段，稍後就會正式任命。符某雖然信教，可是也不願入冥做官，心裡惴惴不安。過了幾天，有位白髮蒼蒼的官員來訪，原來是前任祭酒。這官員跟符某說了一大通官場的套話，意思是我的任期已滿，要調離崗位。因為知道老兄「心平才贍」，所以推薦你接任。符某推說自己不識字，是文盲。那官員說，無妨的，我上任的時候也是文盲，官是做著做著就會的，「治事久之，豁然通靈」。符某又說自己孩子年幼，無人照顧。那位司長有點不耐煩了，直截了當地說：「你要是真的捨不得這個家，那就帶上老婆孩子一起上任吧！或者在陰間另外找一個人成家好了，那裡好姑娘多的是。公務上的事，不要這麼娘炮！」（公欲挈妻子，則請尊夫人同行。不則冥中亦多佳配，何必戀戀為兒女之態。）符某一聽，趕緊安排後事，獨自上任去了。

二

一般說來，接到冥府徵召調令的人，一開始是拒絕的，因為不能讓他去死，他就得去死。中年男人總是怕死的，往往會找出各種理由推脫。只不過這種調令幾乎是無法拒絕的，能做的就是拖延。

晚清浙江德清人蔡兆騏，二十九歲的時候，夢見有陰差將他帶到一處官府，拜見長官之後。領入一間辦公室，讓他在這裡辦公。蔡兆騏對陰差說：感謝組織上對我的信任，可是我有實際困難，家中孩子年幼，我這一死，他就成孤兒了。陰差說：這事我們也是根據調令來處理，您既然不願做官，最好寫一份書面的說明，光在這裡跟我們說也沒用。蔡兆騏秀才出身，李密的《陳情表》是讀得爛熟的，於是扯了些「烏鳥私情，願乞終養」的話，寫了一份自己的陳情書。陰差拿走之後，過了一會兒就回來說：您的調令推遲二十年執行。蔡兆騏當然很高興，可以多活二十年呢。

二十年後，蔡兆騏代理江蘇丹徒知縣，冬天時分，蔡知縣生了場重病，夢見上次的陰差來徵召。醒來之後告訴幕僚，準備安排後事。幕僚說，既然上次都能推遲，這次為什麼不再試試呢？於是蔡知縣又寫了一份陳情表，請求再推遲二十年。這回不能以孩子年幼為藉口了，不過他腦筋靈活，在文章裡說，自己有四個兒子，如果每個兒子借五年陽壽給自己，就能延壽二十年了。寫完就在丹徒縣的城隍廟裡焚化了。之後病勢略有起色，可是，到正月裡，大批的陰差直接來接他上任了，他自知難免，交代後事之後，第二天就去世了。據他最後說，迎接他的陰差，提的燈籠上寫著「山東即墨城隍」的字樣，看來是跨省上任了。（《右台仙館筆記》「卷十三」）

對這個故事，有鬼君有幾處困惑。首先，調令的期限彈性太大。大多數記載中，可以給十天半月的假，多的也有一兩年的，可是這哥們兒，就寫了一份不知是否屬實的報告，也沒有走什麼門路，一口氣就推遲了二十年。其次，如果暫不上任，一般冥府會另外找替死鬼（備胎）擔任，比如《聊齋志異》第一篇「考城隍」就是。但往往會做出說明。可是這個故事對山東即墨城隍之職是否空缺，並沒有交代。最後，蔡知縣是浙江人，在江蘇做官，符合鄉里回避的制度，那麼到山東擔任冥官，是否陰律的人事安排也有回避制度呢？材料所限，還沒法下結論。

大概可以這麼說，冥府的組織人事制度還有不少模糊地帶。下面這個故事，不但成功地拒絕了調令，用的方法也比較奇葩。

唐代宗大歷年間，盧仲海與叔叔盧纘遊歷江南。當地主人盛宴招待，興盡而散。盧纘喝多了，可能是酒精中毒，上吐下瀉。盧仲海急切之間也找不到醫生，只能在床前服侍，可是，到半夜時分，叔叔還是去世了。盧仲海一時手足無措，忽然想起招魂的禮儀，也許可以將叔叔從陰間喊回來。他也不懂什麼儀式，只能不停地喊叔叔的名字。連續不停地喊了幾萬次，奇跡發生了，盧纘居然活過來了。盧纘告訴侄子，當時自己迷迷糊糊的，被幾位陰差拖著，說是奉上司尹郎中之命，請他赴宴。來到一處豪宅，尹郎中親自迎接，擺下盛宴款待，陪客也是些官員。「左右進酒，杯盤炳曜，妓樂雲集」，盧先生吃得滿心歡喜。正高興的時候，聽到侄子呼喚自己的聲音，他當時已經目眩神迷了，也沒在意。吃了一陣，呼喚的聲音又傳過來，而且語氣悲戚，盧先生心裡就有些不安了，覺得在主人家也喝得差不多了，就起身告辭。尹郎中苦苦挽留。盧纘推脫說家中有急事，尹郎中只得放他回來，但是說明是暫時的，下次還要請他來做官。

盧仲海對叔叔說，既然招魂術有效，他們再來徵召，還可以喊回來。於是焚香準備著，正忙著呢，他叔叔又沒氣了。盧仲海像剛才一樣繼續呼喚，而且喊得更加「哀厲激切」，到天快亮的時候，盧纘又活過來了。他對侄子說，跟剛才一樣，尹郎中又請我大吃大喝，等我喝得七葷八素了，他拿出調令（方敕文牒，授我職），宣佈我的職務。這時又聽到你在喊，雖然想不起什麼原因，但聽到你的聲音就心裡難過，再次請求尹郎中放我回來。主人哈哈大笑，說，真是奇跡啊！就放我回來了。

盧纘心想，這麼來來回回的也不行，對侄子說，現在天亮了，「陰物向息」，而且據說鬼神也是實行屬地化管理的，不能越界，咱們這就起身離開，說不定能躲過這一劫。叔侄倆商議停當，收拾行李就坐船離開，果然此後再也沒事了。（《太平廣記》卷三百三十八「盧仲海」）

在所有拒絕、推脫冥府offer的故事裡，這是極少數成功的，而且採用的化解辦法又如此奇特。招魂儀式歷史悠久，早在冥府建立之前就很流行，但後來只是作為葬禮上的一個規定動作，並沒什麼效用。可是這卻成功地拒絕了冥府的調令。尹郎中說是奇跡，顯然也是出乎冥官之意料的。

為什麼會這樣？有鬼君試著瞎說幾句。馬克斯·韋伯說，古代社會的統治類型包括：卡里斯瑪（charisma，個人魅力）型、傳統型、法理型。冥府徵召官員，一般有正式的公文和執行人員，強調的是陰律的嚴格和權威性。實際上，陰律的嚴苛和嚴格在冥府執行得很堅決，連閻羅王也必須遵守，不得違犯。冥府統治的法理型特點是很鮮明的。但是如我們看到的，當被徵召者找出形形色色的理由來推脫時（這些理由往往涉及家庭倫理義務），卻能起效。也就是說，法理型的統治並不是嚴絲合縫的，對於傳統的要求，一般會留出不少縫隙。至於盧纘的情況，有鬼君更傾向於是卡里斯瑪型。因為，以家庭原因推辭徵召的情況，尹郎中肯定見得多了，他之所以要說是奇跡，多半是對招魂術這一原始的技藝能起效感到不可思議。在冥府日趨理性化的統治中，卡里斯瑪類型應該還有遺存。

三

《太平廣記》及其他志怪作品中有很多仙話故事，結尾往往會有固定的橋段，即仙界派仙鶴或龍作為坐騎，下界迎接得道的神仙。坐騎的數量不定，可能與神仙的級別並無關係。最初看到這類記載，覺得很沒意思，有些升仙者不過爾爾，卻在凡人面前耀武揚威。比如八仙過海，聲勢挺大，卻被地位不高的東海龍王阻攔，鬧得灰頭土臉的。後來慢慢才理解，對神仙的迎接儀式，具有強化神聖感的作用。

同樣地，被冥府徵召也很光榮，所以不少冥招故事都介紹了冥官履新的儀式：

南北朝時期，江蘇廣陵人劉青松，一早起來就見到有人穿著官服向他宣佈調令，「召為魯郡太守」，說完就不見了。第二天，這位官服哥兒們又來了，對劉青松說，您該辦入職手續了。劉青松知道自己命數已到，安排家事，沐浴更衣。到了晚上，就見有車馬停在門前，有侍從迎接，劉青松「奄忽而絕」。家人見到他魂魄出竅，坐上馬車，車子向南駛出，一會兒就隱沒不見了。（《幽明錄》）

這裡介紹的上任儀式比較簡略，但是還是可以看出，劉青松擔任冥府的太守，雖然調令宣佈得突然，沒有給他多少準備時間，但在配車、隨員安排上，都遵循一定的規格，並未輕忽。

在另一則故事中，吉礐石（曾擔任南朝宋初大將檀道濟的參軍）被冥府徵召，擔任泰山府君的主簿，大概相當於冥府辦公廳主任，權勢極大。他上任時「便見車馬傳教，油戟羅列於前」，除了配車，還有儀仗隊，顯然冥府很是看重。（《太平廣記》卷三百二十三「吉礐石」）

記載冥官上任儀式最為詳細的，大概是《宣室志》的「郤惠連」一文，當然，郤惠連入冥做的官也不小——擔任閻羅王！

郤惠連生活於唐代宗大歷年間，生前只是漳南尉，在唐代，大約只是九品官而已。可是，冥府用人確實不拘一格，直接任命為閻羅王。最初宣佈調令的也不是普通陰差，而是「衣紫佩刀」的組織部官員，調令也與眾不同，「以錦紋箱貯書……軸用瓊鈿，標以紋錦」。連官服也事先準備好了，是「象笏紫綬、金龜玉帶」。郤惠連又驚又喜，還來不及多問，迎接的儀仗隊就到了。有司儀進來稟告「驅殿吏卒且至」，然後就見「數百人，繡衣紅額，左右佩兵器趨入，羅為數行，再拜」。接著是五嶽陰兵將領覲見，又是幾百人進來拜見。這還沒完，司儀繼續宣佈，參加迎接新閻王儀式的官員還有「禮器樂懸吏、鼓吹吏、車輿乘馬吏、符印簿書吏、帑藏廚膳吏」，又是幾百人，連陰間的廚子、會計、馬夫都參與迎接。接見已畢，郤惠連出門上任，「數騎夾道前驅，引惠連東北而去。傳呼甚嚴。可行數里，兵士萬餘，或騎或步，盡介金執戈，列於路。槍槊旗旆，文繡交煥」。萬餘人的陰兵儀仗隊護送閻王上任，排面夠大。

到了冥府，依然有一整套繁文縟節的儀式，主要是辦公廳的秘書班子將各領域的冥簿呈上，表示權力的交接。最有意思的是冊立的文書，「又有玉冊，用紫金填字，似篆籀書，盤屈若龍鳳之勢」。

到了這會兒，郤惠連才意識到自己是回不了陽間了，不由得神色黯然。大秘開解他說，您這職位實在太高了，真沒啥遺憾的，不必再為陽間的家人擔憂了。

如此盛大的上任儀式，應該讓郤惠連震撼之餘，更深切體會到權力的滋味。所以，面對調令，他並未推三阻四。

除了權力的滋味，冥府徵召冥官時，也會展示美色的誘惑。宋人王傳在某地擔任稅務局局長。夢中被當地的土地爺相邀，土地爺對他說，我接到調令，要到別處上任，由您接任，所以想與您商量交接手續。王傳哪裡肯幹，極力推辭。土地爺說，上天的調令來了，是沒法拒絕的，再說，您能得到這個職務，也不那麼容易。說著向內堂招手，只見「有美人從中出，左右姬妾捧從圍繞，指曰：『此山妻也，當與交代。』……主人徐曰：『某今去此，不復攜妻孥，亦悉以奉贈。』」土地爺為了讓王傳安心上任，直接將土地爺之職務的福利展示出來。這福利倒也聳人聽聞，官太太實行的是配給制。前任官員離任時，什麼都不帶走，連妻妾都留給下一任。（《夷堅志》補卷十五「榷貨務土地」）

「天下為公」，只有冥府才真正做到了極致。

冥府為什麼不care全球化

民族國家之間的政治、經濟矛盾，是全球化必然帶來的結果，無可避免。這麼專業的國際關係及經貿問題，不是有鬼君可以胡說八道的，所以，有鬼君琢磨的是：冥府反全球化嗎？

至少從有鬼君目前看到的材料顯示，冥府對於全球化並無興趣。

當然，對這一說法需要細緻地闡述。全球化是一個現代概念，有鬼君寓目的材料都是傳統社會的，從傳統社會的特質推導出現代社會的性質，並非簡單下斷語就行。按照網路搜尋的結果，一般而言全球化是指全球聯繫不斷增強，人類生活在全球規模的基礎上發展及全球意識的崛起；國與國之間在政治、經濟貿易上互相依存。

根據這一定義，我們可以從三個方面討論冥府與全球化的論斷：民族國家、政治、貿易。

先說民族國家，這也是一個現代概念。傳統的冥府對此並無自主意識。還是要引一段以前常用的紀曉嵐的話：

人死者，魂隸冥籍矣。然地球圓九萬里，徑三萬里，國土不可以數計，其人當百倍中土，鬼亦當百倍中土，何遊冥司者，所見皆中土之鬼，無一徼外之鬼耶？其在各有閻羅王耶？顧郎中德懋，攝陰官者也，嘗以問之，弗能答。人不死者，名列仙籍矣。然赤松廣成，聞於上古，何後代所遇之仙，皆出近世？劉向以下之所記，悉無聞耶？豈終歸於盡如朱子之論魏伯陽耶？婁真人近垣，領道教者也，嘗以問之，亦弗能答。（《閱微草堂筆記》卷七）

紀曉嵐提出的問題是，為什麼中土之外有那麼大的地方，我們卻見不到國外的鬼？經常到陰間出差的人，也無法回答。之所以沒法回答，是因為他們沒見過。到了晚清，列強入侵中國，人們見慣了高鼻深目的洋人。陰間的洋鬼子也偶有出現。《清稗類鈔》記載，八國聯軍攻打北京時，有位滿人死後復生，追述自己在陰間的見聞，說是在地府見到很多新鬼，有中國鬼，也有洋鬼子，他甚至見到了三天前自縊殉國的體仁閣大學士徐桐，都在等著閻羅王過堂。

大致上可以作為陽間鏡像的冥界，其實也接受了天朝的天下觀，視遠離冥府管理之外的絕域為荒野，並不措意。一個很典型的例子就是地藏菩薩，《三教源流搜神大全》卷七說：

職掌幽冥教主，十地閻君率朝賀成禮。相傳王舍城傅羅蔔，法名目犍連，嘗師事如來，救母於餓鬼群叢，作盂蘭勝會，歿而為地藏王。以七月三十日為所生之辰，士人禮拜。或曰：今青陽之九華山地藏是也。按傳新羅國僧，唐時渡海，居九華山，年九十九，忽號徒眾告別。但聞山鳴石隕，俄跏趺坐於函中。洎三稔，開將入塔，顏貌如生，舁之動，骨節若金鎖焉，故曰「金地藏」，以是知傳者之誤。

關於地藏菩薩的來歷，有多種說法，據學者研究，其中以新羅國王族和古印度婆羅門兩說最為流行。不論哪一種說法，都是傳統語境中的夷狄之民進入中國後，成為冥府的精神領袖。在冥府判案時，佛教徒下冥界撈人的情況遠多於道教徒，很大程度上就是因為有地藏撐腰（漢地佛教傳自西域，但已為天朝所吸納，不必以夷狄文化視之）。可以這麼說，冥界早已超越了狹隘的民族國家觀念，反倒是二十一世紀身處陽間的我們，很難接受某個民族國家永遠的精神領袖是外籍人士。

我們再看政治問題。拋開意識形態、國體、政體，單看治理水準，天朝冥府佔據了絕對的優勢。冥界封閉與否，對於抵禦外敵，並沒有什麼效用，否則一八四〇年第一次鴉片戰爭期間，英國軍艦就轟不開中國國門了。真正重要的是，我中華冥府在政治、經濟、文化等各個領域的發展，都遠勝境外敵對勢力。如果說中華冥府的發達程度相當於盛唐，那麼中華之外的敵對勢力，大多只發展到山頂洞人階段。特別要強調的是，這裡說的是冥府的發達程度，也就是社會組織的發達程度。在具體的個體上，全球的鬼都是平等的，我中華之鬼當然不能歧視他們。

中華冥府的管理水準高得多，比如人鬼與精、怪、妖等都分別歸類，有不同的進階等級、有特定的機構管理。即使偶有溢出秩序之外的殭屍、狐狸精等，無論天庭還是陽間，都有很多辦法規訓他們。

中華冥府既然具有遠超其他國家和地區的管理水準、組織能力、動員能力……那麼對於它來說，所謂的境外敵對勢力根本就是微不足道的，甚至可以說，境外的鬼，根本不成其為勢力。我決泱天朝，想開放就開放，想封閉就封閉。

比較冥界的治理能力，天朝的領先程度以千年計。在此情況下，全球化對於冥府根本毫無意義，或者說，中華冥界即全球，信奉天朝冥府就意味著全球化。

第三就要說到貿易問題。饒有意味的是，冥界的貿易極不發達。鬼學研究的大神欒保群先生甚至認為，陰間幾乎沒有什麼經濟方面的材料。全球化帶來的貿易交流，對陰間來說也是毫無意義的。至於因為商貿活躍帶來的稅收觀念，在冥府看來，也是多此一舉。

有個叫王十的，有天晚上背著一袋食鹽趕路，被兩個巡邏的士卒抓住。王十知道不經許可運食鹽是重罪，以為這是官方特許的鹽商抓他，苦苦哀求。士卒說，我們不是給鹽商打工的，是陰差，抓壯丁幹活，也不會要了你的小命，幹完活就放你還陽。王十問去陰間做什麼，陰差說，閻羅王新上任，發現奈河淤積、陰獄的廁所堵塞，所以派我們到陽間捉拿小偷、造偽鈔的、私鹽販子三種人疏浚河道，捉文藝工作者洗廁所（故捉三種人淘河：小偷、私鑄、私鹽；又一等人使滌廁：樂戶也）。

王十到了閻王殿，閻王核查冥簿之後，對陰差大發雷霆：「私鹽者，上漏國稅，下蠹民生者也。若世之暴官奸商所指為私鹽者，皆天下之良民。貧人揭錙銖之本，求升鬥之息，何為私哉！」所謂的私鹽販子，是指偷漏國稅，敗壞民生。陽間的貪官奸商指控的那些私鹽販子，其實都是良民。窮人老百姓小本經營，求子母生息，維持生計，怎麼能說是私鹽販子呢？說著，罰兩個陰差自掏腰包買四鬥鹽，連同王十被扣下的食鹽，一起代為送到他家。（《聊齋志異》卷十一「王十」）

閻王的判例很值得分析，冥府的政治正確，並不是收到多少稅，而是老百姓能否安居樂業、底層的民眾能否維持生計。實際上，在志怪小說中，幾乎找不到冥府收稅的材料。有鬼君在《鬼世界的九十五條論綱》中有兩條提到經濟方面的情況：

26. 由於鬼世界的職能側重於道德教化和司法審判，所以經濟職能處於從屬地位。
27. 由於經濟職能處於從屬地位，且可以分享人類社會幾乎所有發展成果，甚至這種分享是無限的，因此鬼世界沒有發展經濟的動力。

也就是說，冥府並不在意經濟的發展速度、國家財政的收支平衡之類資料，而更在意的是整個冥界社會的公平與正義，就這個角度來說，即使到了今天，冥府對全球化也是不care的。借用一位歷史學者的話，冥府看重的不是民族國家、全球化這些花裡胡哨的概念，而是天下觀視野下的蒼生意識。

冥府為什麼不辦大學

教育改革政策不斷推出，有鬼君看著新政策，懊悔不已：自古巫醫不分，以有鬼君的古文閱讀能力，如果當初去學中醫，特別是針灸專業，現在該多傲嬌啊。

至於冥府為什麼不願辦大學，這其實是個偽命題，因為現代意義上的大學，晚清時才引入中國，志怪小說中當然不會有什麼反映。不過，古代的太學、國子監，在陰間也沒有出現，這就值得琢磨了。志怪小說所反映的冥府的面貌並不完備，比如關於經濟、農業、教育的材料非常少。因此，單從有鬼君所見的少量材料，就斷言陰間沒有大學，也許有點武斷。有鬼君的思路是，從對陰間社會的整體把握來切入。

首先要說明，冥府其實很看重讀書人。《小豆棚》卷十一「沈耀先」條說：「冥司最重讀書人，且讀書者門路多。嘗見有小過犯，輒見朱衣人來關白人情。此時冥官多係陽世讀書者，往往以曲為直而徇蔽之。」這段話有幾點可以引申，一是讀書人門路廣，有座師、同年、同鄉等人際關係網路，而且，這些人往往為各地的冥官，其權勢自然遠勝農、工、商諸業。在對五倫比陽間更加重視的冥界，讀書人階層顯然地位特殊。二是冥官多係陽間讀書者。冥府公務員主要來自陽間，這也是有鬼君以往多次強調的。這才是最關鍵的。

我們知道，中國古代的科舉教育是為選官而設的，冥府如果辦太學、國子監，培養的鬼才卻無法在冥府就業，當然也就沒有辦學的必要和衝動了。

當然，從本質上說，教育不是為了解決就業。從國家視角來看，是提高全民族的素質；從個人的視角來看，也許是靈魂的覺醒或昇華。可是這一目標放在陰間，瞬間就不適用。我們眼裡的終極目標或困惑，在陰間可能只是常識。作為文科生，有鬼君談不了理工科這些現代科學，只以文史哲這些傳統人文之學為例來簡單探討下。

唐代天才詩人李賀的遭遇，大家都很熟悉。因為無法參加進士考試，二十四歲就鬱鬱而終。《夷堅丁志》卷二十「李賀」記載，李賀的生母鄭氏在他死後，哀毀過度，一日，李賀托夢給母親，說自己不能通過科舉出仕、光大門楣，雖然很遺憾，但並非因此早逝，而是被天帝召至仙界了。「上帝，神人仙之君也。近者遷都於月圃，構新宮，命曰『白瑤』，以某業於詞，故召某與文士數輩共為《新宮記》。帝又作凝虛殿，使某輩纂樂章。今為神仙中人，甚樂。願夫人無以為念。」

李賀因為詩寫得好，被最高領袖召去寫命題作文，奉旨錦上添花，按照現在的說法，應該稱為「桂冠詩人」。唐代第一流的鬼才詩人，在冥府（仙界）看來，不過是具備頌聖的資格而已。

除了桂冠詩人，還有桂冠書法家。清代蘇州人楊賓擅長書法，六十歲的時候病死又復生，他對家人說：這是仙界書府命我參加書法等級考試。玉帝寫了一部《紫清煙語》，但抄寫的人太少，所以遍召人間擅長書法者。我也不知道考得怎樣，如果入選，就得去仙界做抄寫員，沒法活了。家人問起書府裡的排名，他只說了兩人，索靖排第一，王羲之排第十。過了三天，空中傳來仙鶴的鳴叫聲，楊賓聞之黯然：「真後悔，沒能像前輩書法家王僧虔那樣藏拙，因為一手字，害得丟了性命。」說完瞑目而逝。（《子不語》卷二「紫清煙語」）

而王僧虔的典故，出自《南齊書．王僧虔傳》：

孝武（宋孝武帝劉駿）欲擅書名，僧虔不敢顯跡。大明世，常用拙筆書，以此見容。……泰始中，出為輔國將軍、吳興太守，秩中二千石。王獻之善書，為吳興郡，及僧虔工書，又為郡，論者稱之。……太祖（蕭道成）善書，及即位，篤好不已。與僧虔賭書畢，謂僧虔曰：「誰為第一？」僧虔曰：「臣書第一，陛下亦第一。」上笑曰：「卿可謂善自為謀矣。」

楊賓的故事裡還有幾個有意思的點：抄寫語錄是有門檻的，字寫得不好，再怎麼努力也沒用；書府收羅了古往今來的大書法家，全養起來給玉帝抄書；冥府（仙界）所謂的科考，不是選官而是選筆桿子，他們對文以載道、書家風骨沒什麼興趣，就只是抓文人出臺。李賀與楊賓的差別只在於水準高低，所以前者可以免試。

至於史學，冥府是絕不可能重視的。道理很簡單，對陰間來說，由於有業鏡和心鏡等各種監控設備，陽間發生的所有事情，無論巨細，理論上都有記錄。即使是人性幽微之處的心理活動，也逃不過心鏡。換句話說，人類的歷史進程，陽間的史家鉤沉發隱做出各種不同闡釋，但在陰間壓根就是透明呈現的，史學的意義已經被抽空了。

不過，事情也有兩面性，因為陽間的人受各種限制，沒法完全呈現史實真相，所以陰間的鬼往往會借生人之口代言。《子不語》卷六「王介眉侍讀是習鑿齒後身」記載：撰《三國志》的陳壽「黜劉帝魏，實出無心，不料後人以為口實」，對曹魏和司馬氏有不少溢美之詞。劉知幾大罵他「記言之奸賊，載筆之凶人，雖肆諸市朝，投畀豺虎可也」，妥妥地扣上一頂歷史虛無主義大帽。陳壽托夢給清人王延年，告訴他，幸好後來有習鑿齒撰《漢晉春秋》為自己辯解，而王延年恰好為習鑿齒的轉世，又正在撰述史學著作《資治通鑒紀事本末補》，勉勵他努力澄清真相。王延年不負所托，八十歲時完成著述。

這個故事仔細琢磨挺有趣。陳壽究竟是不是「載筆之凶人」，冥府肯定早有定論。身為鬼魂的他如此耿耿於懷，其實是希望能在陽間給自己正名。史學工作者如果相信鬼世界，工作恐怕就沒法做了，因為那些歷史人物很可能會從幽冥世界走出來，不斷要求這樣那樣的修正。事實上，鬼魂現形要求給自己平反的事，志怪小說中有很多記載，只是沒遇到幾個史家而已。

說到哲學，可能在陰間更沒地位。哲學作為智慧之學，核心問題就三個：你是誰？你從哪裡來？你到哪裡去？這對於鬼世界來說，簡直就不成問題。自從宋儒對鬼神定義為「二氣之良能」，此後的儒學之士多持無鬼論。因此鬼魂對這些儒生往往極不尊重，戲弄、摧折、詬詈所在多有。在此只舉一則例子：

邊隨園征君言，有入冥者，見一老儒立廡下，意甚惶遽，一冥吏似是其故人，揖與寒溫畢，拱

手對之笑曰：先生平日持無鬼論，不知先生今日果是何物？諸鬼皆燦然，老儒乩縮而已。（《閱微草堂筆記》卷四）

古代的學科當然不是按照文史哲分類的，有鬼君為敘述方便記，強作解人。不過大致可以看出，冥府對知識的增長沒有什麼需求，而靈魂的喚醒或救贖，在陰間如吃飯穿衣一般普通。所以無論從最高目標還是最低目標來看，冥府雖然尊重知識、尊重讀書人，但對辦教育肯定毫無興趣。更不用說分成太學、國子監、書院、鄉學……這麼多層級。

借用柏拉圖的洞穴理論，陽間的人就像洞穴中的囚徒，只能看到影子，會認為影子才是真實的世界。而鬼魂則走出了洞穴，不僅能看到影子，還能看到真實的原物，甚至看到產生影子的太陽。鬼魂也許會同情那些活著的人類，並試圖解救他們。不過，沒幾個活人願意用死亡來解救自己。

在冥府，止於至善才是最高目標。這個目標肯定不是明星大學感興趣的。

冥府有多少小秘書

這幾年風光無限的大數據最近水逆，臉書、今日頭條都被抨擊。直接點兒說，這次的水逆，既涉及隱私，又涉及演算法。

冥府對於冥簿的管理，其實就是對大數據的管理，既包括個資，也包括演算法（記錄）。欒保群在《捫虱談鬼錄》的「野調荒腔說冥簿」介紹：「冥府簿籍，除了僅注壽夭大限者之外……有關的簿籍還有很多種，僅說重要的，就有備案食料、利祿、功名的，有隨時記錄善惡、功過的，還有勾捕生魂的名冊，登錄死鬼的戶籍……」

這麼龐大的細節資料，而且絕大多數是我們現在認為是個人隱私的資訊，稱之為大數據，一點不為過。而且，以有鬼君閱讀體驗來判斷，這個大數據的管理採用的可能是區塊鏈的雛形，即分散式資料存儲、點對點傳輸、共識機制、加密演算法等。

冥簿的資料庫有多大，志怪小說中當然沒有給出具體的統計資料，但是從零星的記載中可以推算出來。《朝野僉載》卷六說，唐代濟源縣尉杜鵬舉入冥，在冥官的幫助下，查看了自己的個資：

遂引入一院，題云「戶部」，房廊四周簿賬山積，當中三間架閣特高，覆以赤黃幃帕，金字榜曰「皇籍」。餘皆露架，往往有函，紫色蓋之，韋鼎云：「宰相也。」因引詣杜氏籍，書簽云「濮陽房」，有紫函四，發開卷，鵬舉三男，時未生者，籍名已俱。

唐代某判官何某入冥：

見其庭院廊廡之下，簿書雜亂，吏胥交橫。何問之，使者曰：「此是朝代將變，升降去留，將來之官爵也。」（《太平廣記》卷一百三十六「潞王」）

唐文宗大和年間，秀才李敏求入冥：

過大廳東，別入一院。院有四合大屋，約六七間，窗戶盡啟，滿屋唯是大書架，置黃白紙書簿，各題簽榜，行列不知紀極。其吏止於一架，抽出一卷文，以手葉卻數十紙，即反卷十餘行，命敏求讀之。其文曰：「李敏求至大和二年罷舉。其年五月，得錢二百四十貫。側注朱字，其錢以伊宰賣莊錢充。又至三年得官，食祿張平子。」（《太平廣記》卷一百五十七「李敏求」）

唐穆宗長慶年間，大理評事崔龜從入冥：

行及西廟，視廡下牖間，文簿堆積於大格，若今之吏舍。有吏抱案而出，因迎問之：「此當是陰府，某願知祿壽幾何。」吏應曰：「二人後且皆為此州刺史，無勞閱簿也。」（《太平廣記》卷三百八「崔龜從」）

某朝一耿直男入冥：

循西廊而行，別至一廳，文簿山積，錄事中坐，二使以譔入白，錄事以朱筆批一帖付之，其文若篆籀不可識。（《剪燈新話》卷二「令狐生冥夢錄」）

這些記載都強調冥簿如「山積」，數量龐大，而且採用模組式管理，比如第一條中，裝「皇籍」的架子特別高，還有黃色布帛蓋著，意味皇族檔案級別高，宰相的檔案只能用紫色布帛。

另外，冥簿的隱私記錄極為詳盡、細緻：

唐東陽人張瑤死後入冥，因為他曾供養和尚，那和尚到冥府撈人，對判官說，張居士頌《金剛經》三千遍，功德已入骨，又抄寫《法華經》，積福甚多，命不該死。判官就命陰差取冥簿來核對，先取來司命簿，陰差查驗後報告說，張瑤的名字已經被紙帖蓋住，命數已絕；又取來太山簿，名字也被蓋住了；再去本部的閣內取來冥簿，陰差報告說，這裡張瑤的名字只蓋住一半，命數未絕。判官說，將三處冥簿匯總，說明張瑤「六分之內，五分合死」，不應該復生還陽，因為他積攢功德，所以准許再回人間。（《太平廣記》卷三百八十一「張瑤」）

《聊齋志異》卷七「劉姓」中，一個姓劉的鄉紳作惡多端，卻能還陽：

一人稽簿曰：「此人有一善合不死。」南面者閱簿，其色稍霽，便云：「暫送他去。」數十人齊聲呵逐。余（劉）曰：「因何事勾我來？又因何事遣我去？還祈明示。」吏持簿下，指一條示之。上記：崇禎十三年，用錢三百，救一人夫婦完聚。吏曰：「非此，則今日命當絕，宜墮畜生道。」

冥簿對善惡的記錄極其詳細：哪一年，做了什麼事，花了多少錢，都清清楚楚。在其他的故事中，還有酒量多少、能否喝醋等記錄，可見事無巨細。

與現在大數據都是存儲於伺服器不同，冥簿採用傳統媒介記錄，對於裝幀也有講究：

其簿式樣，全如四縫笠尊折角，排列金星，歷歷粲耀。（《夷堅三志》辛卷一「吳琦事許真君」）

冥曹姻緣簿載我夫婦一節，因裝砌時釘入夾縫，曹椽翻忙迫，往往遺漏。（《小豆棚》卷十六「邵士梅」）

如此龐大的資料庫，純人（鬼）工處理，其工作量可想而知。那麼，究竟有多少鬼在從事冥簿的記錄、整理、審核工作呢？可以大致推演一下。《鬼世界的九十五條論綱》的第十二和第十三條有這樣的說明：

12. 由於鬼世界的主要功能為道德教化和法律審判，因此其主要官方機構為閻羅殿和陰獄（法院和監獄）。

13. 由於鬼世界的主要機構為閻羅殿和陰獄，因此冥官主要集中於司法（含執法）部門。

也就是說，整個冥府的公務員，主要集中於司法部門。在司法部門中，除了閻王、判官這些領導之外，下屬的陰差或冥吏可以分為兩類：一類是外勤，即我們熟知的無常、夜叉、牛頭馬面之類，他們主要負責拘拿生魂、傳遞文書、執行刑罰等。還有一類則是內勤，其工作就是冥簿的記錄、整理、修改、審核。

生人在陰獄一日遊，志怪小說中有很多記載。不過這種警鐘長鳴式的現場教育，主要出鏡的是外勤。比如：

徘徊甚久，聞堂上樂作，其聲漸近。女妓數百人，自屏後出，各執樂具，服飾甚都，擁金紫貴人，乘涼輿，徑至廳事，絲管競作，喧轟動地。貴人就坐，女妓環列左右，忽拊掌一聲，悉變為牛頭阿旁之屬，奇形醜貌，可怖可愕。所坐之榻，化為大鐵床，向來金石絲竹，皆叉矛鑽鑽物也。百鬼爭進，剝其衣碎之，屠割焚炙，備極慘楚。號呼宛轉，不可忍視。如是移時，又悉拊掌，則鬼復為妓，床復為輿，叉矛復為金石絲竹，貴人盛服如初，奏樂以入。（《夷堅乙志》卷九「李孝壽」）

這數百的外勤，看著貌似很壯觀，有人偶爾見到過錄、審核冥簿的內勤隊伍：

頃有過錄，乃引出闕南一院，中有絳冠紫霞帔，命與二朱衣人坐廳事，乃命先過「戊申錄」。錄如人間詞狀，首冠人生辰，次言姓名年紀，下注生月日，別行橫布六旬甲子，所有功過，日下具之，如無，即書無事。趙自窺其錄，姓名、生辰日月，一無差錯也。過錄者數盈億兆。朱衣人言，每六十年，天下人一過錄，以考校善惡，增損其算也。（《酉陽雜俎》卷二「玉格」）

這裡提到「過錄者數盈億兆」，無論指的是後臺的內勤，還是需要過錄的資料，都大得驚人。在純手工錄入的情況下，還要每六十年全部重新過錄一次，需要的人力之巨，可以想見。

大致可以總結說，冥府的資料庫，體量極大，而且全部由內勤手工完成。冥府的公務員中，至少有一半在執行錄入、審核業務。這也許是「無一差錯」的重要原因。

神界也閱兵

閱兵起於何時，是如何定義的，有鬼君不是很清楚。按照自古以來的傳統，春秋時就有「觀兵以威諸侯」的說法，有點炫耀武力的意思。這種做法在春秋時期很常見，算是夠早了。還有一類軍隊誓師的儀式，似乎也可算是閱兵，比如《逸周書．世俘解》中有「辛巳，至，告以馘俘。甲申，百嗌以虎賁誓命伐衛，告以亳俘」。翻譯過來大致是：「辛巳日，侯來歸至王所，彙報殺敵數及生俘者。甲申日，伯算率勇士誓師，受命伐衛。派人向武王彙報殺敵數及生俘者。」古代的帝王出巡，某種程度上可以看作第三類閱兵，比如秦始皇東巡、康熙南巡，場面都很大，多少帶有武力威懾或炫耀國力的意味。

至於鬼神界，炫耀武力以及誓師大會性質的閱兵很少見，這大概是因為他們無須靠閱兵來提高自信心。不過有一次規模盛大的閱兵式被記錄下來了，《韓非子．十過》記載：「昔者黃帝合鬼神於泰山之上，駕象車而六蛟龍，畢方並鎋，蚩尤居前，風伯進掃，雨師灑道，虎狼在前，鬼神在後，騰蛇伏地，鳳皇覆上，大合鬼神，作為清角。」翻譯過來的意思是：「從前黃帝會合鬼神在泰山之上，駕著六條蛟龍拉的象牙車，木神畢方護在車轄兩旁，蚩尤在前面開路，風伯向前掃出灰塵，雨神接著清洗道路，虎狼在前面，鬼神在後面，騰蛇（又名螣蛇）趴在地下，鳳凰在上面飛翔，大規模地會合鬼神，因此製作成清角的樂曲。」

黃帝的這個神界閱兵式，不僅有強大的陸軍，更有強大的空軍，如果一定要找出海軍，那六條蛟龍勉強可算是海軍航空兵吧。

因為神界的閱兵式並不容易見到，為了展示神界的力量，人們在陽間採用了山寨閱兵式，即賽會。賽會是中國比較傳統的民俗。每年的固定日期，大家抬著神像遊行，繡著神靈名字的大旗在前開道，後面跟著儀仗隊以及龍燈、高蹺等表演。明清以來，隨著城市的繁榮，社廟的興建也應運而生。每座社廟供奉的神相當於社區的守護神（當然，如今的社區基本沒有社廟，都改成棋牌室了）。

每逢賽會，各社廟都不會放過炫耀自家神仙的機會，往往將迎送神仙的活動演化為盛大的娛樂節目。杭州的賽會尤其有特色，各社廟不僅比排場，更要比各自所供奉的神仙的級別。

清代道光年間，在杭州有座施將軍廟（這座廟的遺址現在還保留，離杭州鼓樓約一百米）。施將軍的原型是南宋的一個下級軍官殿前司小校施全，岳飛被害之後，他激於義憤，刺殺秦檜未成，也被殺害。杭州人就在十五奎巷建了一座社廟紀念他，此後一直香火不絕。

施將軍雖號稱將軍，但只是個小校，級別太低。賽會時幾乎每尊神像都比他級別高。怎麼辦？廟裡的工作人員（廟鬼）想了個辦法，派人到龍虎山張真人那裡，花三百兩銀子為施將軍捐了個伯爵的爵位。張天師的認證，那是全國各地都承認的。從此每次賽會將施伯爵的像抬出去，「極儀從台閣之盛」，趾高氣揚。其他廟鬼見了都稱羨不已。

在賽會的另一塊場地，則有另一場較量。當年「泥馬渡康王」的那匹馬，因為立下大功，被封為白馬明王，廟鬼甚至給他起名「趙駿」，以示屬於皇家賜姓。因為級別很高，所以遊街時也是意氣揚揚。白馬明王一路行來，所過之廟，「皆以愚弟帖拜之」。沒想到拜到一座社廟時，起了糾紛。那座社廟供奉的正是康王，康王廟的廟鬼大聲鼓噪：「你們的神不過是我們康王的坐騎，有什麼資格稱兄道弟？無禮至極！」堂堂宋高宗趙構竟然淪為社區保護神，已經夠不可思議了，而廟鬼只認他登基前的身份，更令人稱奇！

在第三塊賽會場地，爭鬥就更加有趣了。當時杭州賽神有一條基本規矩，社神遇到比自己官爵高的，必須快速通過，以示尊重，稱為「搶駕」。因為關羽在明代被封為協天大帝，所以關帝像在賽會上向來橫衝直撞，目中無神。這一回廟鬼抬著關帝像要經過宗陽宮（宗陽宮為一道觀，位於現杭州中河橋），宗陽宮所供奉的社神是玉帝，與關帝同級。按照規矩，關帝無須搶駕，完全可以大搖大擺地過去。可是宗陽宮的廟鬼（可能就是道士）對此早有不忿，準備了妙招。他們連夜趕塑了一座諸葛亮的像放在門口。等關帝像大搖大擺地過來，宗陽宮廟鬼上前質問：「孔明軍師在此，關將軍未奉將令，怎麼能擅自出行啊？」關帝廟的廟鬼相顧失色，遇到軍師，關二爺無論如何是要低頭「搶駕」的（《庸閑齋筆記》卷八「廟鬼慢神」）。

從神界閱兵式上的級別大比拼可知，落入凡間的神，最終還是服從人間的規則。施將軍可以花錢迅速提高神格，而其他人居然也認可。關羽在神仙界地位很高，諸葛亮在神界遠不如他，可是靠著當年的威勢，竟然比玉帝還管用，愣是壓得關二爺認栽。而道士們臨時徵調非本教的外援，絲毫沒覺得跨界有違和感。

實際上，賽會雖然是神格的比拼，但神格之外的附加因素都有可能左右比拼的結果。社鬼雖然玩出各種匪夷所思的招數，但他們還是有原則的。比如，我們可以看到，他們不會故意違背民間傳說、通俗小說中的評價體系。關羽的神格再高，當年也得服從諸葛軍師的調派；社鬼不願將康王升格為宋高宗以大殺四方，可能正是因為他們熟知《說岳全傳》。

誰有資格跟冤魂談正義

古代冤案的平反，很多時候，只是由於製造冤案和阻止冤案昭雪的官員們政治上失勢了，有些人甚至身陷囹圄，所以，不但不會對仍在高位上的重量級人物造成負面影響，甚至還可以顯示「有錯必糾」的風格。也就是說，這個時刻昭雪，政治上不但不會失分，還可能賺了。

越過法律的邊界，很多事情就好理解了，平反算不算遲到的正義，那是法學、政治學等專業人士討論的話題，有鬼君想說的是，冤魂並沒那麼容易撫慰。

《史記．魏其武安侯列傳》講的故事大家都很熟悉，魏其侯竇嬰在與武安侯田蚡的權力鬥爭中失敗，與其下屬灌夫兩人都被殺。第二年春天，「武安侯病，專呼服謝罪。使巫視鬼者視之，見魏其、灌夫共守欲殺之。竟死。」《漢書．竇田灌韓傳》的記載略有不同：「蚡疾，一身盡痛，若有擊者，呼服謝罪。上使視鬼者瞻之，曰：『魏其侯與灌夫共守，笞欲殺之。』竟死。」但大致的意思是一樣的，竇嬰和灌夫死後，冤魂不散，抓住田蚡狠揍，即使田蚡拼命道歉也沒用，直到將其打死，怨恨才解開。

在這個著名的報仇故事中，田蚡以認罪道歉的方式，洗脫了竇嬰、灌夫的罪責，但這並無法化解怨恨。相比於中古或其後的果報故事，冤魂是親自動手的，一方面說明漢初的冥府建設尚未完備，任由著冤魂自行復仇（以後也有自行復仇的，但更多的是陰差索命，更講究法治了）；另一方面冤魂以現形的方式報仇，對於因果報應觀念的傳播是很有幫助的。

轉世輪迴法則興起之後，冤魂的報復就更加複雜了。

安徽休寧縣有個姓黃的商人，養了一條狗，這條狗「馴而且黠，能解人意」，黃員外非常喜歡，即使出遠門也要帶著這條狗。有一次他出門做生意，經過浙江淳安縣，在一座寺廟投宿。廟裡的老和尚接待他，一見那狗就大吃一驚，問：「居士奈何豢此冤畜！」黃員外錯愕不已，請老和尚一定要解釋解釋。老和尚說：這狗和您有前世的冤仇，很難化解，看情形很快就要報仇。黃員外嚇得魂飛魄散，忙懇求化解之道。

老和尚說：你回家後，用平日常穿的衣服紮成人形，到第三天晚上，等狗睡著了，把衣服做的假人放進被子裡，自己躲到外面去。這狗找不到你，一定會憤而自盡。你把它的屍體掛在深山老林的樹上，讓其自然銷化。這樣大概可以化解。黃員外回到家，按照老和尚的辦法處理，果然那狗找不到他，把被子、假人咬得稀爛，狂吼狂跳而亡。黃員外將其屍體掛在深山裡，過了一個月，屍體就僅存一具骨架了。

他再去廟裡叩謝老和尚，老和尚說：你確實按照我吩咐的做了，可是狗的怨氣太深，還未消散，又轉世成蛇，明早還要來找你算帳。你遇著老衲，也是緣分。我一定給你徹底化解。於是從廚房拖出一口大水缸，讓黃員外鑽進去，又用盆子扣上，在盆子上貼滿符咒。第二天一早，果然來了一條大蟒蛇，繞著水缸轉了好幾圈，就是撞不開。蟒蛇憤怒之下，「自裂其身寸斷」，再次自殺。老和尚放出黃員外，說：你的大冤已化解，不過，這冤鬼把滿腔憤怒轉移到我這裡了，怪我多事，將來要跟我為難的，不要緊，老衲自有辦法對付。

黃員外感激不盡，此後果然沒再出事。（《里乘》卷三「夙冤」）

冤魂歷經多次轉世而凝聚不散，是因為前世的仇始終沒有報。老和尚雖然法力深湛，但也沒法完全化解，只是將鬼的怨氣移到自己身上而已。而在冤魂報仇的過程中，時間從來就不是問題，他們等得起。

明孝宗弘治元年，南京朝天宮的一個年輕道士，忽然膝蓋上的皮肉收縮，疼痛不已。而且白天不怎麼疼，一到半夜就疼得死去活來。更詭異的是膝蓋上的皮肉逐漸凝聚成人臉的樣子，「耳目口鼻靡不具足」，小道士又怕又愁。他遇到人就給別人看，想找到大夫調治。有天晚上，小道士正哼哼唧唧地疼著呢，有個二、三尺長的小人出現在他面前，問：你認識我嗎？小道士說不認識。小人說：你不記得在宋朝的事嗎？那時你是都統制（軍官），我在你部下當差，你因為私人恩怨，不僅以莫須有的罪名殺了我，連我一家十七口人全都殺了。我找你找了三百年了，此等深仇大恨豈能不報？第二天，道士就疼死了。（《志怪錄》「朝天宮道士」）

三百年確實很長，但我們任何時候都不要低估冤魂那執著的怨念。

冤案將來還會有，平反也未必只有這一次。正義該如何定義，有鬼君也不關心，對人間的正義更不抱什麼奢望。在有鬼君眼裡，冤魂能否被撫慰，人間的人說了不算。

有鬼君記得在《碧血劍》第九回中，袁承志為化解焦公禮與閔子華的恩怨，與仙都派比劍獲勝，贏了閔子華的宅院：

焦公禮道：「閔二爺寬宏大量，不咎既往，兄弟感激不盡。至於賭宅子的話，想來這位爺台也是一句笑話，不必再提。兄弟明天馬上給兩位爺台另置一所宅第就是。」

青青下頦一昂，道：「那不成，君子一言，快馬一鞭，說出了的話怎能反悔不算？」

眾人都是一愣，心想焦公禮既然答應另置宅第，所買的房子比閔子華的住宅好上十倍，也不稀奇，何必定要掃人顏面？這白臉小子委實太不會做人了。

焦公禮向青青作了一揖，道：「老弟台，你們兩位的恩情，我是永遠補報不過來的了。請老弟台再幫我一個忙。兄弟在南門有座園子，在南京也算是有名氣的，請兩位賞光收用，包兩位稱心滿意就是。」青青道：「這位閔爺剛才要殺你報仇，你說別殺我啦，我另外拿一個人給你殺，這個人在南京也算是有名氣的，請閔爺賞光殺了，包你殺得稱心滿意就是。他肯不肯呀？」

如果沒有官員因為辦了冤案而人頭落地，有鬼君絕不相信冤魂會安寧。

為什麼冥簿從未被盜？

冥府的公文我們可以稱為冥簿，就是記錄陽間人類行為以及壽夭、福祿的卷宗。卷宗被盜，在陽間即使不常見，也偶有發生，甚至最高法也不例外。可是，有鬼君翻遍志怪小說，從未看到一則冥簿被盜的記載。

為什麼會這樣？因為冥界沒有小偷，還是監控失靈？都不是。因為既沒法偷，也沒有必要偷。

先說沒法偷，在《北東園筆錄》三編卷三「效職冥中」的故事中，是這樣描述冥簿的記錄工作：

（郭汪燦）曾效職冥中，若各館供事者，然其屋軒廠高大，中設長案，多人列坐，又若考棚童生之應試也。所司之冊甚大，皆毛頭紙裝訂，每頁界為三段，上注其人之生前衣祿，中注其善惡，下注其歸結及年壽。其人若將有不善之念，必有人持小紙來報，即書於冊，閱日改悔，又來報，即勾銷之。事之紛煩，日不暇給。

按照這個記載的描述，冥簿的記錄造冊如同流水線的工廠一般，多人沿著長條桌坐著，不斷記錄陽間人的生死禍福，有細小的善惡之念或行為，都會被記錄在冊。「事之紛煩，日不暇給。」一年三百六十五天全年無休的血汗工廠，也不過如此。先前「冥府有多少小秘書」章節裡有提到《酉陽雜俎》卷二「玉格」關於冥簿的記載，可知冥簿的記載不僅事無巨細，而且實行的是零報告制度（「如無即書無事」），就是說，即使這一天無功無過，也得記錄。零報告則意味著，每天都要記錄。眾目睽睽，且時刻在使用，冥簿怎麼可能被盜呢？有時陰差誤拿了冥簿，洩露天機，也要受到嚴厲懲處，遑論偷走？

即使活人入冥，雖然有參觀冥府的常規節目，但冥簿的記載，未經允許也不能隨意窺探。《太平廣記》卷一百五十七「李敏求」一則記載，李敏求入冥，正巧遇到故人在冥府擔任判官。故人為了打消他的非分之想，給他看了看冥簿的部分記載：

因命左右一黃衫吏曰：「引二郎至曹司，略示三數年行止之事。」敏求即隨吏卻出。過大廳東，別入一院。院有四合大屋，約六七間，窗戶盡啟，滿屋唯是大書架，置黃白紙書簿，各題簽榜，行列不知紀極。其吏止於一架，抽出一卷文，以手葉卻數十紙，即反卷十餘行，命敏求讀之。其文曰：「李敏求至大和二年罷舉。其年五月，得錢二百四十貫。側注朱字，其錢以伊宰賣莊錢充。又至三年得官，食祿張平子。」讀至此，吏復掩之。敏求懇請見其餘，吏固不許，即被引出。

即使是上司之友，陰差也嚴格按照指令，只給他看了兩三年的祿命，其餘的都不能看。類似的記載很多，可見冥簿管理之嚴格。

說完沒法偷，再說說沒必要偷。冥簿雖然很重要，但冥府的制度設計，絕不會只靠冥簿處理案件。你以為他們就沒有正卷、副卷嗎？

先前「冥府有多少小秘書」章節裡有提到《廣異記．張瑤》的故事，從中可見冥簿有三個本子，即黃簿、太山簿、合內簿。而且不是簡單地將正卷複製兩份副卷，很可能三份冥簿是各自記錄評判，且權重相同。就像拳擊比賽有三個裁判打分一樣。閻王為了讓張瑤還陽，終於在第三份冥簿中找到做順水人情的根據。當冥簿有三份正卷，且分別記錄、分別保存，你覺得偷掉一份冥簿還有用嗎？

好吧，假設有神偷真的能一股腦偷掉冥簿的所有正卷、副卷，還是沒法阻止閻王判案。因為冥府除了冥簿，還有業鏡，即錄影重播制度。所以紀曉嵐說：「夫鬼神豈必白晝現形，左懸業鏡，右持冥籍，指揮眾生，輪迴六道，而後見善惡之報哉？此足當森羅鐵榜矣。」（《閱微草堂筆記》卷六）

「左懸業鏡，右持冥籍」，這麼多的卷宗記錄，還是以多媒體形式記錄的。所以冥簿是否被盜，其實毫無影響。

冥府的卷宗，既無法偷，也沒必要偷，冥府的頂層設計，真心厲害！

閻羅殿約談技巧

在《冥府的司法冤案》篇章中，提到活人入冥後復生的五種情況。本文要說的就是第五類情況。根據百度上的內容，誡勉談話的定義是：主要針對領導主管存在雖不構成違紀但造成不良影響，或者雖構成違紀但根據有關規定免予黨紀政紀處分的問題，由上級組織對其進行談話教育，防止小毛病演變成大問題。其目的在於對主管進行教育、提醒、警示，不屬於組織處理。

陽間人被閻羅殿約談，當然也是因為言行上有一些錯誤，並且會被處罰，但罪不至死。只不過，要跨界到冥府去把問題說清楚，這種約談或誡勉談話的方式，其震懾力是相當大的。

南宋紹興年間，住在湖州的周階，夢中被逮捕到官府，只見一個身穿紅衣的判官正在審案。廳堂四周還坐了幾十個穿綠衣服的官員，雙方都很客氣。看樣子，這群綠衣官員是外地來參觀學習的觀摩團。周階被帶上來，一位陰差問他：你為什麼這麼愛吃牛肉？不知道殺牛傷農嗎？判官下令打他板子，幾個陰差就要將其拽出去。周階大聲呼號求饒：從今以後再也不敢吃牛肉了，不僅自己不吃，全家都不吃。這時，那些綠衣官員紛紛站起來給他說情。判官臉色轉好，讓陰差放他回去。周階醒來後，嚇得滿身冷汗，此後恪守不吃牛肉之禁忌，還時時勸誡鄰居朋友也別吃。（《夷堅乙志》卷一「食牛夢戒」）

顯然，在這個故事中，冥府召周階入冥，主要是為了對他進行訓誡，原本就打算放他回去的。參觀團的那些官員，無非是與判官唱個雙簧而已。否則怎麼可能連板子都不打？當然，這次訓誡的效果相當好。

另有一則被冥府約談的故事，也涉及飲食。南宋人聶進，全家信奉道教，飲食上有些禁忌。比如「四禁食」，指的是禁食牛肉、烏龜、鴻雁、狗肉，還有禁食「五葷四辛」，五葷指大蔥、韭菜、大蒜、芸薹、芫荽，四辛是指花椒、茴香、八角、辣椒四種調料。聶家都嚴格遵守這些禁忌，只有聶進，偏愛吃這些東西。父兄勸誡，也不聽。他二十二歲時，得了嚴重的傷寒，有青衣陰差將其拘入冥府，有意思的是，他進冥府一路暢通，陰差只要通報說聶進來了，守門人就連聲催促，上級等了很久了，快點進去。到了廳堂上，拜見三位冥官，冥官嚴厲中飭聶進：你既然修道，為何要犯忌？父兄多次規勸也不聽，這些葷腥食物有什麼好的？聶進嚇得直哆嗦，連忙伏地請罪：蒙大人訓誡，草民一定斷食禁忌。如有再犯，罪死不赦。三位冥官說，如果真能做到，這就放你回去。聶進還陽之後，口鼻大量冒血，傷寒症才逐漸痊癒。（《夷堅丁志》卷十五「聶進食厭物」）

與上個故事類似，冥府也並不想殺聶進，而且從他入冥的過程看，冥官明顯是要約談訓誡他，等他做出承諾，立刻放他還陽。當然，身在陽間的聶進還是受到了輕微的懲罰。《廣異記》「張縱」故事，說的也是因為貪吃生魚片被冥府約談的情況，不過，張縱雖然性命無憂，受到的懲罰更嚴厲一些。

總的來看，飲食問題相對比較輕微，所以冥府採用了約談訓誡的形式。有些人錯誤較為嚴重，約談的形式就更加嚴苛：

清代杭州人陳以逵，擅長討亡術，就是有人死了之後有未了的事，其子孫想問清楚，就花大錢請他作法，選六歲以上的男童入冥打探。討亡術的要訣，是陳以逵能命令土地爺在陰間為男童引路。可是，使喚鬼神謀私利——即「役鬼」，在冥府是重罪，要受到嚴懲的。童男入冥後，往往因為土地爺不堪被使喚，反過來訓斥童男，或者故意領著他「見斷體殘肢猙面惡鬼提頭擲骸遍滿馬前」，小孩子常常嚇得再也不敢去了。

可是陳以逵法力高強，又教童男殺鬼的劍法，童男遇到惡鬼，念訣舞劍，竟然在冥界殺得眾鬼嗷嗷亂叫。有一次，童男殺鬼之時，遇到關帝爺，被關帝爺嚴厲訓斥：「我念以逵老奴才奉太上玄宗之教，故不忍即滅其法。汝可傳諭他，以後倘敢再行其術，我當即斬其首。」叫小朋友去傳話，不准陳以逵再濫用法術，還命令周倉在小朋友背上狠狠打了一記。小朋友大叫醒來，此後再也不敢替陳以逵作法了。此後的結局是，陳以逵怙惡不悛，最終被殺。（《續子不語》卷四「討亡術」）

這個故事中，誡勉談話雖然是通過童子轉達，但從語氣的嚴厲程度看，已經是最後通牒了。因為從冥界的視角來看，利用法術役鬼神牟利，屬於嚴重犯罪行為。關帝爺當然不會殺童子，但我們可以明顯感覺到與上兩則故事中冥官的態度，判然有別。

以上說的都是因為行為失檢，被冥府約談。下面要說的故事，先前在「走邪路的鬼」篇章已經提過，主角因為發帖妄議被約談的情況，不過結果卻出人意料。

清代關中有位姓劉的刀筆吏，口舌便給，擅長寫狀子及法庭辯論。因為他父親、叔叔都在一次大瘟疫中去世，劉某大怒，寫了帖子在城隍廟燒化，他在帖子裡痛斥傳播疫情的疫鬼，在執法過程中殘暴無情。於是，城隍爺某天約談他：「天災流行，實亦人所自致，汝何喋喋如此？況瘟疫掌之明神，其權操於上帝，予且不能左右於其間，草莽小民，竟敢以狂言相懟耶？」瘟疫的傳播，是上天按照計畫發佈的，我城隍爺爺只有執行的義務，沒有質疑的權利，你只不過是底層民眾，有什麼資格對上天的部署說三道四？有什麼資格要求上天資訊公開？

劉某振振有詞：既然生死有命，上天何必還造出瘟疫來呢？難道這些人非得死於瘟疫嗎？你們所謂的命運就是這麼一刀切的嗎？城隍被他問得沒話說，只好求救於疫神部門。疫神部門給出了解釋：瘟疫是依照規章制度，由上天安排的。只是因為「部下諸鬼，止知行疫，而傳染者或失輕重，未免濫及無辜。已命……大使，複加檢查矣」。問題主要出在負責執行的疫鬼沒有做好，使得不該死於瘟疫的人也被弄死了。現在各層級首長都很重視這件事，會嚴加監督。疫鬼還與劉某簽訂協定，日後以更為人道的方式在人間傳播瘟疫。（《螢窗異草》三編卷三「訟疫」）

劉某雖為社會一般輿論所鄙視的刀筆吏，但是他在與疫鬼交涉之時，說了這麼一段話：「所以忘死而與公等訟者，誠以好生者天，正直者神，公等奉行不善，罪且莫逭。予縱死亦不為公等屈。」

本來是城隍爺要對他進行誡勉談話，結果不論是在鬼理上，還是氣勢上，都被他徹底壓倒。在有鬼君所見的冥府約談故事中，可能是唯一一次有理有禮有節並且取得勝利的人鬼對話。事實上，劉某去世後，「里人祀為疫仙，迄今猶祈禳不絕」。可見民心所向。

閻王爺的退休制度

很多人都不太清楚冥府中閻羅王的官制問題，正因為很多人以為閻王是終身制，所以忽略了一個重大的關節，退休後的閻王去哪裡？有鬼君翻檢手邊的材料，對閻王退休之後的問題，也因此有了更深的瞭解。

首先我們要區分兩種類型的閻王制度：一是臨時工性質的暫代，相當於現在的代總統；二是正式任命的。

臨時工性質的案例是：「杭州閔玉蒼先生，一生清正，任刑部郎中時，每夜署理陰間閻王之職。」（《子不語》卷十六「閻王升殿先吞鐵丸」）閔先生白天在陽間做刑部郎中，晚上則到冥府代理閻王。只是文中並未提到兼職是否有額外的報酬。在《聊齋志異》卷三「李伯言」中，也提到了代理閻羅王的情況。山東沂水人李伯言，得了重病，拒絕服藥，告訴家人說，因為「陰司閻羅缺，欲吾暫攝其篆耳」。《聊齋志異》卷三「閻羅」說：「萊蕪秀才李中之，性直諒不阿。每數日輒死去，僵然如屍，三四日始醒。或問所見，則隱秘不泄。」後來有人走陰差，才知道李秀才隔三差五地失去知覺，也是到冥府代理閻羅王之職，至於所做的工作，就比較單調搞笑了，每次就是把在地獄受罪的曹操提出來，打二十大板。蒲松齡還引申說：「阿瞞一案，想更數十閻羅矣。」看起來，這些代理閻王，主要是監工而已。

有人因此對代理閻王制度非常生氣，《續客窗閒話》卷二「權閻羅王」曾介紹，一位元書生被徵召去代理閻羅王，儀式感很強，十六位判官以及無數的陰差在下面畢恭畢敬。可是，所有的案子都由這些判官辦理，這位書生「坐遠，不知所審何詞，第見一起畢，則卷案送呈，青衣吏接展案上，僅露年月，請生以朱筆某日書行，即持去，不使見獄詞也」。就是像傀儡一樣，只負責簽字畫押，連具體的判決書都看不到。所以作者憤憤不平地說：「夫何以生人署閻王之職，而又不使之主政，則十六官皆可代也，何用生為？」只是讓書生掛閻王的名分，完全沒有任何權力，那十六個判官完全可以自行做主，找秀才來有什麼意思呢？

這種代理閻王的情況，連加班費都沒有，當然沒有退休或離職的問題。至於正式的閻王，當然值得仔細探究。

《五雜組》卷十五曾搜羅了擔任過閻羅的名人的情況：「人有死而為閻羅王者，如韓擒虎、蔡襄、范仲淹、韓琦等，皆屢見傳記。而近日如海瑞、趙用賢、林俊，皆有人於冥間見之。人鬼一理，或不誣之。劉聰為遮須國王，寇準為浮提王，亦此類耳。」這些只是見諸記載的，雖然文獻不足，但不少蛛絲馬跡都表明，閻羅王是有任期的。比如：

楊四佐領者，性直而和，年四十餘，忽謂家人曰：「昨夜夢金甲人呼我姓名，云：『第七殿閻羅王缺無人補，南嶽神已將汝奏上帝，不日隨班引見，汝速作朝衣朝冠候召。』予再三辭，金甲神曰：『已經保奏，無可挽回，但喜所保者連汝共四人，或引見時上帝不用，則陽壽尚未絕。』言畢去。」（《子不語》卷十四「楊四佐領」）

刻聞閻君將轉生人世，地府缺員，限以三日之期盡結舊案，君能得我公卿翼，同宿數宵，或藉以免亦未可料。（《螢窗異草》三編卷二「龐眉叟」）

「閻羅亦更代否？」曰：「與陽世等耳。」「閻羅何姓？」曰：「姓曹。」（《聊齋志異》卷五「上仙」）

冥中新閻王到任，見奈河淤平，十八獄坑廁俱滿，故捉三種人淘河：小偷、私鑄、私鹽；又一等人使滌廁：樂戶也。（《聊齋志異》卷十一「王十」）

蔡襄病革，與化守李遘夢神人紫綬金章，自雲欲迓代者。遘詢之，神曰：余閻羅王，蔡襄當代我。明日蔡襄薨，遘挽之曰：不向人間作塚宰，卻歸地下作閻王。（《堅瓠餘集》卷四「閻王」）

以上這些材料足以證明，閻羅王如人間的官僚一樣，都是有任期的。只是任期的長短，暫時還未看到具體的材料。

接著就要說到閻王退休的去向，其實在前引的「閻君將轉生人世，地府缺員」中，已暗示了去向，即任職期滿，要轉世為人，再進入輪迴之中。幸運的是，有鬼君找到一則材料，介紹了閻王離職之後的生活：

杭州有個張秀才，因為行為失檢，在地方上的風評很差。他曾有次痛毆某村的女巫，揚言「若我作閻王，必斬汝」。不久，女巫果然頭上發疽而死，所以人們都叫他張閻王。

過了幾年後，有陰差將其帶至冥府，因為女巫在陰間狀告他，所以拘傳他錄口供。冥官說，雖然張秀才毆打女巫是為了制止封建迷信，並無不妥，但他也不是正人君子，所以要求他將自己生前所做的惡一一自首。張秀才執筆開始寫，一張供紙的兩面都寫滿了，還未寫完。冥官說，這些案底就足夠了，你自己想想，應該判你什麼罪。張秀才想了想說，該遭雷劈。冥官說：「不足蔽辜，當擊三次。」要連遭三次雷劈。

說著，冥官命陰差將殿中的簾子捲起來，張秀才一看簾後的神，原來就是自己的模樣。他恍然大悟，原來自己前身就是閻王，又輪迴到了人世。鄉民稱他張閻王，也是命中註定的。他還陽之後，「改過為善，一洗前非」。不過，三次雷劈還是沒有逃過，每次都讓他生不如死。（《續子不語》卷三「張閻王」）

有鬼君推測，歷任閻王在離職之後，轉世為普通人，湮沒無聞，這可能是史無記載的原因。但這則記載說明，離職之後，閻王就是一介草民而已，雖然已在生死輪迴中走了一遭，同樣沒有豁免權。這樣看來，薩科齊、李明博等下台政治人物被清算，也沒有什麼值得同情的。

閻王爺離職記

每年春節將近，在大城市上班的人除了返鄉，也許還在考慮跳槽問題。相對來說，企業公司員工跳槽很簡單，而機關、事業單位的員工離職手續複雜一些。至於官員，甚至是高級官員的離職，就不是手續複雜的問題了，往往身不由己。

那麼，冥府的官員甚至高級官員，是否也有離職的願望，離職手續是不是複雜呢？有鬼君以往說過，冥府從來就沒有實行過工作終身制，即使閻羅王也有任職期限，不過，期滿卸任與主動離職還不是一回事。在有鬼君讀過的志怪作品中，很少見到閻羅王提及離職的願望。這並不能說明那些閻王個個都做得開心，因為一般入冥的人能被閻王接見一次就不錯了，怎麼可能知道對方的職場規劃。但是下面這個神奇的故事，竟然描述了冥府的最高領導人閻羅王及泰山府君離職的過程，可算是冥府政治史研究的重要史料：

南宋末年，宋度宗朝的宰相馬光祖於一二七三年去世，四年後，他的一位門客林月溪也無疾而終。林月溪當時被陰差領著，來到一處官舍，上面寫著「泰山府君之殿」。進得殿中一看，居中坐著的竟然是自己的老上司馬光祖，不由大吃一驚。馬公遇到故人，也很高興，將他帶入內堂，敘談舊事。林月溪問馬公，不知我因何罪，被陰差追攝到這裡？馬公說，我現在擔任泰山府君，因生前家中有一疑案，請你臨時過來做個證人。你的陽壽還長，待會兒就會送你回去，只要別吃這裡的東西就行。說著又談到另一位忠烈殉國的宰相江萬里。馬公介紹說，江公在這裡擔任閻羅王，於是領著林月溪去拜見。林月溪見到江萬里，不由感慨：您生為宰相，死後為閻王，可謂功德圓滿。江萬里皺著眉頭說：「沒為鬼官，是豈予心所欲哉？」誰想在冥府做官啊！林月溪腦筋靈活，連忙問：我回去後，要做什麼功果，才能幫助兩位先生離職呢？也好報答兩位生前的恩德。兩位高官相視了一下，對林說，既然你如此盛意，請還陽之後，到南昌府，請西山道院的徐道長為我們設齋醮，也許可以感動天帝，讓我們「出離鬼官」。

林月溪滿口答應，在冥府出庭之後還陽，找到了徐道長，請他安排齋醮。徐道長生性放蕩不羈，一張嘴就要林出一百二十貫錢做道場。拿到錢之後，他給紙鋪三十貫定制紙錢。剩下的，全部用來大吃大喝。吃了一個月，林月溪已等得不耐煩了，這哥們才在道觀打坐齋醮。同時把三十貫定制的紙錢，一天就全部燒化完畢，然後對林月溪說：恭喜林翁，善功圓滿。林月溪對徐道人這等敷衍的做法極為憤怒，要不是冥府的兩位恩公囑咐，早就要破口大罵了。沒想到，三天後，兩位恩公托夢給他：得徐道人齋醮之功，已找到接班人，我們可以「出離幽關」，轉世投胎去了。如此神速，看來徐道人是有真本事。（《湖海新聞夷堅續志》後集卷一）

這個故事非常有意思，有鬼君的第一個困惑是，徐道士吃喝玩樂，齋醮也隨意敷衍，卻能迅速地辦理好閻羅王、泰山府君的離職手續，這是怎麼回事？有鬼君請教了道教學者陶金，據他解釋，徐道士所行的是太極內煉法，其實不是齋醮，而是一種結合內丹的煉度法。完全沒有任何外部形式，只是打坐，即能超幽。

再看冥府的職官問題。泰山府君之職大約出現於東漢，主管生死與靈魂，算是第一代的冥府之主。而閻羅王隨著佛教進入中國，逐漸本土化，形成具有中國特色的冥府系統。曾經有冥吏簡單介紹過冥府的官制：「道者彼天帝總統六道，是為天曹；閻羅王者，如人間天子；泰山府君，如尚書令錄；五道神如諸尚書。」（《太平廣記》卷二九七「睦仁蒨」）按照現代官制簡單點說，閻羅王是總統，泰山府君是總理。

接著來的問題就是，為什麼閻羅王和泰山府君，會不約而同地想要離職。江萬里先生還說：「沒為鬼官，是豈予心所欲哉？」在一個正常有序的國家，有誰做總統做得這麼不情願？誰不想向天再借五百年？更誇張的是，還帶著總理一起不幹了？江萬里生前曾為宋度宗朝宰相，元軍攻打南宋，七十七歲時，「饒州城破……萬里竟赴止水死。左右及子鎬相繼投沼中，積屍如疊」（《宋史》卷四一八）。率全家子孫一百八十餘人投水殉國，何等英烈！他之所以在冥府擔任閻羅王，大概也是因為一門忠孝。死得如此從容壯烈，為什麼死後卻不願在冥府為官？

陰間的價值觀

冥府有完整的官僚系統，這是我們都知道的，可是，冥界遵循怎樣的主流價值觀，或者說，冥界的意識形態是什麼？陰間不像陽間，無論什麼主義都有一套或多套的經典著述來闡釋。更重要的是，價值觀是高於日常生活的，我們不能僅憑陰間成員的言行就簡單地演繹出一套價值觀來，那樣太不靠譜了！

辦法還是有的，冥界也使用文字，在一些特別的場合，陰間的文字可以將那裡的主流價值觀，或明或暗地表達出來。這就是冥府大門口常見的對聯。

陰間當然不擅長刷標語，但是冥府大門貼對聯是很普遍的。只不過，能流傳到陽間的卻很少，這是因為入冥之人只有復活，才能及時將內容傳達給陽間的親朋好友。而那些到陰獄一日或數日遊之後復生的，往往會大談陰間的刑罰如何血腥恐怖、因果報應如何有效、死去的親屬如何生活，甚至是個人命運已被安排，但很少有人會留意大門口的那些宣講文字。

最可氣的是蒲松齡，《聊齋志異》卷三的「閻羅」條說，萊蕪的一個秀才李中之，每隔一陣就假死三、四天才醒來，問他什麼都不肯說。直到有一次，同村的張生也入冥之後死而復生，才知道李秀才因為「性直諒不阿」，被冥界招為輪班閻羅王。冥界「門殿對聯」，張生「俱能述之」。可是，他竟然一個字都沒記下來。

還好，在卷六「考弊司」條中，他詳細地記錄了某位冥界遊覽者所述的地府匾額以及對聯：大堂的兩邊各有一座石碣，分別寫著「孝悌忠信」和「禮義廉恥」，堂屋的柱子上的對聯是：「曰校、曰序、曰庠，兩字德行陰教化；上士、中士、下士，一堂禮樂鬼門生。」考弊司大約是選拔士子出仕的機構，對應於陽間的什麼部門，一時還說不清。這副對聯的意思是，以「德行」（即孝悌忠信、禮義廉恥）來教化世人，而各類讀書人是鬼王的門生。當然，這個故事反映的是陰間的官場，但主流價值觀是孝悌忠信及禮義廉恥，這是沒什麼疑問的。

陰間對於對聯的重視，實際上就是對主流價值觀的宣講，一點不亞於我們對於標語的重視。明末南昌人徐巨源，曾於崇禎年間中進士，以書法知名。某天在路上被一陣狂風攝入雲中，原來是冥府修造宮殿，想請這個書法家去題寫對聯。徐巨源跟著冥官到了閻王府，見他們已經擬好了詞，只是還沒寫（冥府的對聯還需要從陽間臨時聘請書手，可見有多看重）。對聯是「作事未經成死案，入門猶可望生還」，橫批是「一切惟心造」。這條對聯顯然是針對那些剛到陰間報到的，意思是說，只要做人、做事有底線、有節操，到了閻王殿還是有可能活著回去的。橫批更是將這一關節講清楚了，按照現在的說法，就是走心比走腎更重要。（《子不語》卷八「徐巨源」）

梁章鉅的《楹聯三話》卷上「城隍廟聯」中也有類似的對聯。蘇州人王某在寧夏做官，但是因為涉及冥府官司，夢中被拘押至蘇州城隍廟。他在夢中看到，城隍廟大門口的對聯是：「處世但能無死法，入門猶可望生還。」大殿中的柱子上寫的是：「地獄空留點金簿，人心自有上天梯。」後面一聯說的是，如果一心向善，地獄也不會收留，可以直接升仙的。如果用術語來表示，這反映的是一種樸素唯心主義的價值觀。

另一處對聯強調的則是陰間司法的公正。清代杭州人趙京，因為與弟媳婦家的丫鬟私通，把對方肚子搞大了。家人懷疑到他弟弟頭上，而且丫鬟也誣陷他弟弟，趙京又不肯承認。他弟弟無以自明，一時想不開，竟然上吊自殺了。

兩年後，趙京被陰間捉去對質，到了冥府，見柱子上的對聯是「人鬼只一關，關節一絲不漏；陰陽無二理，理數二字難逃」。本來，按照陰律，趙京要被判死刑的，可是陰間有位故人說情，將其放回還陽了。而且，冥官還指責他弟弟說：「趙某身為男子，通婢事有何承認不起？而竟至輕生，亦殊可鄙。」典型的直男癌口吻。（《子不語》卷十「趙文華在陰司說情」）

這副對聯表達的意思，一方面強調天網恢恢疏而不漏，另一方面，則表明陰律和陽律是通用的。也就是說，無論陰間還是陽間，遵循的是同一個基本法律理念，而且非常嚴密。不過，對比這個故事的結局與對聯所表達的公正期待，顯然頗具諷刺意味。

從這些對聯所反映的陰間價值觀來看，並沒有那麼複雜，無非是正心、誠意、修齊治平這些傳統儒家的觀念，而且相對更側重陸九淵、王陽明等心學的那一路。但我們要知道，這些展示出來的價值觀，主要是用來教化陽間來報到的人類。打個最簡單的比方，寺廟、道觀門口那些對聯，難道不是給參觀的凡人看的嗎？

陰間的軍隊

劉慈欣的科幻小說《三體》中，為了抵禦三體人的進攻，地球人制定了面壁計畫，其中第一位面壁人泰勒的計畫是，尋找最不畏懼的軍人，駕駛飛船近距離向三體部隊發射球狀閃電和宏原子武器，使整支部隊坍縮為不死不活狀態的無敵的量子幽靈。只是，他的計畫被破壁人識破，因而未能成功。

對大部分文科男來說，量子幽靈的概念很難理解。當然，反過來說，在很多理科男眼中，古籍可能也像天書一樣佶屈聱牙。之所以這麼說，是因為我們完全可以把量子幽靈理解成志怪小說中常見的「陰兵」，即陰間的軍隊。《夷堅丁志》卷六的「翁吉師」條，就是一個與泰勒的面壁計畫非常相似的故事：

南宋崇安縣的一位翁姓巫師，因為能請神附體，非常靈驗，為鄉里所看重。紹興三十一年（一一六一年）九月，附體的神仙突然說要出遠門，不再從事預測工作。鄉民苦苦哀求，神仙說：因為今年金兵大舉入侵南宋，上天命令天下所有的城隍廟，各自率領所部陰兵北上抗金。事實也確實如此，那一年金海陵王完顏亮篡位之後，發四路大軍南侵，結果在年底慘敗而歸，自此形成宋金對峙的局面。也是在十二月，附體的神仙再次顯靈，說是戰事完結，各路神祇亦回歸本位。

這個故事暗示我們：陰間有大量的常備軍。類似的記載很多，如《太平廣記》卷三四六「劉惟清」條介紹，唐穆宗長慶年間，曾有人見到多達五、六萬的陰兵。按照常理，陰間社會的運轉遠比陽間守規矩，陰間的鬼魂對於因果報應、輪迴轉世乃至生死問題的認識都清晰無比，再加上閻羅殿能處理各種矛盾，只要有少量武裝人員維持治安即可，根本無需大規模的軍隊。

仔細推敲那些陰兵的故事，我們發現，陰兵主要是用於陽間社會，他們都是為活人服務的。比如梁武帝天監年間，北魏名將楊大眼率軍南侵，結果因淮河水忽然暴漲，在鐘離（安徽鳳陽）被梁軍以水火夾攻打敗。可是按照《太平廣記》卷二九六「蔣帝神」條的說法，這次離奇的漲水，正是由於蔣山神蔣子文率陰兵助戰的結果。戰爭結束後，人們發現蔣神廟裡的泥塑像腳上全是濕漉漉的。在很多關於大量陰兵出現的記載中，都伴隨著陽間的重大戰役，顯然不是無緣無故的。

除了軍事作用，陰兵還承擔了救災搶險的任務。據《太平廣記》卷三五二引《北夢瑣言》，當時漢江的一條小支流，因為泥沙壅塞，河道狹窄。一支陰兵部隊負責「開穴口江水，士卒踣沙，手皆血流」，人工疏通河道，士兵們雙手都受傷流血。類似的場景，我們再熟悉不過了。而陰兵唯一所謂的擾民活動，不過是臨時徵召了一些家庭婦女到陰間為士兵做飯，工程結束後她們也立刻還魂。如果不是其中一位復生者的追述，恐怕沒人想到河道突然疏通的原因吧？

當然，並非所有的陰兵都承擔正能量的任務，《搜神記》卷五的「王佑」條提到的陰兵，從事的任務就略顯驚悚。

魏晉時期，散騎侍郎王佑生了重病，命在旦夕。正在等死的當口，有陌生人來訪，來人自報姓名，原來是位擔任過別駕的社會賢達。這人對王佑說：今年國家有大事發生，我和其他十幾位被緊急動員，徵召為趙公明將軍的部將備戰。王佑一聽，趙公明（按，財神），這是什麼鬼？馬上意識到來人就是陰間的軍官，來徵召自己參軍的。那人繼續說：我現在領兵三千，需要參謀處理文牘事宜。你反正也活不了多久了，部隊上這麼好的職位，你不該放棄啊！

王佑照例用上有老母，下有小兒推辭。那人倒也通情達理，說回去請示。第二天再來，竟然說上峰准許他暫不服役，而且還帶來幾百個鬼，為他驅邪治病。王家敲起鑼鼓，「諸鬼聞鼓聲，皆應節起舞，振袖颯颯有聲」。折騰了一晚，王佑的病果然慢慢痊癒了。此後，歷經戰亂和疾病，都安然度過。在王佑生病之前，曾有謠言稱：「上帝以三將軍趙公明、鐘士季各督數鬼下取人。」王佑這才明白，這並不是謠言。鐘士季就是鐘會，三國時領兵征蜀，因叛亂死在亂軍中。

故事中提到的趙公明，就是後來我們熟知的財神。不過在魏晉時期，他卻是在部隊服役。那麼他們徵召士兵做什麼呢？道教典籍《太上洞淵神咒經》曾提道：「又有劉元達、張元伯、趙公明、李公仲、史文業、鐘仕季、少都符，各將五傷鬼精二十五萬人，行瘟疫病。」也就是說，趙公明的正職是瘟神。他所統帶陰兵，是在各地行瘟疫的疫鬼。我們或者可以稱為生化部隊。

可是，從後來記載中對疫鬼的描述看，他們已不再是軍事武裝。而且，也不歸屬天帝直接指揮，而是交由地府的閻羅王統領。可資佐證的是，這幾位統領生化部隊的瘟神，後來都脫下了軍裝。其中趙公明擔任榮譽性的玄壇大將，在各部會歷練之後，進入財政部擔任財神。很可能，在地府的初創時期，一度實行的是軍管體制，隨著社會穩定，逐步裁軍，幾位瘟神的經歷，就像當年五馬進京一樣，當然，一馬當先的是趙公明。

總的來說，陰間社會自有一套維穩體系以及全民共識，他們雖然有龐大的常備軍，但主要針對的是陽間，是作為陽間的補充而存在的。只有整日打打殺殺的陽間社會，才需要靠不斷的軍備競賽以維持統治。

陰間也有上級巡視

有鬼君周圍絕大部分的人不相信鬼世界的存在，他們都是理性、堅定的唯物主義者。在有鬼君看來，鬼世界是古人心中「想像的共同體」，古人能想到的，鬼世界多半也會有，比如政治運作的基本規則，比如上級巡視。

古代的中央對地方的巡視始於漢代，《漢書》說漢武帝「初置刺史部十三州」，顏師古注：「《漢儀》雲：初分十三州，假刺史印綬，有常治所。常以秋分行部，御史為駕四封乘傳。到所部，郡國各遣一吏迎之界上，所察六條。」上級巡視人員所檢查的六種情況，主要是針對高官及其子女。至於冥府，當然也存在腐敗，而且很顯然，這些腐敗都事關生死。請看一例：

清代貴州人尹廷洽被陰差索命，準備去冥府報到之時，土地神暗示他「倘遇神佛，君可大聲叫冤，我當為君脫禍」。果然，在天神獅子大王的干預下，對他的死亡通知書進行複查。複查的過程較為繁複，但也頗講究程序正義。原來尹廷洽的族叔尹信死後在冥府做文書，其侄子尹廷治命數已到，尹信為救侄子，在族中找到名字相近的，將死亡通知書上的「治」悄悄改為「洽」，導致陰差出錯。事情搞清楚後，尹廷洽被放還陽，而尹信則被「發往烈火地獄去受罪矣」（《子不語》卷十「獅子大王」）。

這個故事對複查流程的介紹很細緻，不過因此也大致可以判斷，這次腐敗事件並非制度腐敗，而是個別的鬼出現了鬼迷心竅所致。獅子大王雖然處理了這起冤案，但他只是路過，屬於臨時接待上訪。實際上，冥府自有一套巡視的規範。

唐代平陽駐軍有個衙將劉憲，性情耿直，有膽有識，軍中諸將都很佩服他。有天晚上，有位白衣使者說府君召見他，可是沒有權杖。劉憲心想，又不是軍情緊急，哪有半夜召見的？怒斥使者，結果使者出門幾步就不見了。劉憲意識到這是陰差來找自己索命的，轉念又一想，生死有命，沒什麼可怕的。果然，半夜時分，那白衣使者又來了，劉憲就跟著他到了冥府。

冥官見了他很客氣，降階出迎，寒暄之後說：因為知道老兄是有膽有識的漢子，所以想請你到陰間做官。劉憲問擔任什麼職務。冥官說：「地府有巡察使，以巡省岳瀆道路，有不如法者，得以察之，亦重事，非剛烈者不可以委焉。願足下俯而任之。」就是讓他擔任冥府的「上級巡視組」組長之職。這裡很明確地指出了「巡視組」的職責，是巡察各地的山神、水神以及土地神等各級官員。而且很顯然，因為這個職務非常重要，所以必須由性格剛毅的人擔任。

有意思的是，這個「巡視組」組長的職務竟然是有備用人選的。劉憲明確表示，自己不能勝任，冥官很惋惜，於是找了名單上的備胎——洪洞縣吏王信，然後派陰差將劉憲送回陽間。過了幾天劉憲出差到洪洞縣，向縣令談及此事，縣令說，確有王信這人，前幾天剛剛去世。看來，王信是到冥府上任了。（《宣室志》「劉憲」）

在另一個故事中，唐朝的士人常夷與生於南朝的秀才鬼朱均結為生死之交，一人一鬼非常投契，「數相來往，談宴賦詩，才甚清舉，甚成密交。夷家有吉凶，皆預報之」。後來常夷病重，朱均告訴他，這是冥府徵召他去做官：「司命追君為長史，吾亦預巡察，此職甚重，尤難其選，冥中貴盛無比。生人會當有死，縱復強延數年，何似居此地。君當勿辭也。」（《太平廣記》卷三百三十六「常夷」）朱均說自己在冥府也負責巡察之職，巡察既包括查貪腐，也包括舉賢才，頗有兩漢時刺史之古風。

《太平廣記》卷一百零三「李丘一」條也提到，「五道大神每巡察人間罪福」，五道大神即五道將軍，是閻羅王的主要助手。同時還具有監督閻羅王判案或糾正不公行為的莫大權力，甚至可以代替閻羅王決定世人的壽限。需要說明的是，冥府和人間都受天界的管轄，所以除了陰陽兩界各有自己的「巡視組」之外，天界還有中央「巡視組」，專門巡察下界的貪腐問題。

南宋湖州姓張的富翁，女兒長得很漂亮，可是十八歲時忽然有鬼魂附體，每日渾渾噩噩。張先生請巫醫也治不了。當地有位道士，擅長驅鬼，有人推薦給張先生。可是這位道爺也不是鬼魂的對手。道士羞愧難當，出來走到橋邊，不知不覺打了個盹。恍惚間，他魂魄出神，正好遇見九天採訪使巡察，就上前求救。使者微微一笑：「可用金橋訣治之。」金橋代表「金勾搭橋」，是法事中的手指功訣。道士得了使者的指點，果然制服了作祟的鬼魂。（《夷堅支志》丁卷二「張承事女」）

這個故事中提到的九天採訪使，從頭銜上看，顯然是隸屬於中央巡視組的。除了此類定期巡視的監察神之外，我們還經常見到使者來往於天界與冥界之間，傳達天界的會議精神，從宏觀和微觀上指導冥界各項工作。

陰間的最高法律是自然法

地府最為我們熟知的機構就是閻羅殿，勉強相當於法院，這說明陰間的司法系統是最重要的。當然，陰間的法律體系不是瞬間建成的，這個過程很長。我們可以舉幾個例子來以管窺天。我們知道，陰律中最大的特色就是因果報應。不過，因果報應也常常需要得到許可，申訴、許可、執行報復應該是基本的模式。而向誰申訴，不同的時代是不同的，這就可以看出法律體系逐漸建成的過程。

春秋時期，晉國內亂數十年，直到晉文公重耳上臺才結束。內亂的起始是太子申生被迫自殺，申生死後六年（前六五〇年）秋，晉國大臣狐突前往晉國陪都曲沃，忽然遇到現形的申生，申生對狐突說，夷吾（申生的弟弟晉惠公）無禮，我已經請求天帝並且得到同意（「余得請於帝矣」），準備把晉國給予秦國，秦國將會祭祀我。狐突回答說：「神不歆非類，民不祀非族。」這麼做的話，您的祭祀也會斷絕的。這樣的處罰不當，請您考慮一下！申生說：好，我會向天帝重新請求。過七天，新城西邊將要有一個巫師傳遞我的意見。

等到約定狐突去的那一天，巫師告訴他說：「天帝允許我懲罰有罪的人（『帝許我罰有罪』），他將在韓原大敗。」（《左傳．僖公十年》）

我們可以注意括弧中的兩句引文，說明申生是向天帝申訴自己的冤屈，同時也是得到了天帝的許可，才能報復弟弟，而且改變報復的結果，也需要向天帝請示。那麼，問題就來了，申生為什麼非要向上帝請示呢？難道天庭沒有相關部門嗎？要是每個冤魂都去天帝那裡申訴，天帝不是要忙死嗎？

申生的故事並不是孤例，比如顏之推的《還冤記》，是一本宣揚因果報應的志怪小說，裡面很多申訴、上訪，就是直通天帝的。

三國時曹魏的名士夏侯玄，因是曹家的親戚，對於司馬師的擅權不滿，密謀造反，失敗後被殺。死後他宗族裡的人祭奠他，沒想到這廝確有名士風範，大剌剌現形來享用祭奠的供品。而且他的吃法獨樹一幟，「脫頭置其旁，悉取果食酒肉以內頸中」。就是把自己的頭摘下來放在一邊，把酒肉果品直接往脖項裡塞，塞滿了再把頭安上。吃喝完畢，跟宗親說：我已經上訪到天帝那裡去了，必報此仇。

司馬師本來沒兒子，司馬昭將自己的次子司馬攸過繼給哥哥司馬師，而司馬攸的兒子就是八王之亂的起頭者司馬冏，最後被殺。西晉末年永嘉之亂的時候，有巫師被附體，說西晉的滅亡，就是曹爽和夏侯玄這哥倆在天帝那裡申訴的結果。

在《還冤記》的多則故事中，冤魂上訪的對象，要麼是上天、上帝、皇天、天帝，要麼就是籠統地說上訴，沒有向具體的司法部門申訴的記載。這個現象，首先可以說明陰間的司法體系尚未建成，另一個原因，很可能說明那時陰間的法律系統，實行的是自然法。

百度百科上說，自然法通常是指宇宙秩序本身中作為一切制定法基礎的關於正義的基本和終極的原則的集合。自然法是獨立於政治上的實在法而存在的正義體系，具有以下特點：1.自然法是永恆的、絕對的。2.人的理性可以認識、發現自然法。3.自然法超越於實在法之上，後者應當服從前者。

我們古代信仰中的上帝（天帝），與西方一神教中的上帝不一樣。西方基督教的上帝，人格性很強，會暴怒，會喜悅，會派出撒旦來誘惑人，為了考驗約伯信仰的虔誠，把他弄得家破人亡。而我們的天帝，更像大自然一樣。孔子說：「天何言哉，四時行焉，百物生焉。」根本就不說話，而是通過大自然運行的規律向人類展示公平、正義和秩序。

所以，《還冤記》中記載的那些冤魂訴諸天、訴諸帝。其實就是訴諸公平、正義這些抽象的法律道德原則。他們得到的復仇許可也是抽象的，天帝並沒有具體地指示說你去砍死誰，也沒有指派任何政法系統的公務員參與復仇。冤魂得到許可，就用自己的方式進行報復。

在中古比如唐宋時期，因果報應的故事，就有很多冥吏的參與，這當然能說明陰間司法制度的完備，因為有了具體的工作人員。但是，仍有大量的故事是以個人化的報仇來實現因果報應的。而且我們知道，即使在陽間，對這類報私仇的情況也是有不同程度的默許。比較著名的是黃宗羲。其父黃尊素為東林黨人，被閹黨迫害致死。崇禎繼位後為東林黨人平反，黃宗羲上書請誅閹黨餘孽。刑部會審時，他出庭對證，出袖中錐刺許顯純，人稱「姚江黃孝子」，崇禎也歎稱其為「忠臣孤子」。

為什麼陰間陽間對報私仇都有一定程度的默許呢？也許就是基於自然法高於實在法。在陰間，對自然法的重視遠高於實在法。也就是說，陰間對於公平、正義和秩序的追求，要比陽間更甚。這樣我們才能理解陰間的判案會有很多富於人情味的彈性，這是實在法所不具備的。

關於陰間的自然法，有人說得很明白：

有客問顧郎中以冥王果報之事，曰：「陰間判獄，仍用王法乎？抑用佛教乎？」顧曰：「不用王法，亦不用佛教，但憑人心。人但問心無愧即冥中所謂善，問心有愧即冥中所謂惡。公是公非，不偏不倚，幽明一理，儒佛五分。」（《北東園筆錄續編》卷三「顧郎中」）

怎樣把閻王的權力關進籠子裡

借用國內學者的說法，冥府的政治體制可稱為「集體閻王制」。這不難理解，因為冥府有十殿閻王，且各殿閻王都有各自的職司。比如第一殿的秦廣王，主要負責登記和甄別；第二殿的楚江王，負責懲治「陽間傷人肢體，奸盜殺生」者；第三殿的宋帝王，負責懲治「忤逆尊長，教唆興訟」者……第十殿的轉輪王，負責將各殿押解的鬼魂，分別善惡，核定等級，發往各地投生。

實際上，閻羅王就如陽間法院的法官，有些判決一審結束就生效，有些則會上訴再審，甚至直到最高法院。一般來說，鬼魂需要在多個閻王殿過堂的情況比較少見，往往是一錘定音的。至於為什麼是十殿閻羅，而不是按照十八層地獄設立十八個閻羅王，按照《右台仙館筆記》卷一記載：

陽間盛傳十殿閻羅，此唐制也。唐分天下為十道，故冥中亦設十殿，今則否矣。道光以前，冥官尚有前代遺賢，今則皆本朝貴官，衣冠儀從，悉今制也。

不過，作者俞樾只是引述了這段話，他自己並不認同，提出了新的見解，這裡有鬼君也是姑從一說。

需要特別指出的是，十殿閻王並不是終身制，也不是世襲制。

南宋進士周莊仲，科考後夢入幽冥，與冥府人力資源部簽訂了工作合同，大意是自己自願擔任一屆閻羅王。周進士其實心裡不樂意，是被迫簽字的，不過冥吏也說了，這是預簽的合同，要二十年後才上任。到了第二十年，冥吏給他送來正式的聘書，只是還要再等兩年才正式入職。兩年後，門神土地親自上門送行，第二天，他就無疾而終。（《夷堅丙志》卷七「周莊仲」）

類似生人在冥府擔任閻王的故事很多，這個故事很完整地記述了入職流程。而且，可以看出的是，閻王之職還是唯才是舉的，並非只從陽間的勳貴中選擇，周莊仲入職時，也不過是個戶部郎官。

十殿閻王雖然權力很大，但互相之間並不存在權力競爭關係，更重要的是，他們的權力是關在籠子裡的。

制約閻王權力的，有這麼幾項原則：

在冥府的政治建構中，道德規範比資源配置具有絕對的優先性。這話的意思是，冥府是以德治國的。很多故事都談到對閻王的道德約束，比如《續子不語》卷三「張閻王」條，說張秀才被陰差帶到冥府認罪，張「始悟前身即閻王，因有過惡，又輪迴人世也。俄而兩公人復來送張回里，如夢初覺，汗流浹背。自是改過為善，一洗前非」。閻王犯法，與小鬼同罪，並沒有豁免權。至於閻王下屬的冥官更是「地府有巡察使，以巡省岳瀆道路，有不如法者，得以察之，亦重事，非剛烈者不可以委焉」（《宣室志》「劉憲」）。

第二個限制是，天界以定期或不定期巡視的方式對人類世界和幽冥世界進行管理。關於這一點，前面的篇章已經做過介紹。需要補充的是，除了這種定期或不定期的巡視，閻羅王還經常為一些棘手的案件向天界直接請示。比如《西遊記》中，孫猴子大鬧閻羅殿，閻王治不了，只能直接向玉帝請示。而佛教、道教的神職人員，也會時不時插手冥府案件的處理。至於天界的神仙，插手冥府事務時，更是不需要照顧閻羅王的面子。《子不語》卷一「酆都知縣」中，酆都知縣入冥拜訪閻羅王，正遇上伏魔大帝關羽來訪，知縣的師爺言語中對關羽不敬，關羽直接命雷公劈死了他。在關羽震怒的淫威之下，閻王完全沒有辦法回護，只能保其全屍。

第三，從監控手段上看，冥府的監控是最嚴格，也是監控技術水準最高的。比如《子不語》卷十六「閻王升殿先吞鐵丸」說：

> 每升殿，判官先進鐵彈一丸，狀如雀卵，重兩許，教吞入腹中，然後理事，曰：「此上帝所鑄，慮閻羅王陽官署事有所瞻徇，故命吞鐵丸以鎮其心，此數千年老例也。」先後照例吞丸。審案畢，便吐出之。三滌三視，交與判官收管。

《聊齋志異》卷七「閻羅薨」中，入冥代行閻王之職者，因在冥府斷案時略微徇私，直接被殺。他生前曾對說情者說：「陰曹之法，非若陽世懜懜，可以上下其手。」

冥府實行集體閻王制，且閻羅王的權力被關進籠子裡。但這還不足以說明其政治體制的特點。因為冥府受制於天界，而天界的政治體制又自有特點，有鬼君稱為「單核的虛君共和制」。單核當然指的是玉帝為最高統治者，且是終身制，在對《西遊記》的各種政治隱喻的討論中，都明確指出了這一點。至於「虛君共和」，三言兩語也說不清楚，有鬼君只講自己的兩點感覺：一、從天界政治建構的角度看，先秦以來，代表最高意志以及主宰的「天」、「帝」都偏於集體人格，以至於後來的學者為了論證先秦的天帝為人格神，絞盡腦汁。二、從天界的政治實踐角度看，在志怪小說中，天帝的意志和命令雖然經常出現，但其本尊幾乎從不現身。至於《西遊記》中的玉帝，有鬼君曾經談過：太白金星說要去收服妖猴，他說：「依卿所奏。」武曲星君說封他弼馬溫，玉帝也同意。孫悟空要做齊天大聖，他也同意……反正任何神仙上奏，他都同意，從來不駁回。如來對孫悟空說，玉皇大帝「自幼修持，苦歷過一千七百五十劫。每劫該十二萬九千六百年」。修煉了這麼久的所謂天界最高統治者，在所有的議題上，按的都是贊同鍵。天界的最高統治者，他的意志並不是個人的意志，而是天道。

鬼神的思想審查

中國大陸的國考和高考，都需要通過政審（思想及品德的審查）。古人政審靠鬼魂，政審的項目從《禮記·大學》的「八目」即格物、致知、誠意、正心、修身、齊家、治國、平天下中化出。但很明顯，格物致知是學問基礎，談不上政治審核。而治國平天下這兩項，又實在高遠，也不屬於考前的政審範圍。一屋不掃何以掃天下，所以政審的核心，應該是「誠意、正心、修身、齊家」這四項。

《清稗類鈔》「考試類」中就有關於政審的介紹：

各州縣文童武童應試時，必由廩生領保，謂之認保。又設派保，以互相稽查而慎防弊竇。如該童有身家不清，匿三年喪冒考，以及跨考者，惟廩保是問；有頂名槍替，懷挾傳遞各弊者，惟廩保是問；甚至有曳白割卷，犯場規，違功令者，亦惟廩保是問。其責任如是之重。故凡廩保之與童生，必與同里閭，誼屬戚友，深知其為佳子弟，勿貽先生長者羞，而後為之具結單焉，簽花押焉，臨場則唱保焉，出圖則看號焉。（《廩生保童生》）

廪生指的是考試成績好，能在公家領取獎學金的秀才，他們除了要認真學習，還有一項義務是為童生背書，就是童生如果家庭出身有問題、考試作弊等，廪生要負連帶責任。這就將思想審查的責任從組織化解到個人身上。將來追究責任亦很方便。

還有一些項目，也是著重於考生個人的修身齊家的指數，比如「邵二泉為江右提學，生員不葬親者不許科考」。明代名臣楊漣的玄孫楊可鏡，水準很差，「文理荒疏」，本來考官要革去其功名，但雍正皇帝說，他祖上是忠義之士，「其後嗣子孫，若稍能自立，品行無虧，雖文藝不工，亦當格外造就」，特許到國子監（全國最高學府）讀書。

即便考前通過思想審查，但政治考核依然無處不在。比如晚清時有秀才考算學時，用了阿拉伯數字，考官大怒：「某生以外國字入試卷，用夷變夏，心術殊不可問。著即停止其廪餼。」乾隆還禁止新科進士在殿試時阿諛頌聖，「諸生策內，不許用四六頌聯」。

清朝禁止的，就是太平天國喜歡的，太平軍攻下南京後，也搞了幾次科舉：

> 洪秀全據金陵十三年，開科亦數次。某年第一場題為「天父七日造成山海頌」，「天王東王操心勞力贍養世人功德巍巍論」……越一月，為第二場，題為「立整綱常醒世莫教天光鬼迷解，天父為奸生理人論」。又越一月，為第三場……題為「四海之內皆東土，真道豈與世道相同論」。

說完了人，該說鬼了。因為誠意、正心純為內心的隱私，修身、齊家也往往不為外人所瞭解，所以，上面說的廩生具結擔保的辦法，只是形式，真正起作用的政審，還是靠鬼神之力。這類材料相當多：

清乾隆年間南京鄉試，一位姓俞的秀才，第一場考完就收拾行李不考了。眾人奇怪，追問不已。他神色悽楚：說來慚愧。我父親臨死之時，有遺言給我們四兄弟，他在擔任縣令時，受賄兩千兩銀子，冤殺了兩個囚犯。在陰司是大罪，原本是要斷子絕孫的。幸好祖上曾救過人，功過相較，只能留一子單傳，而且連續五代貧苦，不得溫飽。我們兄弟四人，只有一個能活著承繼香火。至於功名，更是別妄想了。父親死後，我的兄弟相繼去世，只剩我一個。我前幾年兩次參加鄉試，都因為試卷被塗抹而落第。這次再考，本來文思如泉湧，可是昨晚父親現形，怒斥我：「為什麼不聽遺囑，存非分之想。因為你小子一而再再而三地考試，害得我在陰間加重刑罰。趕緊滾回去，別再考了。」說完手一揮，把我的硯臺打翻，試卷又被污染。想來命該如此吧，我「當削髮入山，披緇出世」，出家做和尚去。（《夜譚隨錄》卷二）

這個故事裡，俞秀才因為已去世的父親生前的罪愆，導致自己政治不正確，因而未能通過陰司的政審。即使取得了鄉試的資格，但絕對考不取。

杭州秀才張世犖，每次參加鄉試都出亂子，好像有人總在扯他的試卷，導致卷面不清潔而屢屢落第。後來在考場遇到女鬼，才得知自己當年被傳與鄰居之女有私情，雖然並無此事，但因為沒有及時澄清，還以風流自許，最後導致該女自殺。原本可中解元，但因這個道德污點，被罰延遲七科。（《子不語》卷二十四「張世犖」）

張秀才個人的這個錯誤，在陽間無須受到什麼懲處，但在陰律中，就屬於比較嚴重的罪行了，因此品德審查也未通過。

冤鬼選取考場報仇申冤，雖然起到了思想與品德審查的作用，但是這種一對一的報復，既瑣碎，又影響考場秩序。所以有時考官會禁止思想審查：

清康熙年間的江蘇巡撫張伯行，監考江寧鄉試。按照慣例，考生點名之後，要召恩仇二鬼進來政審。張巡撫大怒：「進場考試者，皆沐浴聖化、束身懷璧之士，爾輩平日何以不報，乃正當國家取士大典一切關防嚴肅時，豈許紛紛鬼祟進場沙擾耶？」

在張巡撫看來，陰間的這種私人性的思想品格審查，打著組織的旗號，其實擾亂考場秩序、破壞國家錄用人才的決策。為了避免這種情況，冥府有時以組織的名義，派陰差集中處理審核。

一種是陰差在舉子的頭上插旗子，插紅旗的錄取，插白旗的落第，簡單明瞭。（《涉異志》舉場旗）另一種是在會被錄取的考生桌上放錢，在不被錄取的考生腦殼上敲一下。（《夷堅支志》乙卷二「邵武試院」）

總結來說，就是古人對於科舉其實相當重視，也重視思想審查，甚至用連坐的方式來約束考生。但他們同時也清醒地意識到，個人的心性以及修養，不是填幾張保證書就能解決的，還是要靠鬼神！

鬼如何獲得特赦

各國政府都有特赦罪犯的制度。特赦不僅在陽間推行，陰間也有類似的制度。我們知道，陰間最主要的政府機構就是閻王殿和地獄，在這個意義上，很容易理解馬克思關於國家是暴力機器的說法。閻羅王宣判之後，該轉世的轉世，該升仙的升仙，該進地獄的進地獄……為什麼陰間也有特赦制度，這個有鬼君也沒有找到很明確的證據。不過，那種地獄一日遊的故事，倒是類似邀意見領袖參觀監獄、進行反腐警示教育。從理論上說，地獄的空間是無限的，關多少犯人都沒問題，所以陰間的特赦絕對不是因為監獄已人滿為患。但地獄作為懲前毖後、治病救人的機構，那些犯人也不是永遠在地獄裡受罪，都有刑期。在刑期未滿的時候，陰間也會特赦一些犯人出來，允許他們轉世投胎，重新做人。

至於這種特赦的規律，目前的材料還無法總結，有鬼君覺得要看運氣。比如下面這位仁兄：

明代有位姓華的御史，奉旨在各地巡視官員。他來到四川酆都，酆都縣城外有個山洞深不可測，傳說閻羅殿就在裡面。華御史對這類怪力亂神向來嗤之以鼻，決心自已親身入洞證偽此事。他帶著兩個僕人，點著蠟燭進去。走了一里地，豁然開朗。只見十餘間大殿，每座大殿裡都坐著一位高官。只有東邊的那座大殿是空著的。眾官員一見華御史，紛紛前來致意：別來無恙！您總算來冥府上任了。華御史心裡一驚，原來真是閻羅殿啊！連忙解釋說，我其實是××節目組的，節目錄製完了，這就回去。眾官員說，這是命數，不能逃的。說著有人拿出一卷文書，上面寫著：「某月日，某以肉身歸陰。」華御史這下嚇傻了，自己沒事搞什麼科學探險啊！

正在僵持之時，有金甲神來傳旨，眾人接旨後對華御史說：天帝有詔書，對幽冥實行大赦，你正好可以借著大赦的機會還陽。華御史死裡逃生，連滾帶爬地逃出山洞。只不過，那兩個僕人再也沒出來。（《聊齋志異》卷四「酆都御史」）

這個故事中，天帝的「大赦」有點語焉不詳，為什麼要大赦，什麼樣的鬼可以赦免，都沒有說明。不過至少說明一點，這一決策的決定權在神仙界，而不在冥府。有鬼君以前曾猜測，神仙界對冥府的管理一般是原則性指導，允許冥府有較大的自主權。不過，像大赦這樣的政治決定，一定是神仙界的最高領導層做出的。

至於特赦的範圍，在文獻中也偶有提及，比如《醉茶志怪》卷一「馬生」條說，陰間很重科舉考試，如果有無故缺考的，直接斬立決。只有生病或急事無法應考的才能赦免，但是犯有抽大煙、賭博、嫖娼這三類罪的，絕對不能赦免。《夷堅志》補卷六「細類輕故獄」條說：「大赦雖時有，惟不忠不孝之人不沾恩宥，如朱溫輩尚在第十七獄中。」這與陽間的十惡不赦規定也有幾分類似。

上面說的特赦或大赦，屬於不定時的，比如遇上什麼大喜的日子。而常規性的減刑或赦免，則要靠數目字管理了。

清代某地有個流氓無賴陳獻，在鄉里作惡多端，無人敢管。不過惡人自有惡人磨，他每晚都會夢見自己被一虎頭人捉去，將他全身的肉剮下來吃掉。每次被剮肉時都神志清醒，痛苦不堪（「雖痛極昏暈，知識終不昧」）。虎頭人吃完，他才醒過來。雖然每次他都苦苦哀求，可是虎頭人說，這是因為他平生作惡太多，被罰做口糧，非歷千劫不可。這種折磨一直持續了三年。更可惡的是，明明吃的是他身上的肉，虎頭人還說，因為這是他的生魂所化，在陰間只能算綠葉蔬菜，大塊的豬肉才算葷菜。

如此受了三年的罪，虎頭人說，你受的千劫已滿，我可以吃你的肉身了，這次算大葷。你明天白天自己洗乾淨了，等我來吃你。陳獻簡直要崩潰了，晚上白受了那麼多罪，竟然還難逃一死。對虎頭人苦苦哀求說，我已經知罪了，今後一定改惡從善，您大人大量，就放我一條生路吧。虎頭人說：其實我也想赦免你的。不過，因為你造孽太多，上天的法規講得很清楚：「千劫以上者例不赦，萬劫者例不減。」（意思是，受罰千劫以上的，不在赦免之列；受罰萬劫以上的，連減刑資格都沒有）既然你有一念向善，我寬限你一個月，你到時自己先上吊，我再來吃你。免得被我活殺，再受肢解之苦，這算是給你減刑了。

陳獻知道難逃一死，與家人、親朋交代了後事，一個月後，自己上吊自殺了。家人正圍著大哭，一隻老虎忽然衝進來，叼著他的屍體走了。（《耳食錄》卷一「石室虎」）

故事中提到的「千劫以上者例不赦，萬劫者例不減」，就是將減刑、赦免的規定量化並嚴格執行，避免了人情世故導致的司法腐敗。

以上對冥府犯人的特赦，都是天帝做出的。但是，在天地人三重世界的政治架構中，冥府一方面受神仙界的原則性指導，另一方面也受陽間政治形勢變化的影響。因此，陽間的特赦決策，實際上會影響到冥府。

明代隆慶初年，蘇州有個姓丁的下級軍官，忽然被惡鬼附體，一邊咬牙切齒地痛罵，一邊拔出刀要自殺。戰友將其救下，問附體的鬼是怎麼回事。惡鬼說，數年前，我犯了盜竊罪，和這姓丁的一起蹲大獄。我因為犯事太大，必然是死罪，就請他出獄後將我藏的金銀取出，分一半給我家人。沒想到他竟然將我的錢全部吞沒，害得我家人生活無著。

眾人問惡鬼，多年前的事，你怎麼現在才來報復呢？惡鬼說，我被處決之後，到了陰間還繼續受罪，魂魄在冥府也被關押。這次正好隆慶皇帝登基，大赦天下。赦免令一直惠及冥府，所以我有幸提前出獄，否則，這仇不知要多少年之後才能報。（《萬曆野獲編》卷二十八「冤報」）

董仲舒特別喜歡說人副天數、天人感應，如果把視野放寬，我們可以清楚看到，陽間重大政治活動的蝴蝶效應，也可以直達陰間。天地人三者之間的互相感應和影響，構成了更加完備的世界圖景。

輯四

人鬼之間

附體的社會學

西晉武帝咸寧二年，琅琊郡的顏畿病逝。家人給他辦喪事，不過奇怪的是，招魂幡總是纏在樹上解不開。這當然算是異象了。果然，持招魂幡的人忽然倒在地上，嘴裡念念有詞，說話就是顏畿的口氣：「我其實命數未完，只是因為吃藥太多，內臟受損嚴重。我是可以復活的，不要把我下葬。」家人雖然驚懼，還是答應了，招魂幡立刻自動解開了。家人把棺材抬回家，開棺一看，顏畿果然還有細微的氣息，慢慢調養，終於活過來了。

可惜的是，顏畿只能睜開眼睛，手腳的活動也大不如常人，而且沒法說話，「飲食所須，托之以夢」。家人辛苦照顧了他十多年後才去世。

這是《搜神記》卷十五中的一個關於靈魂附體的故事。古人對於這類現象，雖不能說是司空見慣，但也不覺得特別奇怪。在他們看來，肉身既然與魂魄是兩回事，那麼他們之間的分離和聚合，甲之魂魄控制乙之肉身，都是能理解易解釋的現象。

《搜神記》中類似的附體故事還有好幾條，不過這個顏畿復活的故事，非常巧合地展示了魂魄與肉身無形中進行的一場ＰＫ。按照現代醫學的看法，顏畿也許是假死，但至少其肉身是很虛弱的。故事中還有一個細節，家人開棺時，發現他「以手刮棺，指爪盡傷」。顯然，他連敲打棺材呼救的力氣都沒有，而魂魄卻不僅能讓招魂幡纏住樹枝，還能夠附體於招魂者，甚至可以托夢給家人。就傳播資訊的能力而言，他的魂魄顯然完爆自己的肉身。

但是，被附體者也有魂魄，死者的魂魄又如何奪取生人的控制權呢？這裡恐怕還要提到春秋時期鄭國政治家子產的看法：「人生始化曰魄，既生魄，陽曰魂。用物精多，則魂魄強。是以有精爽至於神明。匹夫匹婦強死，其魂魄猶能憑依於人，以為淫厲，況良宵……其用物也弘矣，其取精也多矣，其族又大，所憑厚矣，而強死，能為鬼，不亦宜乎！」這段話的意思是說，一個人如果生前就是貴族，積累了足夠強大的社會資源（包括身體和精神的），其魂魄也會相應地強大，能夠附體於人，是很正常的。即使是普通平民，如果死於非命，其魂魄積累的怨念，也能達到類似的效果。按照子產的邏輯，附體現像是因為死者之魂魄足夠強大，再加上有未了的恩怨，就能鳩占鵲巢，通過陽間活人之口將自己的訴求表達出來。不過，子產所處的時代，陰間社會的秩序還沒有建立起來，他所說的靈魂附體，並不看重道德上的合法性，魂魄間的鬥爭，基本是力氣活，奉行的是較為原始的叢林法則。

隨著時間的流逝，在逐漸完備、逐漸複雜的陰間社會秩序中，叢林法則不再起決定性的作用，因果報應的合法性得到強化，這一模式也因此成為附體故事的主流。即使在陽間，也承認附體報仇或報恩的合法性，甚至對司法運作有實質的影響。

《子不語》卷一「常格訴冤」條記載，清乾隆年間，景山皇家園林陳設的古玩失竊，內務府抓了幾十個挑土的民工訊問。其中一個民工趙二忽然神志失常，上前跪下說：「我是正黃旗的常格，才十二歲，上個月被趙二殺了，屍體埋在某處。請大人為我申冤。」說完，趙二跳起來說：「我就是趙二，常格是我殺的。」審失竊竟然審出命案來，內務府的官員就將案子移交刑部。果然，刑部官員經勘探，發現了孩子的屍體，於是案情大白。在量刑的時候，刑部官員提出了自己的意見：「趙二自吐凶情，跡似自首，例宜減等；但為冤鬼所憑，不便援引此例，擬斬立決。」就是說，趙二是自己承認的凶案，如果依照法律，這屬於自首情節，可以減刑，但他是因為冤魂附體才吐露案情的，所以不能算是自首。乾隆帝最終採納了刑部的量刑意見。在這個故事裡，剛性的法律規定認可了附體報冤的合法性，陰間和陽間合力伸張了因果報應的原則。

不過，因果報應不是陰陽之間互相勾連的唯一途徑。當那個世界也成為複雜社會的時候，附體會成為魂魄在人世間刷存在感的一種方式。我們可以看一則宋代的靈魂附體故事。

《夷堅乙志》卷八「秀州司錄廳」記載，洪邁的父親洪皓曾任秀州（今嘉興）司錄，所在的官邸經常有鬼怪出沒。某天晚上，他的侍妾忽然大叫一聲，倒在地上，人事不知。洪皓知道這是鬼怪附體，想起傳言「鬼畏革帶」，就把侍妾捆在床上，質詢附體的鬼怪。那鬼說自己是嘉興的農民，前兩年全家都死於大洪水，自己死後就住在官邸後院的大樹上。至於附體侍妾，是因為她素來不敬鬼神，所以要教訓教訓她。洪皓說：「我不僅信奉真武大帝，還敬拜佛像、土地爺、灶王爺，這麼多神靈護佑著我的宅子，你小子是怎麼混進來的？」那鬼答得也有趣：佛是善神，從來不管閒事。真武大帝嘛，每天晚上就是擺個架勢，「被發杖劍，飛行屋上」。我只要在地面行動，避開他就行。至於貴府後院的土地爺，一直是怠忽職守的。只有前院的司命灶王爺還算盡職，每次遇見都警告我老實點。剛才進來的時候，灶王爺問我去哪裡，我說隨便閒逛，他就斥責我說不要亂來，但是也沒有阻攔我。雖然您按時祭拜各位神仙，但是「我入人家有所得，必分以遺之，故相容至今默默」。這鬼嘮嘮叨叨半天，最終還是被洪皓趕走了。

在這個故事中，魂魄附體並不是為了傳播資訊，所謂的報復侍妾，更像是惡作劇。而且，魂魄不再憑藉本身的蠻力，而是將守護宅院的大小神仙全部打點好，從此暢通無阻。相對於子產時代簡單粗暴的以力服人，顯然社會化程度要高了很多，當然，我們也可以看到，這個陰間社會的漏洞一點兒不比陽間少。

先秦法家的代表人物韓非，對於社會的變遷有一句著名的格言：「上古競於道德，中世逐於智謀，當今爭於氣力。」靈魂附體作為古人眼中常見的人鬼交流現象，可能也經歷了「競於道德」、「逐於智謀」、「爭於氣力」這幾個階段，只不過次序並不一樣。

見鬼

「揚州八怪」之一羅聘所繪《鬼趣圖》，是中國藝術史上的名作。其中部分原因是傳說他真的能看見鬼。很多人都提到羅聘有一雙碧眼，也就是眼珠是綠色的。有朋友曾給他的《鬼趣圖》題詩說：「弄筆毋煩人所嬉，一雙碧眼慣搜奇。憑君鬼伯千千萬，莫使神州太守知。」

在志怪小說中，碧眼確實屬於有特異功能的標誌之一。比如《子不語》卷十七「碧眼見鬼」條說，河南巡撫胡寶瑔「眼碧色，自幼能見鬼物」。胡寶瑔曾自述說，人間的街頭巷尾，到處都有鬼，只是一般人看不到而已。只有朝廷午門內沒有。鬼最集中的地方是北京菜市口，那裡是清代的刑場。從時間上看，上午鬼不大出來，下午就紛紛出來逛街了。《履園叢話》卷十五「淨眼」條也說，嘉慶辛酉科進士吳鳴捷，也能白日見鬼，他「每日所見者以數萬計，似鬼多於人」。

佛教中有「淨眼」的說法，即清淨的法眼。但以上能視鬼的這幾位並非佛教徒，所以他們所謂的淨眼或碧眼，可能並非佛教所說的「天眼通」。比如《子不語》卷八「冒失鬼」條說：「相法：瞳神青者，能見妖；白者，能見鬼。」瞳神就是瞳孔，瞳孔顏色不同尋常的人，往往被認為有特異功能。《右台仙館筆記》卷六就記載了一個這樣的故事：清道光年間，河南中牟縣有一個村婦，生來兩眼就與常人不同，「其瞳子旁有白痕一線圍之」，所以從小就能看見鬼。剛剛學會說話，就告訴家人天上有什麼神仙經過。這些神仙的名字家人從未教過她，所以確實令人感到神奇。長到五六歲時，她已經可以給人治病了。她看病很簡單，不用診脈，也不開處方，只要看看病人，就說吃點什麼草、什麼水果就行；偶爾也會需要到藥鋪買點極其普通的藥。病人每次看病花費極少，只要幾十文即可，而且「病人服之，無不瘳者」，在當地被目為神醫。只是她絕不接受診金，病人只要給她父母送些食物就行，多少不拘。或許是見鬼太多，她不到十八歲就去世了。

除了這類有特殊技能的人，志怪小說中的不少小孩子也能看到鬼。古人往往覺得小孩子是一張白紙，心靈比大人要純淨得多，所以能看到大人看不到的東西。《北東園筆錄續編》卷五「雷擊先插小旗」條說，浙江鄉下某人經常用銅銀購物，就是用鍍銀的銅假冒銀子。某年除夕晚上，他兒子忽然哭著對母親說：有個青面獠牙的人從天上下來，在父親頭上插了一面小旗。沒過幾天，這人就被雷電擊斃，手上還拿著沒用完的假銀子。原來，他不久前用假錢買了鄰村的雞，賣雞的孩子因此被父親責打，投河自盡。雷神在執行天罰之前，會先在罪人頭上插旗子，以精確導引。這一舉動，只有孩子能看得見。國外似乎也有類似的認識，在好萊塢兩部著名的電影《鬼店》、《靈異第六感》中，都很細緻地描繪了孩子眼中的鬼魂世界。

有些小孩兒甚至能預見一些大的自然災害。清雍正八年（一七三〇年）北京西郊發生了六點五級地震，從香山到昌平回龍觀一帶處於震中，居庸關長城也被震得錯了位。連雍正皇帝都只好率領眾皇子，住進了在開闊地帶臨時搭建的「地震棚」。《夜譚隨錄》卷三「地震」條記載，在地震前一天，有個西域人帶著孩子去茶館，剛走到門口，孩子抱著父親的脖子不肯進去。父親以為他嫌人多，又走到另一家茶館，孩子還是不肯進。父親問孩子：「你平常不是很喜歡到茶館吃蜜餞嗎？今天怎麼回事？」孩子說：「今天很奇怪，茶館裡喝茶的、賣茶的，脖子上都帶著鐵鍊，看著很嚇人，所以不敢進去。而且今天街上來來往往的人，怎麼有那麼多帶著鐵鍊的？」父親以為小孩子胡說八道，哈哈大笑，路上遇到熟人，還當笑話講給對方聽。熟人走後，孩子對父親說：「那人還笑話我？他自己脖子上就有一條鐵鍊。」父親雖然不明白怎麼回事，只是覺得「小兒眼淨，所見必有因，伺之可也」。第二天大地震，「人居傾毀無數，凡小兒不入之肆，無不摧折，竟無一人得免」。前一天路遇的熟人也沒能倖免。顯然，那孩子看到帶著鐵鍊的人，都是劫數難逃的。

能看見鬼並不全是壞事，有時候會收到意想不到的效果。據《荊楚歲時記》杜公贍注，江夏人劉次卿能視鬼，街上熙熙攘攘的鬼來鬼往見得多了。有一次大年初一，看到一個書生在街頭閒逛，「眾鬼悉避」。他覺得很奇怪，就問書生是不是用了什麼辟邪的法術。書生說，我不會什麼法術，就是出門的時候，師傅用香囊裝了一丸藥，讓我繫在手臂上，防止惡氣。劉次卿就向書生借了藥拿著在街市上走。所到之處，眾鬼果然紛紛躲開。這味避鬼丸從此就流傳下來，連藥方也未失傳：「用武都雄黃、丹散二兩，蠟和，令調如彈丸。」類似的故事在《朝野僉載》卷一也有記載，稱為「殺鬼丸」。

除了這些天生能視鬼的，不少術士、巫師或道士通過後天的學習和實踐，借助符咒、法器的幫助，也能看見鬼。而且，比之天生視鬼者，他們的能力更為一般人所認可，所以也能夠以此謀生。《搜神記》卷二記載，三國時吳景帝孫休病重，有大臣推薦能視鬼的巫師治病。孫休想測試一下他的能力，就命人殺了一隻鵝埋在花園裡，然後在墓道裡搭了間小屋子，安放床榻，把女人的衣服鞋襪放在床上。墳墓建好後，命令巫師察看，如果能說出墓中女鬼的樣子、衣服的款式，就說明真有本事。結果，這巫師看了一天也沒說。孫休再三追問，巫師才說：「實在是沒看到鬼，只有一隻鵝立在墳頭，所以我也不敢說。我懷疑是女鬼變化成白鵝的樣子，想等一等看女鬼現出原形再說。」很顯然，這巫師通過了孫休的測試。

其實，在三國之前，能視鬼的人已經成功地進入公務員序列，為官府甚至皇帝提供諮詢服務。《還冤記》記載，漢武帝時，權臣田蚡設計陷害政敵竇嬰、灌夫，後為冤魂報復，「一身盡痛，若有打擊之者……天子使視鬼者瞻之，見竇嬰、灌夫共手笞蚡，蚡遂死」。這裡提到的「視鬼者」就是能視鬼的人。在隋唐時期，視鬼人甚至能干涉朝政。《朝野僉載》卷一曾提到，唐中宗年間曾濫授官爵，以致屠夫、小販都能身居高位。睿宗繼位後罷免了這些人。當時的一位見鬼人彭卿收受賄賂，假託見到中宗，對睿宗的這一舉措表示極其不滿，結果這一批兩百多濫竽充數者竟然官復原職。

在外人看來，能看見鬼是很炫的一件事，但對他們本人來說，未必是什麼好事。因為他們看到的並非孤魂野鬼，而是鬼世界的熙熙攘攘。《閱微草堂筆記》卷十一中，一位視鬼人介紹說：「鬼亦恒憧憧擾擾，若有所營，但不知所營何事，亦有喜怒哀樂，但不知其何由。大抵鬼與鬼競，亦如人與人競耳。」一面對與人類世界一樣紛繁喧鬧的鬼魂世界，看見，反而也許是一種困擾。前面提到的河南巡撫胡寶瑔，為了避免那個世界的鬼找他說情，有時經過祠廟，竟然要用扇子遮著臉，假裝沒看到對方。

大膽猜測一下，當那些視鬼人同時與兩個世界打交道時，會不會生出這樣的念頭：世界是我們的，也是他們的，但歸根結底是他們的。對於現代人來說，無法看見的鬼卻像王陽明所說的岩中花樹一樣，「原不在你心外」。

就喜歡你不想死卻不得不死的樣子

多年前，美劇《越獄》中有一句經典臺詞：「人生有三件事無法逃脫：死亡、稅收、點名。」稅收無法逃脫，我們都很瞭解了。至於死亡，當然更無須解釋。沒人喜歡追攝的陰差，可是卻又不得不跟著他們一起建設冥府。

絕大多數陰差在執行追攝任務時，都會主動出示證明文件。這很耐人尋味，早在漢魏時期，冥府還在初創時期，就很強調文牘主義，並且一直堅持這一傳統。活人雖然都怕死，但面對追攝的證明文件，很少敢耍花樣，也有少數人，絞盡腦汁地塗抹、刪除、詭辯、諂媚……然而並沒有什麼用。

紀曉嵐的父親紀容舒在雲南擔任姚安知府期間，帶了個叫楊義的廚子，某天他夢見兩個陰差拿著朱票來抓他，上面寫著「楊義」。楊義一看，說：你們搞錯了，我叫楊義，不叫楊乂。陰差說：沒錯，乂上面還有一點，是簡體的義字。楊義說：你們當我是文盲啊！從來沒見義是這麼寫的，肯定是乂字，你們誤滴一滴墨。兩個陰差可能識字能力較低，爭不過識字的廚子，只能怏怏而去。後來紀容舒從知府任上退休回鄉，帶著楊義一起北歸。到了曲靖縣，他又夢見兩個陰差來了，這次朱票上清清楚楚寫著「楊義」二字。楊義還是不服：我如今跟著主子回京，是直隸省西城區的戶口，要追攝也是直隸省的城隍開拘票，你們偏鄉雲南城隍，有什麼資格抓我？夢裡就跟陰差吵得不可開交，醒來後對同屋的人說，這兩個鬼差好像蠻氣憤的，認為我歧視他們沒文化，看樣子難逃一劫。第二天走到半路，他突然從馬上摔下來，一命嗚呼。到最後，有北京戶口的楊義，還是做了雲南的鬼。（《閱微草堂筆記》卷五）

清代沒有設立語言文字工作委員會，語言文字的統一規範做得不好，在工作中就會帶來很多不必要的糾紛。繁體簡體會造成麻煩，那麼改名呢，也難混過去。

清代江西有個流氓無賴，橫行鄉里，外號劉老虎。某晚，劉老虎喝多了，回家路上莫名其妙進了一扇門，以為是自己家，倒地便睡。天快亮時，聽到屋裡有聲音問某人現在何處，有聲音回答說他在某個山洞。然後又念了十幾個人的名字，其中也有劉老虎。劉老虎迷迷糊糊的，心想怎麼像是衙門裡審犯人。這時天漸漸亮了，劉老虎發現自己躺在土地廟裡，而且廟裡一個人也沒有。他琢磨了半天，想起提到的某洞，正好就在附近，不妨去看看。到了那個山洞，果然有個大漢在睡覺。劉老虎二話不說，拔出刀架在大漢的脖子上，逼問他是什麼人。大漢支支吾吾半天，才說自己是奉官差拘拿犯人，並拿出證明文件。劉老虎一看，第一個就是自己。大漢說，這些是命數註定，我也不敢放了你。劉老虎說：很好啊！反正老子殺了你也要死，放了你也要死，不如一刀剁了你。大漢連忙求饒說，有辦法，你咬破手指，用血把檔上你的名字塗掉。改名遠走他鄉，也許可以多活幾年。劉老虎照做了，放了大漢，那大漢出了山洞就地一滾，變成老虎跑了。

劉老虎立刻逃離家鄉，改名換姓，老實地過日子，還娶妻生子。他七十歲時，鄰里拜斗祈福，請他做保人，他想拜斗這麼重要的事，用假名是大不敬，於是向鄰里說明情況，填寫真名做了保人。

填完剛出大門，一隻老虎忽然跳出，將其銜走。（《續子不語》卷十「劉老虎」）

這三篇陰差追攝的故事，都涉及名字的塗抹、修改，雖然偶爾也能延期。不過，就像有些公號文章，刪了又恢復，恢復了又刪，最後還不是盡人皆知？鬼鬼祟祟做個樣子，就真能隱身嗎？

全面啟動你的夢

二〇一〇年，美國好萊塢大片《全面啟動》（又名《盜夢空間》）掀起了影迷們探夢的熱情。既然說到夢，在中國古代志怪作品中，關於夢的橋段也很豐富，許多關於夢的故事包含了祖先們對未知世界的想法。

志怪作品的一個重要特色，就是展示了陰世和陽世這兩個空間。這兩個空間有著各自的運行規則和邏輯。簡單而言，這是兩個不同的社會，它們有著自己的政治、經濟、文化、教育等構成社會的要素。而且，這兩個空間不是隔絕的，可以互相來往、交流並互相制約、影響。對陰世的鬼來說，要進入陽世這個空間是很容易的，這可能是他們相對人最大的優勢。而陽世的人要進入陰世，則需要一些特殊的手段和方法，其中，做夢可能是最常見的。

古人認為死亡就是形神分離的過程，魂魄離開人的肉體，永久進入陰世（輪迴轉世的觀念要等佛教傳入才有）。而夢則是當人入睡時，魂魄暫時離開肉體，到四處遊蕩，所謂「精騖八級，心遊萬仞」就是這個意思。王充在《論衡·論死》中說：「人之死也，其猶夢也；夢者，殄之次也；殄者，死之比也。人殄不悟，則死矣。案人殄複悟，死複來者，與夢相似。然則夢、殄、死，一實也。人夢不能知覺時所作，猶死不能識生時所為矣。」在王充看來，做夢雖然不是死亡，但是做夢時魂魄離開身體，就像人死亡時魂魄離開身體一樣。人死後復生，就像夢醒一樣。夢不過是次一級的死亡。他在《論衡．紀妖》中還說，「人之夢也，占者謂之魂行。」雖然是引述，不過也正好說明了當時人們對夢的理解。

簡單說，古人認為魂魄能離開身體進入陽世之外的另一個空間，做夢、昏迷以及死亡，只不過是魂魄離開身體的程度不同而已。

夢與現實

在影片中，夢中的世界與現實世界其實並沒有物理性質上的連接，夢只是在意識及潛意識層面影響了個人的選擇。不過，在志怪作品中，當人通過做夢進入另一個世界時，既會改變那個世界，也有可能改變現實世界。

改變陰間世界最著名的例子，大概是小說《西遊記》了，書中有一回說的是魏徵夢中斬涇河龍王。涇河龍王因為與算命先生打賭，沒有按照玉帝的旨意降雨，因此被判處了死刑。在仙界進行的司法活動，卻要人間的官員參與。玉帝選擇的監斬官是時任大唐丞相的魏徵。涇河龍王托夢給唐太宗，請他幫忙拖住魏徵，不讓魏徵有空去仙界當差。唐太宗就召見魏徵下棋，可是魏徵卻在下棋時打了個瞌睡，借著做夢，魂魄到另一個空間的仙界殺了龍王。而且在仙界被砍下的龍頭還要從空中扔下來，彷彿是在示眾。

人的魂魄能在另一個空間裡做事，這在古人眼中並沒什麼奇怪的。所以倒過來說，因為做夢，魂魄在陰世的行為會影響陽世，也同樣可以理解。《聊齋志異》卷六「連瑣」說的就是這麼一個故事，年輕漂亮的女鬼連瑣愛上了書生楊于畏，紅袖添香夜讀書，自是卿卿我我。可是在陰世，連瑣卻命運多舛，被粗魯的惡霸鬼看中了，要強娶她為妾。連瑣無力抗拒，只能請情人入夢到陰世，好搭救自己。第二天，楊于畏按照與連瑣的約定，早早入睡，夢中「忽見女來，授以佩刀，引手去」，這就算是進入陰世了。楊與惡霸鬼相遇，言語不合，即動起手來。可是他手無縛雞之力，根本就不是惡霸的對手，被打得落花流水。正在此時，楊的朋友王生趕到，王生孔武有力，射箭殺死惡霸，救下連瑣。事情辦完，楊于畏從夢中醒轉，手上被惡霸打的地方果然瘀青紅腫，顯然是夢中的打鬥影響了他在現實世界中的身體。第二天他見到王生，得知王生也做了一個同樣的夢，與他的夢完全吻合。這就是說，楊、王二人在現實世界中是分別做夢，但魂魄在另一個空間裡一起演了場英雄救美的戲。在這個故事裡，陽世與陰世通過夢聯繫在一起的，夢中魂魄在陰世受的傷，通過陽世的身體同樣會顯現出來。

這種現實世界和陰間世界的交叉，有時會產生詭異的效果。《子不語》卷十五「莊生」條，說的就是臨時性的離魂與陽世交流的情形。有位姓莊的秀才在陳姓家裡教私塾。有天上完課回家，經過一座小橋時不小心摔了一跤，可是等他到家門口敲門時，卻始終沒人來開門。他只好再回到陳家，可是陳家兄弟在院子裡下棋，就像沒看到他一樣，他坐了半天也沒人理，他呼喚陳家哥哥，似乎也沒人聽到。莊秀才著急起來，用手指點著棋盤說：「再不聽我的，就要滿盤皆輸了。」陳家兄弟驚惶失措，趕快熄了燈，回到屋裡關上了門。莊秀才覺得很無趣，只好再回家，經過小橋時又摔了一跤，等到家就責問家人第一次為什麼沒來開門，家人說，沒有聽到有人敲門啊。第二天莊秀才再到陳家，主人告訴他：「昨天您回去之後，我們這裡鬧鬼了。」莊秀才看看院子裡的棋盤，這才明白，自己過橋時第一次摔跤，靈魂出竅了，第二次再摔，魂魄又回到身體裡。人們看不到莊秀才的魂魄，但是能感受到它的存在，所以會覺得是鬧鬼了。

夢中能做什麼

在古人的觀念中，人是形神兼具的，但是由於在睡夢中魂魄能離開身體，進入陰間，所以人們對陰間的瞭解，有一部分是由魂魄感知的（另一部分可能是由鬼魂附體或直接現形得知的）。陰間社會召喚生人，也常常用托夢的形式，很多生人在陰間做兼職，就是採用這種方式，俗稱「走無常」。俞樾的《右台仙館筆記》卷四就介紹了一位走無常的人。蘇州人胡某，不知怎麼被陰間的官員看中了，錄用為陰間的公務員，經常要到陰間辦事。他入冥的方式就是入睡之後的靈魂出竅。可是每次入冥，事先絕無徵兆。有時在大街上走著走著突然就倒地睡著，有時正在上下樓梯也突然摔倒，跌得頭破血流的。這個差事讓他吃足了苦頭。

後來陰間的領導告訴他，之所以不事先預告，是因為他前世犯的罪，要在這輩子受責罰。如果以後每天懺悔，就有可能消弭罪過。胡某想想，也不知道該怎麼懺悔，於是就立誓永不殺生，從此以後，每次要走無常時，總會事先得到通知，就可以安心地在床上入睡，等待陰間的招魂。

走無常有時會有性命之憂。《醉茶志怪》卷三「冥獄」條，說的也是一個走無常的事。陳典史被陰間錄用後，動不動就熟睡好幾天以入冥公幹，家人習以為常，也不覺得奇怪。有些好事者向陳典史問起陰間的情況，陳典史是個老實人，說自己到了陰間就只知道幹活，從不敢到處亂轉。有人就慫恿他四處看看，回來也好讓大家增長見聞。於是陳典史就趁著走無常的機會，央求鬼卒帶他參觀陰曹地府。百般懇求，鬼卒終於答應了，不過告誡他不要隨意亂走。陳典史答應了，來到地府，見到一口巨井。他俯身看去，裡面竟然是個像萬花筒一樣的大千世界，不僅有各種珍稀的花草樹木，還有無數珍禽異獸紛至遝來。陳典史看得入港，沒想到一陣頭暈眼花，一頭栽了下去。等睜開眼一看，發覺自己已經成了強襁褓中的嬰兒。原來這口深井竟然是轉世投胎的通道。幸好見到鬼卒在窗外向他招手，於是奮力一躍，魂魄離開身體跳了出來。同時見到一個小男孩的魂魄進入了嬰兒體內，原來是接盤投胎的。鬼卒把他大罵一通，把他送回陽間。不過陳典史在陰間的差事也就此丟了。

夢中的意念植入

電影《全面啟動》劇情中提到通過夢境中的思想植入，改變他人原本根深蒂固的思想。不過，由於人的心理擁有很強的防禦機制，所以電影在思想植入困難性上的設定，是有一定的合理性的。在人們所知的各種意識狀態中，夢境是防禦機制降到最低的一種狀態，只有借由深層的夢境，才能真正完成思想改造。

在志怪作品中，用夢境植入觀念，同樣也有難度，尤其是在夢中向做夢者預告死亡時間，要求對方死後到陰間擔任冥官。這種夢人們一般都不願相信，即便是做閻羅王也不願去。往往需要好幾次夢，反復出現，才能將意念植入人的意識中。

《夷堅丁志》卷十七「薛賀州」條說的就是在夢中植入意念的故事，只不過植入的方式比較具有契約精神。北宋時，賀州太守薛銳在外為官很久，思念家鄉會稽，一直有辭官養老的念頭。有一天，在睡夢中有個差役上門，對他說：「陰間的冥官命我告訴您，您的大限將至，死後要到我們這裡做官。不過如果您從此辭官不做，倒是可以多活好幾年。」薛銳一聽，正合自己的心意，連忙表示自己願意多活幾年。差役回去稟告上司，不一會兒就回來說：「您不願做官很好，不過我們長官希望您立一個字據。」薛銳拿來紙筆寫了一份不願再做官的證明。差役說：「白紙黑字，您可不能反悔啊！」說著又拿著字據走了。過了一會兒又回來說：「長官領導看到您的字據很高興，您這就請回吧。」薛銳也就醒了過來。

想來那位沒露面的冥官事先打探了陰間的人事安排，知道薛銳死後要來替代自己的位置，於是派人引誘他在陽世多活幾年。為防備萬一，還讓他立了字據，在那位冥官看來，這個意念的植入是成功的。

夢中的物品

在志怪作品中，物品在陰間和陽間穿越的事情倒是很普遍。同樣是在《西遊記》中，也有透過做夢實現物品穿越的例子，第三十七回中，死去的烏雞國國王托夢給唐僧，請求他幫助自己，並且在夢中給他留下了信物，等唐僧醒來，發現屋外的臺階上真的放著一柄金廂白玉圭。

當然，陰陽兩界有些物品是不能通用的，其中最常見的就是紙錢。在志怪作品中，我們常常可以看到鬼帶著錢在陽間花用，可是商家後來往往發現收下的那些金元寶、銅錢都變成了紙錢。除了錢，夢中的飲食有時也很可疑，《夷堅志乙志》卷四「殯宮餅」一條說的就是夢中的飲食問題，有興趣的可自行翻閱。

入冥第一課：洗腦

當代作家欒保群在《捫虱談鬼錄》中有一篇〈陰山八景〉，這八景分別是鬼門關、奈何橋、剝衣亭、望鄉台、惡狗村、破錢山、血污池和孟婆店。因各地冥府的規格不一，在人入冥的過程中，這八景或者說八關，並非嚴格按照程式進行。也就是說，都不是必修課，而是選修課，而且第一課上什麼，也沒有規律。

這八景中，比較詭異的是孟婆店。按照一般的看法，孟婆湯是一種茶湯，人死之後，在趕赴陰間報到時，喝下此茶湯，就會消除所有的記憶。欒保群先生曾考證過孟婆湯的來歷，大約是起源於明代。成書於雍正年間的《玉曆寶鈔》記載，孟婆是西漢時修真成功的女仙。由於世人有知前世前因者，「妄認前生眷屬」，不僅洩漏天機，還擾亂了陽間的人倫，因此上天命孟婆為幽冥之神，造迷魂湯，「派諸魂飲此湯，使忘前生各事。……如有刁狡鬼魂，不肯吞飲此湯的話，腳下現出鉤刀絆住，上以銅管刺喉，受疼灌吞」。

《玉曆寶鈔》原本是一部介紹「陰律」的手抄本，到雍正年間正式成文。我們可以將其理解為陰間的根本大法。問題在於，制定了一部法律，不等於所有成員都會自覺自願地執行。所以，雖然陰律規定了孟婆湯的強制性，但是一樣有很多漏洞可鑽。比如出自《諧鐸》卷八「孟婆莊」的故事：

清代有位葛姓秀才，雖然窮困潦倒，可花街柳巷還是要去的。只是因為手頭拮据，「自顧空囊，亦殊羞澀，願乖氣結，遂以情死」。死後前往陰間報到途中，口渴難忍，見「男女數百輩，爭瓢奪杓，向爐頭就飲」。葛秀才也想取一瓢飲。這時，一位不久前去世的妓女勸阻他說：「君不知耶？此孟婆莊也！渠為寇夫人上壽去，令妾暫司杯杓。君如稍沾餘瀝，便當迷失本來，返生無路。」在這位妓女的幫助下，葛秀才後來不僅還陽，還一夜暴富，瞬間成為土豪。

這個故事很細緻地描繪了陰間眾鬼搶喝孟婆湯的場景，不過，孟婆莊雖然由專職打理，但並非強制要求，似乎屬於自助消費專案。而且，遇到熟人，管理者還會勸阻他喝湯。《聊齋志異》卷一「三生」條就說，某位鄉紳到陰間報到，閻羅王客氣地請他喝茶，此人看自己的茶與閻王的不一樣，擔心是迷魂湯，就偷偷倒掉了。所以法律是法律，執行是執行。

明代有一個善人去世，到了陰間，閻王因他生前做了很多善事，專門擺了一桌酒席宴請他。席上一共四人，和尚、道士、閻王和善人。入座之後，閻王爺舉杯先敬和尚，和尚低頭合掌念佛，不肯喝。閻王也不勉強，又敬道士，道士連連拱手辭謝。閻王再敬善人，善人想，兩位方外高人都不肯喝，我怎麼敢喝呢？也推辭了。閻王爺勸了三次，沒一個人喝。閻王站起身，請三位來到一口井邊，請他們分別下井，這就是要轉世了。和尚、道士和善人依次下去。善人清醒後，已托生人間，前世的事都歷歷在目。特別忘不了的是一起轉世的和尚和道士。善人長大後中了進士，出為縣令，意外地發現，道士轉世為禮部尚書，和尚轉世為藩王。因為拒絕喝酒，三人的記憶都沒有抹去。

（《堅瓠秘集》卷五「辭閻君酒」）

至於孟婆湯的來歷，可能還有文化人類學的原因，即入冥者在陰間有飲食禁忌。在明代之前的故事中，有多處提到臨時入冥者被告誡在陰間不要亂吃亂喝，否則無法還陽。這個禁忌配上所謂西漢時就已成仙的孟婆，到明清時期轉化為成文法。即便入冥時留了心眼，面對千變萬化、各種形態的孟婆湯以及孟婆，肯定防不勝防。這大概是孟婆湯的故事流傳極少的原因吧。

最後奉送一首關於孟婆湯的小詩：

月夜魂歸玉佩搖，解來爐畔執香醪。
可憐寒食瀟瀟雨，麥飯前頭帶淚澆。

（《諧鐸》卷七「蟲書」）

誰來管管女鬼

古代社會似乎沒有專做婦女工作的機構，不過有意思的是，冥界卻有專門管理女鬼的機構，在這一點上，陰間領先陽間太多。《還冤記》記載：

東晉時，王範擔任浙江富陽縣縣令，王範的小妾桃英貌美風騷，與王縣令的下屬丁豐和史華期勾搭上了。只要王縣令公出不在家，兩人就輪番侍寢。沒有不透風的牆，這事被王縣令的另一位下屬孫元弼發現了。丁、史二人為避禍，搶先誣告孫元弼與桃英有染。王縣令一聽，我的女人你也敢碰，立刻殺了孫元弼，當時在座的朋友陳超也未勸阻。

後來王縣令輪崗離開了富陽，有一天陳超想去拜訪，走到半路忽然莫名其妙被人拽到荒山野嶺，見到一個惡鬼，面色青黑，眼睛沒有瞳孔。惡鬼說自己就是孫元弼，因為無辜被殺，向皇天上帝申訴，因為當時你是目擊者，也沒有主持公道，所以也有罪。惡鬼說：在泰山府君治下，生死名錄是由大學者賈逵和名士孫文度共同擬定的。我已經看得很清楚了，王範是罪魁禍首，要先殺掉；桃英的魂魄已經拘押在女青亭了（女青亭是第三地獄的名字，專門管女鬼）。至於你老兄，當然也逃不掉。到第二天天亮，惡鬼才離開。陳超戰戰兢兢趕到王範家，也不敢說，然後就見那惡鬼果然直接出現，進了王範的房間。當晚，王範就中了魘，昏迷不醒，巫、醫都手足無措，十幾天後就去

世了。小妾桃英也在那天暴斃。陳超嚇壞了，趕緊改名逃走，不過五年後還是死在孫元弼鬼魂的手上。（《還冤記》）

這個故事並不算什麼，不過有意思的是，孫元弼提到「桃英魂魄亦收在女青亭者，是第三地獄名，在黃泉下，專治女鬼」。

女青亭是什麼地方？有什麼來歷嗎？在《中國道教》雜誌二〇〇三年第二期有《早期道教神仙女青考》一文，文章提到，古代的買地券、鎮墓文中多次提到「天帝使者女青」、「五帝使者女青」等，《道藏》中還有《女青鬼律》六卷。作者認為：「《女青鬼律》是太上大道君所制定的，由女青傳述眾人。女青既是道教大神的使者，又掌管玄都中宮鬼律，所以她就具有強大的鎮伏萬鬼的威力，買地券、鎮墓文稱女青名字，正是借助於她的這種鎮鬼威力。……北宋中期以後，道教經籍不再提及女青，她也就逐漸從人們的視野中消失了。……到明清時期，《無上秘要》提及的和《真靈位業圖》排過位次的神仙，其中的絕大多數已經風光不再。同樣，女青作為早期道教神仙也不能倖免，在道教教派的新舊更迭中，她也失去了往日的輝煌，變得陌生了。於是，女青漸漸退出活躍的神仙群體，這對於道教來說是很自然的事情。」

在這篇文章的作者看來，女青是道教大神的使者，主要執掌鬼律，是身為女性的司法部長。所以上面筆記中記載的「女青亭」，就是以冥府司法部長女青命名的，就像各個城市都有的「中山路」一樣。道教文獻中，就有多處提到「女青之獄」，比如王利器先生注《顏氏家訓》時引了一則《道藏》中的《斷亡人複連章》（意思是上表請求神仙讓逝者升仙，不要讓逝者的災禍殃及生者）：

伏乞太上老君、太上丈人、天師君門下主者，賜為分別，上請本命君十萬人，為某解除亡人複連之氣，願令斷絕生人魂神屬生始，一元一始，相去萬萬九十餘里，生人上屬皇天，死人下屬黄泉，生死異路，不得擾亂某身。又恐亡某生犯莫大之罪，死有不赦之罪，係閉在於諸獄，時在河伯之獄，時在女青之獄，時在城隍社廟之中，不知亡人某魂魄在何處，並乞遷達，令得安穩，上升天堂，衣食自然，逍遙無為，墳墓安穩，注訟消沉。……臣為某上請天官斷絕亡人複連章一通，上詣太上曹治。

文中提到河伯之獄，應該是江河湖海諸神辦的水牢；女青之獄，應該指的是冥府的監獄；至於城隍社廟，應該相當於在街道派出所臨時拘押，不好意思，級別有點低。

《酉陽雜俎》的注釋者則引述了另一段道教文獻：

《太真玉帝四極明科經》卷一：「酆都山在北方癸地，山上有八獄……八獄主上天三官。山中央又有八獄……八獄主中天三官。山下又有八獄，第一無量獄，第二太真獄，第三玄都獄，第四三十六天大獄，第五天一北獄，第六河伯獄，第七累劫獄，第八女青獄。八獄主下三官。凡二十四獄，並置酆都山之北。獄有十二掾吏，金頭鐵面，巨天力士，各二千四百人，手把金槌鐵杖。凡犯玄科死魂，各付所屬獄，身為力士鐵杖所考，萬劫為一掠，三掠乃得還補三塗之責。」

以上的引文，把監獄劃分得細緻多了，女青之獄只是二十四座監獄之一，而且是最低的級別，從男尊女卑的風習上猜測，大概也是專門管女鬼的。

然而，千萬不要認為古代對於女性就只安排了監獄。與逐漸湮沒無聞的女青對應的，還有女性的拯救者偉大的西王母。臺灣學者李豐楙在《仙境與遊歷：神仙世界的想像》一書中，專門討論了「西王母五女神話的形成及其演變」，文章難度太高，有鬼君只看得懂結論，摘抄如下：

在中國神話傳說中，西王母為人間早夭少女而登仙者靈界女仙的「母親意象」，具有原型性的陰、母象徵，成為護佑者、養育者的大母神原型，基本上這是民間信仰崇祀西王母的集體意識的反映，可與中國各地域的女神廟並存……

西王母之成為早夭女子得道者的養育、掌領之母，正反映男性、父權社會中對於不幸早亡而無所憑依的女性提供一種補償、解決方式。因此從民俗學、道教學的理解，可以說明西王母是中國女神中一位永恆的母性神。（第一〇五頁）

按照有鬼君的理解，西王母是廣大女性的永久保護者，一位真正的女權主義者，最偉大的婦聯主席。

請鬼當群主

據統計，截至二〇一九年五月，微信月活用戶已經達到了驚人的十一億，至於微信群的數量，有鬼君沒查到資料，不過據說，一個宿舍六個同學，就能建五個群。估計微信群的數量不會低於用戶數，哪怕打個對折，也有四億個群，也就是有四億個群主，去掉在多個群擔任群主的重複人數，可能也有一兩億人正在擔任群主。

死人怎麼做群主呢？

先簡單定義一下，所謂的微信群，其實大致相當於虛擬的社群、社區，與實際生活中作為社會組織的社群相似但並不重合。在古代社會，某地的鄉鎮幹部可能是里長、里胥、里宰之類，但在同一區域的虛擬社群，其宰執可能是土地爺、關帝爺等。土地爺、關帝爺就有點像鬼世界的群主。我們以關帝爺為例，看看他們是怎麼做群主的。

清代江蘇溧陽的秀才馬豐，在某村李家做私塾教師。李家的隔壁是王家，王某性情粗野，對妻子經常餓飯、家暴。有一次，王妻餓得沒辦法，偷了李家的雞吃了。王某得知大怒，提刀就要殺她。王妻為活命，只能誣陷馬秀才，馬秀才無以自辯，要求到關帝廟請求審判。沒想到擲杯筊占卜，都顯示是他偷了東家的雞。從此馬秀才聲名掃地，沒人再請他坐館。

過了兩年，村子裡有人扶乩請神，請來的神自稱是關帝爺。馬秀才想起舊事，勃然大怒，大罵關帝爺不靈，害得自己背黑鍋。乩神在灰盤上寫著：馬秀才，你將來是要做父母官的，難道不知道事情的輕重緩急嗎？你偷雞，不過是沒了飯碗；王妻偷雞，就會被老公殺了。我寧可受不靈驗之名，也要救人一命。而且，天帝念我識大體，還升了我三級呢！馬秀才嘿嘿一笑：你也太能胡說了，你都是關帝了，還能怎麼升遷？乩神說：這你就不懂了。如今四海九州都有關帝廟，哪有這麼多關帝爺駐在？「凡村鄉所立關廟，皆奉上帝命，擇里中鬼平生正直者代司其事，真關神在帝左右，何能降凡耶？」

也就是說，所有鄉村關帝廟的群主，都是關帝爺的代理鬼而已，生前正直的人，死後就可能在關帝廟做群主。（《子不語》卷二「關神斷獄」）

這個故事裡，擔任關帝廟的群主是有一定門檻的，即平生正直，也就是分享了關帝爺的部分品性。

孤證不立，另一則關帝爺的故事可以印證這一點：

也是清代，某秀才扶乩請神請到了關帝爺。秀才問了關於《春秋》中的一段話，乩神批答清晰無誤。秀才很滿意，可是回家後覺得有點不對勁兒：「關帝忠貫日月，位至極尊，如何以一紙之符，即能立刻請到？」關王爺何等尊貴，怎麼我一請就到，莫不是有人假冒。不行，我要寫狀子到天帝那裡去告狀，好好查查這些假冒偽劣的傢伙。正寫著呢，有位小鬼現身討饒：大哥，且慢告狀，我就是假冒關帝的，因為魂魄流落到關帝廟，每天打掃打掃房間。天帝看我可憐，讓我代替關帝，吃點供品什麼的。關帝只有一個，各地關帝廟裡的神仙，都是就近取材，選些品德好、文理通順的鬼做替身。普通人是別想請到關帝的，只有皇帝親自祭祀，關帝才會下來寒暄一番。（「關帝只有一尊，凡天下各廟中血食，皆係我等享受，惟天子致祭，方始臨壇。」）（《續子不語》卷十「關帝血食秀才代享」）

此處關帝廟的群主則是文才不錯的前世秀才，至少要熟悉關帝爺常翻閱的《春秋》，可見也是有門檻的。

那麼，關帝廟的群主是如何轉讓的呢？清代的李秀才因為機緣巧合，在趕考途中曾與一鬼同行數日。這個鬼與李秀才同船而行，吃喝都在一起，只是「一切飲食，嗅而不吞，熱物被嗅，登時冷矣」。

船行到江蘇宿遷，鬼對李秀才說，這裡某村今晚有戲班子唱戲，咱們一起看看吧。於是兩位一起到了戲臺下。鬼忽然不見了，而且戲臺周圍一片飛沙走石之聲。李秀才不知這鬼在幹嘛，只能自己回船。天快黑時，那鬼穿著官服回來了，說：老子不走了，要在這裡做關帝爺。李秀才大驚：你怎麼敢如此僭越？鬼對他說：你不知道，世上的觀音、關帝，都是鬼冒充的，這是天界常例。這個村子今天唱戲，是要還關帝之願。我到戲臺一看，這個山寨關帝，比我還無賴。老子辛苦奔波，他倒在這裡有吃有喝有戲看。一怒之下，跟他打了一架，把他趕走了，我在此地做關帝爺。你剛才聽到的飛沙走石之聲，就是我在跟他開練呢。（《子不語》卷二十二「成神不必賢人」）

此地關帝廟的群主，不是和平移交，而是打出來的。當然，我們也可以說，好勇鬥狠同樣是分享了關帝的品性。關羽的名聲難道不是靠打仗打出來的嗎？

簡單地說，要在關帝廟這一虛擬社群中擔任群主，基本要求是能具有與關帝爺相近的品性。關帝爺的神性，明清以來，已如日中天，普通的小鬼當然難以複刻。但是佛教說「月印萬川」，儒家則說「理一分殊」，朱熹說：「伊川說得好，曰：『理一分殊。』合天地萬物而言，只是一個理；及在人，則又各自有一個理。」點校本的《朱子語類》的序這麼解釋：「朱熹所謂理一的理與分殊的理之間的關係，既不是一般和特殊的關係，也不是全體和部分的關係，而是一種帶有神秘主義性質的類似大宇宙與小宇宙的關係。這種關係他無法運用邏輯分析加以說明，而只能借用月印萬川的比喻來描述。」我們借用一下就是，各地的那些山寨關帝爺是小宇宙，真正的關帝爺是大宇宙。他們在品性上當然有各自的缺陷，但是在關帝廟享受祭品，就要按照關帝爺的「理」來行事。換句話說，要按照關羽封神所展現的古代社會的核心價值觀來行事。即使像第三個故事中，兩鬼好勇鬥狠，也要打贏了才能成就小宇宙。

寫到這裡，現實生活中的群主該怎麼做就比較清楚了。宋儒說：「天理二字，卻是自家體貼出來。」群主們以王陽明格竹的精神，自可體會「理一分殊」、「月印萬川」的高妙境界。

少子化，最可怕

古代社會沒有子嗣的家庭，處於鄙視鏈的底端，會有極大的經濟、心理壓力。古人為了盡可能避免家庭絕嗣，已經做到了人鬼總動員的地步了。

南宋時期，南京張通判的次子患癆病多年，奄奄一息，巫師說是因為亡靈作祟。正巧有個知名的術士，名叫路當可，偶然經過南京，張通判就請他來作法驅鬼。路先生焚燒符籙作法，不久就見一冥官來參拜，路先生說：你身為城隍，明知有亡靈作祟，職責所在，怎麼不捉拿？城隍說：鬼已經捉住了，只是他有隱情要稟告。說著命陰差將一少年帶上來。這少年滿身是血，一手捂肚，痛哭不已。他向路先生報告說：我是張家的長子，因為生前犯錯，惹怒了父親。他和我弟弟合謀把我殺了。利刃穿心腹，至今我仍受刀傷之苦。父親殺不孝子，我理當承受；可是弟弟殺哥哥，不合聖人「兄友弟恭」的教訓，而且我死之後，所有財產都是他繼承，於理難合。這才作祟。

路先生沉吟半晌：你這樣殺了弟弟，雖然也可算是報仇，可是張家就因此絕後。這個罪過更大了。我看這樣，讓你父親辦一場黃籙大醮超度你，怎麼樣？長子與他反復討價還價，最後終於達成協議。張通判的次子逐漸痊癒了。（《夷堅三志》己卷八「南京張通判子」）

路先生遇到的是個倫理困境：如果嚴格遵循因果報應，那就是絕嗣的雙輸結局。殺人償命的原則，在這個時候要讓位給更高階的原則，即家族的延續。所以路先生與亡靈的交易，是一種從權，也是合乎情理的。不過這個故事的結局比較令人無語：張通判是個吝嗇鬼，見兒子痊癒，竟然不肯辦道場，沒過多久，次子騎馬時摔下來，還是死了。這說明，人口問題既是家族的延續問題，更是涉及陰陽兩界的經濟問題。

為了陽間人子嗣的延續，冥界甚至不惜用一些匪夷所思的辦法：

山東沂水一戶姓馬的人家，娶妻王氏，夫妻倆琴瑟和諧。可惜天不假年，馬先生早早就因病去世。王氏父母想讓女兒再嫁，可是她堅持要守節，矢志不渝。因為思念丈夫，還讓人做了一尊丈夫塑像，每天獻祭。

一天晚上，她正準備就寢，忽見塑像動起來了，身子逐漸變大，與丈夫一模一樣。塑像馬先生說：不要怕。我是奉了冥官之命現形的。我馬家一門忠貞，幾代祖先都有功業。只是因為父親生前德行有虧，到陰間受罰絕後，所以我才早早病死。冥官見你守節辛苦，命我短暫還陽，與你生個孩子，以承祧緒。王氏聽聞，感慨不已，就此與塑像丈夫同居。一個月後，發覺自己已經懷孕，丈夫說，期限已滿，馬家有後，咱們就此永訣了，從此再也不來。

王氏的肚子越來越大，隱瞞不住，將實情告知母親。她娘怎麼肯信？可是女兒在家絕不出門，不可能與外人接觸，又不由得不信。十月期滿，王氏生了一個男孩，全村人無不竊笑，認為是哪裡的野種。有人去縣衙告狀，縣令拘傳王氏母子及村民。這事確實太詭異，縣令也不敢妄斷，說：傳聞鬼沒影子，在太陽下驗證一下。果然那孩子的影子淡如輕煙。又刺了一滴孩子的血塗在馬先生的塑像上，血立刻滲入，不留痕跡。用別人的血，就沒法滲進去。縣令就此斷定，這是馬先生的骨血無疑。等孩子長到四、五歲時，容貌舉止，無一不像馬先生，眾人這才不再懷疑。（《聊齋志異》卷五「土偶」）

這個故事最神奇的橋段當然是人與土偶的「滴血認親」，不過，有鬼君認為，關鍵在於冥界對陽間家族延續、人口增長有同情之理解。馬家原本受罰要絕後的，可是因為王氏守節，獲得了額外的獎賞。可見冥界法律的人性化，以及對人口問題的重視程度。

抄佛經可免死，是真的

有鬼君有很多師友字寫得很好，偶爾遇上師友的書法雅集，有鬼君一邊裝模作樣地作鑒賞狀，一邊心裡不安。因為自己那筆狗刨的字，從小就被鄙視。雖然自己寫不了，但看著師友們抄錄得工工整整的《心經》、《金剛經》等作品，還是賞心悅目的。

現代人抄佛（道）經、抄書，除了練習書法，還可修身養性。但古人這麼做，其實會有更多的散發效應：

清代有個舉人進京趕考，在右安門（當時稱豐宜門）外一座小廟借住，當時右安門還是個幽靜的所在。這舉人得到一部揣摩秘本（類似現在的職場心理學圖書），晚上就在燈下親自抄錄。寫著寫著，感覺窗外窸窸窣窣的，彷彿有人。舉人問了一聲，外面答應說：我是滯留於此地的幽魂，已經有百年沒見到有人在這裡讀書寫字了。見您如此向學，想來也是風流蘊藉之輩，忍不住想打攪您，做竟夜長談，「以消鬱結」。說完，這鬼就逕自走進房間，舉子一看此鬼，舉止文雅，頗有士人之風。可是再文雅也是鬼啊，舉子連忙喊來廟裡的和尚。鬼也不回避，對和尚說，我認得大師，您「素樸野，無叢林市井氣」，也可一起談談。兩人快嚇死了，哪裡說得出話來。那鬼也不客氣，直接拿起舉子抄錄的秘本，才看了幾行，臉色一變，將書往地上一扔，「奄然而滅」。（《閱微草堂筆記》

卷十九）

顯然，這位雅士鬼對舉子醉心於抄職場秘笈很不屑，在他看來，讀書人不能墮落到抄些亂七八糟的東西，要抄些三墳五典、佛（道）經之類修身養性的高雅作品。所以，讀書人抄什麼很重要，哪怕是在晚上抄，抬頭三尺有神明啊。

那麼具體抄什麼有用呢？之前有鬼君曾談過《廣異記》「李洽」條的故事：唐人李洽被陰差索命，他在前往冥府報到的途中對陰差百般討好，對方感激之下，准他先回家料理後事，並建議他速速抄寫一部《金光明經》。李洽回家後將經文抄寫一遍，告別家人。沒想到，到了冥府之後，閻羅王翻檢他的冥簿，說：此人「新造」《金光明經》一部，折算下來可以延壽，不該死，然後命陰差送他還陽。

抄一部佛經能多條命，很合算吧。不過，有鬼君查看了今本的《金光明經》，共有近三萬字之多。李洽能在短時間內抄完，為了這條命，也是很拼的。當然，需要指出的是，他這種臨時抱佛腳的辦法並不值得推薦，因為並不是每個陰差都會那麼大發善心的。古人一直強調要敬惜字紙，如果平時就有意識地抄佛（道）經，關鍵時刻自會有奇效。

唐人李丘一在武則天通天元年於揚州高郵做官。此人喜好打獵，公務之餘，常常攜鷹犬出城田獵。某天忽然暴死，被陰差帶至冥府。閻王嚴厲斥責他說：你生性殘忍，以殺傷動物為樂。那些被你殺的禽獸此刻都在陰間控訴你。說著，一眾被殺的獵物出來指證李丘一，要求嚴懲兇手。李丘一無話可說，只能認命。沒想到，有一陰差忽然出班對閻王說：此人有功德，還不該死，他曾抄了一遍《金剛經》。閻王一聽，立刻合掌稱頌：陰間最看重《金剛經》，你能親手抄寫，其福不小啊！不過，這事口說無憑，閻王命陰差去藏經閣查驗，陰差帶著李丘一到了一間大殿，抽出一部經書，李丘一辨認之下，果然是自己抄的。

人證物證都有了，閻王很高興，命李丘一向那些被殺的獵物誠懇致歉，並且許諾再造功德。李丘一滿口答應，還特別許諾那位救他的陰差焦策「與造經二十部」。眾獵物與焦策都歡欣不已。焦策帶著李丘一還陽，他醒來一看，原來自己已死去三天，差點就被家人埋了。

李丘一復生之後，認認真真地將《金剛經》抄了一百遍。揚州刺史得知此事，上奏則天皇帝，將他升為五品的嘉州招討使。（《太平廣記》卷一百零三引《報應記》）

李丘一身為國家高級官員，並沒有做出什麼特別的貢獻，甚至以田獵為樂，大違佛教愛惜生命之意。只是因為無意抄了部《金剛經》，就被冥府登記造冊，在關鍵時刻不僅起死回生，還能連升數級。抄佛經就是能這麼跩，你打算上哪兒說理去？

抄佛（道）經的好處這麼多，可有人偏偏不肯信：

南宋孝宗淳熙年間，常熟一位姓曾的退休尚書去世。曾尚書有四個兒子，不過都不怎麼成器。曾尚書死後，托夢給大兒子，說自己被任命為福山嶽廟土地，新官上任，按禮數要在官場打點。家裡有幾千張好紙，你吩咐僕人「印造大梵隱語」，燒了給我！大兒子醒來後，根本不把老爹的吩咐當一回事。曾尚書又分別托夢給二、三、四子，這幾位少爺根本連大梵隱語是什麼都不知道。老二稍好，去問了道士，得知是道教靈寶派的核心經典《太上洞玄靈寶無量度人上品妙經》的最後一章。

不過知道後也只是呵呵一笑：這玩意在冥府還能有用？仍舊置之不理。曾尚書見兒子們如此混帳，托夢給學生陳秀才，說逆子不孝，自己要請天帝來懲治他們，讓陳秀才做個見證。果然，過了幾天，他的三兒子在逛廟會時，被兩個惡鬼拖到廂房裡痛打一頓。往來之人只見到他在那裡大呼小叫地哀號，卻見不到行兇之鬼。陳秀才得知後，到曾家說明情況，曾尚書且現形與陳秀才假意討論一番。在陳秀才的一再求情之下，曾尚書勉強答應放過四位逆子。這四位少爺「流汗互體」，第二天趕緊「印此經五百本，焚獻謝過」。（《夷堅支》乙卷二「大梵隱語」）

大家當然會注意到，這個故事說的並非抄經，而是刻經。需要說明的是，以南宋時期的技術水準，臨時印五百部經文的難度，恐怕並不比抄寫更容易。有鬼君猜測，曾尚書大概是急著要在冥府打點，現抄寫來不及；或者是覺得讓幾位少爺抄寫根本不靠譜，寧可讓他們找人刻印。

類似抄寫佛（道）經得福報的故事，在佛教、道教經典裡有很多，不過，也有不少故事指出，抄寫的認真程度很重要。千萬不要以為可以隨意打發，如果抄經時草率、出差錯，也等於白抄。不誠心的話，哪天晚上抄都沒用。關於這點，不再贅述，可參看《太平廣記》卷七十一「竇玄德」所載之故事。

以上幾個故事都與投胎無關，但如果從更寬廣的範圍理解，那些死而復生、陰間為官的事，其實也是變相的投胎，或者至少避免了糟糕的投胎轉世，所以抄佛（道）經也屬於投胎學的範圍。至於抄職場登龍術、厚黑學之類的，鬼其實是懶得搭理你的。

身許陰曹心許你

在有鬼君心中，投胎學就像永恆的道德律和頭頂浩瀚的星空一樣，不為世事變遷所動。人鬼之間，或者說形神之間的交流切換，在志怪小說中一點也不稀奇：

唐代開元年間，涼州節度使郭知運到治下視察，沒想到在驛館中暴病身亡。此時尚無人知曉，他的魂魄與肉身分離出門，命令驛卒把屍體所在的房間門鎖上，不准任何人進去。然後，魂魄獨自回到節度使官衙，處理公私事務，一氣做了四十天，把所有事情都處理好了。再命人到驛站將自己的屍體運回，生魂親自主持了自己的葬禮。入土前一刻，他與家人告別，「投身入棺，遂不復見」。

（《太平廣記》卷第三百三十「郭知運」）

這個故事沒有提到郭節度使家人、下屬的反應，想來魂魄回家時已經知曉。魂魄可以代替肉身工作四十天，如果不是肉身要下葬，也許形神還可以繼續分離下去。當然，嚴格說起來，在正式下葬前，魂魄尚未在冥府報到，還不能算是身許陰曹。有點像佛教中說的中陰身。可是，這個故事至少說明：「身許某人心許你」並不違和，隨便罵人是不對的。

淮陽葉秀才，「文章辭賦，冠絕當時」，時任淮陽縣令丁乘鶴對他極為看中，提供各種獎學金，一心栽培，可是葉秀才命中無祿，還是鎩羽而歸。鬱悶之下，葉秀才「形銷骨立，癡若木偶」，一病不起。丁縣令命人求醫問藥，可始終不見好轉。

恰在此時，丁縣令因得罪上司被免官，預備回鄉。正要動身，葉秀才忽然上門求為家庭教師，跟隨縣令北上。縣令當然求之不得。回鄉之後，葉秀才悉心調教丁公子，而丁公子也不負所望，「凡文藝三兩過，輒無遺忘。居之期歲，便能落筆成文」。在科場連戰連捷，直至外放為官。公子對葉秀才感激不盡，替他捐了科名、捐了官。後公子到南方做官，離淮陽不遠，就命僕人送葉先生回鄉省親。

葉先生回到家中，見門庭冷落、蕭條，妻子出來一見他，嚇得扔下手裡的東西就跑。葉先生神色慘然：如今我富貴回鄉，才三四年不見，難道你連夫君也不認識了嗎？妻子說：你都死了那麼久了，還說什麼富貴還鄉的昏話？當初家裡窮，沒法給你下葬，現在孩子長大成人，要找一方吉壤（好的墳地），你現在跳出來嚇人幹什麼？葉先生聽聞，悵然不喜，進了房間，見靈柩還在屋中放著。忽然僕地倒下，身體像水汽蒸發一樣消散掉，只剩下衣冠鞋襪落在地上。

原來，葉先生在縣令回鄉之前就已去世，魂魄一直跟著縣令數年，像正常人一樣生活。如果不是他妻子說破，形神分離恐怕還會繼續下去。（《聊齋志異》卷一「葉生」）

這兩個故事很容易被認為是在描述魂遊，不過從形神關係上看，並不那麼簡單。首先，這兩個故事中的主人公都已死，魂魄在外遊蕩之後，依然要附於肉身下葬。而在魂遊故事中，人並未死去，而是在睡覺、昏迷或假死的情況下，魂魄脫離肉身的控制，在外遊蕩。賈寶玉魂遊太虛境，看了金陵十二釵的判詞，睡了秦可卿，一覺醒來，還是身在陽間。其次，這兩個故事中的魂魄能自主地、心智無礙地在陽間生活，前者生活了四十天，後者更是活了三、四年，還培養了一個進士學生。而魂遊故事中的魂魄大都不能自主，很難和陽間的人正常交流。

實際上，古人對這種情況有專門的說法：生身活鬼。這個故事見於《夷堅三志》壬卷十「顏邦直二郎」：

江西弋陽農民何一，小時候曾經在鄰鎮顏二郎邦直家中做過三年學童，之後再無往來。某天，何一在田裡幹活，有人自稱是顏邦直，讓何一跟他走一趟。何一與田裡的其他人打了聲招呼，就跟著主人走了。沒想到這一走就半月沒回來。何家人找到顏家，顏家更是大吃一驚：二郎已經過世十多年了，怎麼可能去找舊日的書童呢？何家無可奈何，只能慢慢求訪。

兩年後，何一忽然回家，講述了自己的奇遇：他跟著二郎東奔西走，到各處寺廟拜訪。去年莫名其妙到了湖北蘄水武三郎家。顏二郎與武三郎寒暄之後說：您府上有一個婢女桂奴是生身活鬼，她領養的一個孩子也是鬼。武三郎把桂奴喊來對質，桂奴大罵顏二郎：你說我不是人，你又是什麼東西？還不一樣是無身之鬼，還騙了個活人何一，害得他撇妻離子到處亂竄。二郎說：吾雖無身，但生前讀了《度人經》，可以逍遙自在地在陽間遊蕩，我這是超度何一，怎麼可能害他？桂奴無言以對，轉身又大罵武三郎：我在你家勤快做事，沒犯什麼錯。現在被顏二郎說破，你也不給我做主。說著就抱起領養的那個孩子走到廚房去，再也不見了。

顏二郎說破桂奴，自己也被桂奴說破，何一當然不敢再跟著他了，自行返鄉。幸好一切如常。

這個故事裡的顏二郎和桂奴都是生身活鬼，也就是以鬼之身份在陽間像正常人一樣生活。如桂奴所說，雖然表面看起來大家都一樣，但無身之鬼究竟與人在形質上不同，一旦說破就無法挽回。

很多志怪小說都暗示，有相當多的鬼在陽間像正常人一樣生活，也並不顯示出任何超能力。一旦出於各種偶然的原因被說破，就立刻消逝。無論他們心中如何嚮往陽間，身體（形質）卻很誠實。為什麼這些鬼喜歡在陽間生活？也許他們只是喜歡潛伏吧！

吃素與投胎

南宋高宗紹興年間，徽州城住著一位富戶汪朝議，汪家的祖墳在城外，在祖墳邊還造了一座小廟。汪先生請了一個和尚惠洪做住持，看守墓園。也許這種家廟對和尚的專業素質要求不高，所以惠洪每日只是飽食安坐，也不念經打坐，對於香火祭祀也虛應故事而已。好在汪家也只是找個人守墓，主客相安無事。

二十年後，惠洪病故，就葬在附近的山上。墓邊有一棵大樹，枝葉繁茂，奇怪的是，自從惠洪葬在那裡後，幾個月間，大樹就枯萎而死。枯木上生了很多蘑菇，「肥白光燦」，汪家的僕人放羊經過，就採了獻給主人。汪家一吃，鮮美無比。更奇的是，這蘑菇今天採完，明天又長出來，源源不盡，有點像《山海經．海外南經》中提到的「視肉」（郭璞注云：形如牛肝，有兩目也；食之無盡，尋復更生如故）。

汪家從此吃飯頓頓有菇，一直吃了三年。奇聞遠近哄傳，有人就拿了錢來買，汪家不肯賣。為了防人偷，還造了圍牆圍起來。鄰居憤恨不過，半夜翻牆進去，想搗毀這個「牛肝菌」生產基地。沒想到枯木忽然發聲：這牛肝菌不是你能吃的，強吃必遭禍害。我就是當年汪家家廟的住持惠洪，因為不作為，空領佈施，死後被冥府懲罰，轉世為蘑菇，特供汪家食用。之所以好吃，「吾精血所化也」。如今命數已滿，我將轉世投胎而去了。鄰居嚇得半死，第二天告知汪家，汪朝議親自來驗證，果然再也沒有「牛肝菌」長出來。（《夷堅支志》景卷八「汪氏庵僧」）

這是個很罕見的轉世故事。人轉世成蘑菇，腦洞開得有點大。問題來了，故事中明確地說，這「牛肝菌」之所以滋味鮮美，勝過肉食，是因為這是人的精血所化，那麼，這算不算吃素呢？如果人可以轉世成蘑菇，當然也可能轉世成酪梨、高麗菜等素食原料。這對出於某些因宗教信仰而吃素的素食黨，會不會有人設崩塌的意味呢？

有鬼君請教了佛教研究專業的朋友，朋友回答得很簡潔：六道輪迴裡根本沒有蘑菇，只有「有情眾生」才能進入輪迴之中，而牛肝菌之類的真菌、植物有生命而無意識，不能轉世。朋友特別指出，「有情眾生」在梵文裡是「有識眾生」，識相當於意識，而中國人換用「情」字，就把植物也包括進去了。

古代中國人一方面什麼都吃，一方面又大愛無疆，從萬物有靈開始，開腦洞開到萬物有情，從香草美人到花妖、樹精。總之，植物是有靈的，可是為了不殺生，又是應該吃素的。佛教的兩大聖地，印度和日本，都不強調吃素，偏偏中國佛教，特別強調吃素。真是讓人著急。

更有意思的是，在志怪小說的描述中，鬼大都是愛吃葷菜的，本書先前有一章〈鬼只吃素嗎？〉專門討論鬼吃葷的情況。這裡再補充一則：

南宋孝宗乾道年間，秘書丞程士廓辭官回到家鄉景德鎮浮梁縣居住。有一天，他弟弟程宏父到景德鎮辦事，夢見舊交葉伯益來訪，請求借宿一晚。宏父說：我這裡是臨時居所，不甚方便，不過哥哥在這裡有一處書房，您可住一晚。於是領著葉伯益來到書房，果然整潔如新。葉伯益很高興：「此中便可久留，吾得之足矣。」於是一起坐下來吃飯，葉伯益特別要求上一道菜：火肉（可能指火腿）。宏父就在哥哥的書房裡到處找，還真找到了。於是兩人飽餐了一頓，各自休息。宏父第二天醒來才意識到，葉伯益已去世整三年了。他一回家，就聽說嫂子昨晚生了個孩子，就是葉伯益在程士廓書房安寢的那段時間。顯然，葉是投胎到了程家。（《夷堅丙志》卷十一「葉伯益」）

有時想想，冥府的這幫鬼其實蠻沒有操守的，他們自己大魚大肉地吃著，臨到轉世的一刻，還要翻箱倒櫃找火腿吃。可是每逢有人入冥遊覽，總是再三告誡他們還陽之後要茹素念經，以求下輩子投胎順利。更直接的證據是俞樾在《右台仙館筆記》卷十二中記錄下的冥府公務員的工作餐：「饌以四簋，切豬肉作絲，蒸雞卵作餅，餘則蔬菜，其味悉如人間。」嗯，工作期間不喝酒，風氣不錯喔。

轉世有風險，投胎須謹慎

關於投胎學，有鬼君覺得《閱微草堂筆記》中的一段話最得真諦：「六道輪迴，不煩遣送，皆各隨平生之善惡，如水之流濕，火之就燥，氣類相感，自得本途。」（卷九）這段話有鬼君引述過多次，不必再解說了。以此為原點引申，我們大約可以說，投胎學有幾個原則可資參考：一、轉世如水流，但水流有深淺、河谷有起伏，再加上人為的干擾，所以會出現各種意外，並非如工廠流水線一般機械地流轉；二、在轉世過程中，個人意願、意志也同樣能起作用，並非全然被動接受；三、轉世涉及魂魄與肉身的分離或結合，也就是形神之間的關係。

所謂形神之間的關係，似乎很拗口，不過只要打個比方就很清楚了。古人將肉身視為魂魄的居所，會稱肉身為宅舍。所以，形神之間的關係，就是魂魄與宅舍的關係，轉世也就像樓市裡買（賣）房人與房子的關係。轉世的風險則是，在給定的時間線之前，魂魄無法進入新的宅舍，轉世沒法完成，會有生命之憂：

金山縣有個老農，某月初一夢見陰差帶著公文來找他，陰差說，按照冥簿的記錄，您要在本月十七號去世。不過因為您一生勤勉，也沒有犯什麼大過，所以安排您死後立即托生在某小康之家，下一世衣食無憂。我這次是提前來通知您，希望您在這半月內處理好後世，屆時我領著您去投胎。

老農醒後，將此事告知家人，把家室託付給兒子，幾天就全處理好了，然後在家中靜候陰差。

到十二號晚上，老農夢見陰差來催促他投胎，老人家奇怪，這不是還沒到十七號嗎？陰差說：事出緊急，您轉世的下家，孕婦在初十那天摔了一跤，觸動胎氣，孩子提前出生了。宅舍是有了，但是還得生魂入竅，嬰兒才能正常飲食，現在已經三天不吃不喝了，您再不隨我去投胎（生魂入胎），那孩子就活不了了。老農醒後，將事情告訴家人，「復安枕而歿」。（《續子不語》卷十「生魂入胎孕婦方產」）

當轉世出現問題時，上家的生魂無法過戶到下家，下家的宅舍就接納不到指定的魂魄。把這一進程替換成房產交易、過戶的流程，就一清二楚了。

轉世是陰陽之間的通則，六道輪迴都要遵守，所以下面這個故事同樣很明白地說明了魂魄與宅舍的關係。

江西玉山縣水南寺是一座頗有歷史淵源的古剎。住持老和尚叫月印，六十多歲了，道行頗高，每天足不出戶，只在屋中誦經。月印養了一條土狗，跟著他十多年了。每當他誦經時，木魚一敲，土狗就會搖著尾巴來聽。眾僧都感慨這狗有慧根。後來狗生了病，皮毛脫落，身上又髒又臭，但還是每天都來聽經。

有一天，老和尚正在講經，忽然對眾僧說：這癩皮狗真討厭，髒兮兮、臭烘烘的，你們把它拖出去打死。眾僧瞠目結舌，不知狗怎麼得罪了老和尚。可是老和尚向來嚴肅，不可能是開玩笑，眾僧將狗趕出去，不讓它再來聽經，卻不忍心殺了。

過了三天，這癩皮狗又來聽經，老和尚一見，大驚失色：你們怎麼沒把狗打死，這下糟糕了。命徒弟到某村某家去探訪，徒弟回報說，那戶人家的孕婦難產，三天了孩子還沒生下來，產婆束手無策，母子都命在旦夕。老和尚說：你們不忍心殺狗，就忍心殺孕婦嗎？這狗不死，孕婦就生不出孩子。命令徒弟立刻把狗打死，再去那戶人家打探。果然那孕婦生下了一個男孩。

老和尚說，這狗跟我十多年，一直聽經，結了善果，可以托生到那戶人家，將來也頗有福報。我是見不到了，你們要記得。後來，那孩子長大，總喜歡來廟裡玩，不肯離去。和尚對孩子說：「汝不昧宿根，此意甚善。」但你命中還有小富貴未享，以後不要來了。孩子聽話，此後努力向學，科舉順利，做了個小官，家境也比較寬裕。晚年辭官回鄉，就一直在水南寺寄宿。那時月印老和尚早已圓寂，他就出資修繕佛塔、房屋，還買了一大塊田供奉寺廟。（《右台仙館筆記》卷一）

比之上一則，這個故事同樣也是講魂魄過戶到宅舍，卻更跌宕起伏，富於戲劇性。當然，這種轉世模式也不是只有死路一條，但形神分離，對身體確實會造成一定的損傷。

唐武宗會昌年間，通州鄭刺史的女兒自出生以來就體弱多病，特別是神志不清。鄭刺史多方請醫生診治，都沒有效果。後來找到一位會道術的王居士。王居士瞭解了情況後說：您的女兒不是生病，是生魂沒有附體，所以才會有喪魂失魄的症狀。某地的縣令是您女兒的前身。他本來好幾年前就該去世了，可是因為平生所做善事太多，冥府不斷給他續命，已經過了命定的期限，現在都九十多歲了。縣令去世，魂魄才能在您女兒的身體裡過戶，病才會痊癒。鄭刺史命人去那個縣打聽，果然有一位九十多歲的退休縣令。過了幾個月，鄭刺史的女兒忽然像酒醒了一樣，神志恢復正常，刺史再派人打聽，就在女兒病癒的那天，那位縣令無疾而終。冥府終於不再給他續命了。（《宣室志》「鄭氏女」）

轉世投胎是一個複雜的系統工程，稍有偏差就會出現問題。這幾個故事說的都是轉世時限帶來的風險。轉世是為了維持陰陽之間的正常流轉，對人來說，宅舍只是一具皮囊，魂魄則可以不斷生生流轉。

用愛發電

有鬼君曾整理讀過的涉及兩世甚至三世姻緣的志怪小說，發現《聊齋志異》卷八的「邵士梅」條有點意思，很短，先把原文附錄於下：

> 邵進士，名士梅，濟寧人。初授登州教授，有二老秀才投刺，睹其名，似甚熟識；凝思良久，忽悟前身。便問齋夫：「某生居某村否？」又言其豐範，一一吻合。俄兩生入，執手傾語，歡若平生。談次，問高東海況。二生曰：「獄死二十餘年矣，今一子尚存。此鄉中細民，何以見知？」邵笑云：「我舊戚也。」
>
> 先是，高東海素無賴；然性豪爽，輕財好義。有負租而鬻女者，傾囊代贖之。私一媼，媼坐隱盜，官捕甚急，逃匿高家。官知之，收高，備極搒掠，終不服，尋死獄中。其死之日，即邵生辰。後邵至某村，恤其妻子，遠近皆知其異。此高少宰言之，即高公子冀良同年也。

這則故事很短，也未延至三世，不過有意思的是，在學者朱一玄編的《聊齋志異資料彙編》的「本事編」中，收錄了這個故事的多個版本，計有《虞初新志》卷十二轉錄的「邵士梅傳」、《池北偶談》卷二十四「邵進士三世姻」、吳光著《吳太史遺稿》「邵嶧暉兩世姻緣傳」、《觚賸》卷二「邵邑侯前生」、《小豆棚》卷十六「邵士梅」。這說明，這段奇緣在當時很可能流傳已廣，大家都作為真實的事件記錄下來。有鬼君並不是要掉書袋，而是想用這些不同的記載拼接出比較完整的三世奇緣。當然，也是因為現在抄襲的太多了，有鬼君索性把書目都列出來。

邵士梅是山東濟寧人，一出生便會說話，說自己姓高，要去高家莊。父母擔心他中了邪，給他灌了朱砂，自此就正常了。邵士梅從小聰慧，讀書過目不忘，家裡期待他進學中舉。參加鄉試之前，家裡給他成了親。洞房之夜，邵的嫂子在窗外聽房，奇怪的是，這小夫妻倆彷彿相識已久，一晚上「絮絮叨叨，如遠年久別，枕邊話舊雲」（《小豆棚》）。原來，邵士梅的前世叫高東海，是山東棲霞人，在世時是小吏，但是從不魚肉鄉里，仗義疏財，「病革時，見二青衣，如公差狀，令謹閉其目，挾與俱行。行甚捷，惟聞耳邊風濤聲。少頃，至一室，青衣已去，目頓開，第見二嫗侍房幃間，則已托生在邵門矣」（《虞初新志》「邵士梅傳」）。因為在投胎時沒有喝孟婆湯消除記憶，所以才會有要去高家莊的異常之舉。

邵士梅後來中舉，擔任山東登州府的教育局局長，棲霞縣正隸屬於登州府。邵局長巡視棲霞的基礎教育工作時，就順便拜訪了前身高東海的家，得知高家的子孫生活境況很差，就出資購買田產，安頓了自己前世的子女。還賦詩感慨地說：兩世頓開生死路，一身會作古今人。

邵局長的夫人後來病故，臨死前對他說，我們有三世的姻緣，這才是第一段。我死後要投胎到館陶縣，你屆時到館陶的廟裡翻閱經書，自然會有領悟，「所居濱河河曲第三家。君異時官罷後，蕭寺經，尚當重結絲羅也」。投胎精準度相當高。

夫人去世後，邵局長又輾轉多地為官，後來辭官回鄉，朋友介紹到館陶的寺廟遊玩，忽然意有所動，就出門探訪，見到河邊的一戶人家，得知其家有女十八歲，就將轉世姻緣的話頭跟女方父母絮叨一遍，對方哪裡肯信這種鬼話，嚴詞拒絕。後來又在河邊問了第二家，也同樣被拒絕（《邵嶧暉兩世姻緣傳》）。問到第三家董姓人家時，奇跡發生了：

董家有個女孩，十五歲了，她父親說，這孩子生來就知道前身的事，不肯嫁人，說是要等濟甯的邵進士來。於是奔四的邵進士就娶了十五歲的董小姐，老牛吃嫩草，邵進士總有點不好意思，可是董小姐卻「視邵之斑蒼更歡，若忘年交」。兩人結婚十餘年，生了兩個孩子。後董小姐病危，臨死前又跟邵進士訣別說：咱們夙緣還未了結。我這次要轉世到襄陽王家，門前有兩株柳樹，屆時你過來，我們再作夫妻。邵進士不忍心，說，三世姻緣，自古以來就罕見。我現在已年過半百，十多年後行將就木，還談什麼情？月老的紅線，又不是專為我們設的。董小姐說，塵緣難斷，你要認命，說著就去世了。邵進士不願再續前緣，堅決不去襄陽，回鄉後，在六十五歲時去世了。

奇跡就是沒完沒了。襄陽的那位董小姐轉世的王小姐，長到十多歲後，求親者絡繹不絕，可王小姐都不肯答應。襄陽城當時有戶姓邵的世家，七八歲的小公子隨父母出遊，經過王家，見到兩棵柳樹，忽然像大人一樣「攀條泫然」，一定要去王家看看。王家當作小孩子串門，端出瓜子點心哄他玩。王小姐也出來逗小孩子玩，沒想到邵小公子語出驚人：「卿怎不似館陶重會時乎？」王小姐也恍然大悟，邵進士也轉世了。兩人一起抱頭痛哭。然後王小姐一定要嫁給這位七、八歲的小娃娃，而邵小公子也是日夜號泣，非王家小姐姐不娶。雙方父母頭痛不已，只能等小公子到十五歲時，讓二十二歲的王小姐過門（在那個年代當然算是很晚的晚婚了）。女大七的婚姻非常美滿，王氏高齡八十二才去世，邵公子享年七十二，子孫滿堂。

在第三段婚姻裡，其實是生了變數。原本邵進士是要連娶女方三世的，可是他自己也轉世了。為什麼會出現這樣的偏差，邵公子在酒醉後曾經說明真相：冥簿裡其實已登記了他們三世夫妻的姻緣，可是因為冥簿裝訂不整齊，有些文字藏到裝訂線裡面去了，有所遺漏。冥吏發現後，就讓他們自行想辦法相聚。「裝砌時釘入夾縫，曹椽翻忙迫，往往遺漏，故由我兩人自為之也。」（《小豆棚》）

這大概是志怪小說史上特別神奇的三世夫婦的故事。有幾點需要特別說明，首先，兩人的姻緣是受限於冥簿的，也就是說，他們三世的姻緣，是命中註定的，其中固然有個人意志的因素，但更重要的因素還是命運的安排。其次，在三世的姻緣中，除了第一段婚姻，另外兩段雙方的年齡差距都不太符合風俗習慣，也就是說，並非俊男靚女的組合。最後，雖然三段婚姻都比較美滿，但愛情在其中並沒有起到決定性的作用，否則你很難解釋一個七、八歲的小娃娃日夜號啕大哭要娶十幾歲的小姐姐。三世姻緣是不是合情合理姑且不論，至少不是那種王子與公主從此過著幸福生活的套路。

相較而言，《三生三世十里桃花》就很符合某些文藝青年對愛情的期待：無論在哪一世，男女雙方都顏值超高，幾萬歲的年齡差距，對外貌毫無影響；無論在哪一世，無論是神仙、狐狸精還是凡人，男女只要相遇，就一定會愛意滿滿地看對眼；無論歷經幾萬年的磨難，愛是唯一的目標。

以有鬼君所知，在幾大宗教中，有的以長生久世為目的，有的以擺脫輪迴之苦為目的，有的以天堂永生為目的，愛只是達成目標的手段之一，從來就不是目的。

有鬼君一直倡議研究投胎學，投胎學看重的是在現時代，如何一代一代地接力，實現中華民族的偉大復興。而那些修仙的上神，動輒幾千幾萬十幾萬年愛得死去活來，怎不去發電呢？

協商轉世

轉世有轉世的規則，我們一般想像中的轉世場景，多半是魂魄被拘押至閻羅殿，閻羅王翻看冥簿之後，根據其人生前的善惡福報，按照一定之規，決定轉世的去向。但是，我們要知道的是，地府的法律並不是剛性的，其人情味以及彈性都遠遠超過我們的想像。在轉世與否的問題上，也要尊重個人的意志。比如有鬼君用過好幾次，特別喜歡的一個故事：

明代有個姓宋的，擅長堪輿之術，專門幫人選吉壤（理想的墳地）。有一次到歙縣深山去勘察，在一個山洞裡遇到一位神奇的隱士鬼。這位隱士鬼生前曾做過縣令，因為厭惡官場的傾軋，辭職隱居。死後向閻羅王表示，不願再回人間，寧願做個陰官。可是陰間官場也同樣是爾虞我詐。索性再辭職，隱居起來，跟其他的鬼也不來往。（《閱微草堂筆記》卷六）

很多知識份子鬼也持類似的看法，比如在《閱微草堂筆記》卷八的一則故事中，一位耽於鬼趣，不肯轉世的士大夫鬼就這麼解釋說：**死生雖殊，性靈不改，境界亦不改，山川風月人見之，鬼亦見之；登臨吟詠人有之，鬼亦有之，鬼何不如人。且幽深險阻之勝，人所不至，鬼得以魂遊蕭寥清絕之景，人所不睹，鬼得以夜賞；人且有時不如鬼，彼夫畏死而樂生者，由嗜欲攖心，妻孥結戀，一旦舍之入冥漠，如高官解組，息跡林泉，勢不能不戚戚。不知本住林泉，耕田鑿井，恬熙相安，原**

無所戚戚於中也。……求生者如求官，惟人所命。不求生者如逃名，惟己所為。苟不求生，神不強也。

這段話的意思大致是說，人能享受的精神生活和物質生活，鬼都能享受，而且人到不了的幽深險阻的旅遊景點，對鬼來說輕而易舉。注意最後兩句，說的就是在轉世過程中自由意志的作用：求生如求官，要看各人的命；但不求生就像捨棄功名利祿一樣，只看自己的選擇，冥界不會強求的。

對於境界高的鬼來說，這些理由已經足夠充分了，但是對一般人來說，願意留在地府，還是需要一點現實的利益的。比如《子不語》卷十一「通判妾」講的故事：

徽州府官衙裡一位做僕役的老太太，某天被鬼魂附體，附體的是一位通判的小妾，因為被衙神看管，沒辦法四處覓食，只能借著老太太的身體求點吃喝。這位小妾附體之後有兩個優點：一是除了吃喝之外，不做任何害人、騷擾人的事；二是具有中國大媽愛傳話的特質，凡是在陰間見到的事，都願意到處傳播。因此人們經常向她打聽自己親人在陰間的生活狀況。有一位司馬問及自己早逝的女兒的情況，這位元小妾告訴他：你上任的時候，把女兒的靈位留在廟裡，所以她現在就在廟裡生活。而且，因為這廟香火繁盛，她每月分到大筆的香火錢，日子過得很滋潤，所以不願再轉世到人間受罪了。只是希望你以後多燒點紙衣給她，最好選擇當令的新款，不要燒換季打折的低檔貨。

對普通百姓來說，衣食無憂就是最好的選擇了，無需讀書人這樣那樣的清新境界。不過，對生前做過官的，特別是做過高官的鬼來說，轉世與否就要看情況了，比如下面這個故事：

清初的名臣張英，字敦復，一字夢敦。這個敦字與東晉王敦同名，也就是說，張英是王敦轉世的。當時張英的父親張封翁還年輕，夢見有金甲神自稱是王敦，要托生為其子。王敦是著名的叛臣賊子，封翁當然不肯，嚴詞拒絕。王敦說：那時晉朝衰敗，我做奸臣也是應運而生的；如今天下清明，兄弟我要做良臣了。封翁拗不過他，在夢中應允了。不久他果然有了個兒子，可是沒幾天就夭折了。封翁覺得不過是個異夢，也沒在意。過了幾年，這王敦又在夢裡要求托生，封翁大怒：你這奸賊，確實是習性不改，上次托生，結果轉眼就走，這次又來騙我，絕不答應。王敦說：您批評得對！這兩年我離開後，「曆相江南諸家，福澤無逾於君者」，整個江南就你的福氣最好。這回我鐵了心了，一心一意做你的兒子，不走了！兩人在夢裡爭執商量了半天，封翁最後還是同意了。後來，出生的孩子沒有再夭折，就是張英，為康熙朝的名相，張英之子張廷玉，則為雍正、乾隆兩朝名相。張家的福報確實是冠絕江南。（《庸閑齋筆記》卷四「古人轉世」）

當然會有人對此提出疑問：一是王敦既為逆賊，為何能轉世為良相，如此福報，實在不合理。二是為何一千多年才能轉世，隔得時間太久了吧。

故事裡王敦對自己一千多年的陰間生活沒有說明，不過有鬼君倒可以略微解釋。轉世是有檔期的，不像地鐵、公車，可以隨到隨走，對著名的奸臣或忠臣，陰間會有特別處置。比如曹操、秦檜甚至白起，根據陰律，判的刑極重，隔三差五就要被拖出來吊打。所以，像王敦這樣歷史上數得著的逆賊，肯定不會按照常規處理的。

至於王敦為何如此執著地想要做名相，反復與張封翁協商，而讀書人和老百姓卻無此念想，有鬼君想起了宋美齡說的一句話：那只不過是因為他們還沒有嘗到真正權力的滋味。

怎樣才能投胎到蛋黃區

有鬼君有一位從小玩在一起的朋友，我倆的父輩原籍都是又老又窮的農村，後來努力經商，這是第一代；我和這位童年好友分別在上海和北京讀大學，幸運地留了下來，這是第二代；不久前，他的女兒赴美留學，這是第三代。對普通百姓來說，一代一代人接力，能改善生活境遇，已經很幸運了。而現在，隨著社會階層的逐漸固化，有鬼君覺得這條路基本走不通了。

之所以說這個，是因為最近一段時間，北京房價，特別是西城區學區房的房價，令人咋舌。享受西城區一流的教育資源，並不容易辦到，甚至不是一代人就能實現的。既然涉及代際的更迭，就可以通過投胎學的分析，探究一下轉世到北京市西城區的可能性。

首先要考慮的是空間問題。換句話說，二三線城市乃至九線小城的人，是否可以長途跋涉到西城區投胎呢？有點抱歉，以有鬼君閱讀所見，轉世也大致依照就近的原則。

清嘉慶年間的軍機大臣沈初（沈雲椒），年少成名，於乾隆二十八年科舉中的探花。他的出生就頗有傳奇色彩。其母陸夫人出嫁後才一年，丈夫就去世了，幸好有了遺腹子，可不幸的是，這個孩子在三歲也得病死了。陸夫人痛哭不已：沈家和我的期望就在這孩子身上，難道沈家要絕後嗎？在收殮孩子時，陸夫人在孩子屍體的手臂上用朱砂做了個標記。誠心祈禱上天能讓沈家有後，如果這孩子能轉世投胎，以這個標記為準來相認。果然，就在這個月，沈氏族人中，一戶住在陸夫人隔壁的人家生了個孩子，手臂上有朱砂狀的胎記。族人哄傳，這孩子就是陸夫人遺腹子轉世而來。於是族人公議，將其過繼給陸夫人，就是沈初。後來沈初與紀曉嵐同朝為官，曾將此事原原本本地告訴給他。（《閱微草堂筆記》卷九）

沈初從隔壁轉世而來，這大概是距離最近的投胎了。稍微遠一點到鄰村的也有：

清代江西臨川有位員外欒子惠，家境富裕，樂善好施，方圓幾十里都很出名。鄰村寺廟的一個和尚就很羨慕，當然，這和尚修行也是很虔誠的，只是經常對人說：我努力修行，敲木魚、宣貝葉以種善果，為的就是將來能投胎作欒員外的兒子。有一天，欒家的族人遇到這和尚，問他去哪裡，他說：到子惠公家去。後來族人遇到欒員外，問起和尚那天來做什麼。欒員外說，和尚沒來啊，那天正巧我有弄璋之喜，兒子欒瞻出生。族人之前聽說過和尚希望投胎欒家的傳言，也沒聲張，立刻去鄰村寺廟探訪。果然，那和尚已經圓寂了，而且就是在族人遇到他的那天圓寂的。和尚的願望實現了。（《耳食錄》卷八「荷袈裟」）

遠距離轉世當然會有，比如明嘉靖年間，青城山一個小道童，轉世到江蘇宜興，長在富戶潘家，再轉到安徽桐城方家，長大後學畫，成了清初有名的畫家方亨咸（《續子不語》卷四「方宮詹」）。但相對而言，這種情況並不多見，至少比在北京蛋黃區抽籤買房的概率低。

除了空間（距離）限制，能否轉世成人也是一大障礙。這個無須多解釋，六道輪迴，如果前世不結善緣，很難保證下輩子還能轉世成人。即使是仙界大佬天蓬元帥，轉世都可能搞錯，何況凡人。

在志怪筆記中，人轉世成六畜的故事數不勝數，比如《夷堅甲志》卷十七「人死為牛」、《夷堅丙志》卷十八「豬耳環」等，可自行參看。《夷堅甲志》卷十八「邵昱水厄」的故事中，人轉世為魚蝦，離得就更遠了。投胎到水產市場，也不是好事啊！

即便能順利地轉世成人，並且如願以償地生在蛋黃區，還有一個變數需要考慮：時間！只有在合適的時間精準投胎，才有可能享受蛋黃區優質的資源。

說了那麼多，難道就沒有一個成功的案例嗎？當然不是，《閱微草堂筆記》卷二十一就記載了一個成功案例：

恒蘭台之叔父，生數歲，即自言前身為城西萬壽寺僧，從未一至其地，取筆粗畫其殿廊門徑，莊嚴陳設，花樹行列，往驗之，一一相合。然平生不肯至此寺，不知何意，此真輪迴也。

有鬼君請教過清史學者，桓蘭台很可能是恒博，此人為清宗室，正紅旗人。乾隆年間的侍衛，嘉慶三年升為齊齊哈爾副都統，嘉慶十一年為內閣學士兼禮部侍郎，後又兼鑲黃旗蒙古副都統。老北京有「東富西貴」的說法，恒博這一家族住在西城區，基本也可以確認。紀曉嵐的故事說，恒博的叔叔是萬壽寺的和尚轉世的。萬壽寺是集寺廟、行宮、園林於一體的皇家佛教聖地，曾是清代皇家祝壽慶典的重要場所。歷經萬曆、康熙、乾隆、光緒歷朝的數次大規模翻建，形成了集寺廟、行宮、園林為一體的建築格局，有「京西小故宮」之譽。

再直截了當一點，皇家寺廟的和尚確實能轉世投胎到西城區。但是他的成功很難複製。

怎樣將轉世變成行為藝術

先引一段《堅瓠續集》卷四「前身」的文字：

輪迴之事，正史載羊祜前身為李氏子。他如蔡邕是張衡後身。顧總是劉楨。邊鎬是謝靈運。侯景是齊東昏侯。岳陽王蕭察是許玄度詢。嚴武是諸葛武侯，韋皋亦是武侯。房琯是永禪師。韓滉是仲由。宋太祖是定光佛。仁宗是赤脚大仙。馮京是五台僧。蘇子瞻是五戒和尚，又是鄒陽。范祖禹是鄧禹。劉沆是牛僧孺。張方平是琅琊寺僧。黃山谷是涪陽誦法華經女子。王安石是秦王。宋高宗是錢鏐，趙鼎是李德裕。王十朋是嚴伯威。真西山是草庵和尚。史浩是文潞公。史彌遠是覺闍黎。陸遊是秦少遊。袁滋是西華坐禪和尚。徐知威是徐陵。潘佑是顏延之。武夷君再世為楊大年。玉京之為王素。馬北平之為馬仁裕。劉公幹為昏愚小吏。澤公為浣衣李氏子。明胡尚書濙是天池僧。周文襄忱是滕懋德尚書。王尚書瓊幼年能誦番經，恍然悟前生為西僧。周文安洪謨前生為友鶴山人丁逢。王新建伯守仁是入定僧。楊忠湣繼盛是二郎神托生。徐國公鵬舉為嶽忠武后身。馮宗伯琦為韓忠獻後身。海鹽鄭尚書曉是海甯寺盲道人。萬曆甲戌狀元孫繼皐是正德甲戌狀元唐皋後身。本朝丁亥探花金壇蔣超是峨眉山伏虎寺僧。大學士余詮廬國柱前生為吳中積善庵僧，聞其圖記有積善橋邊過客。

《堅瓠集》的作者褚人獲是明末清初人，他最著名的作品是《隋唐演義》。此人讀書極多，這一則筆記是他簡單彙集的名人轉世的不完全統計。我們可以看到，其實古代名人大多是前朝名人轉世而來。實際上，轉世是古代鬼世界運轉的重要動力，算是普遍的規則，如果不是很奇特，普通人的轉世不會被文人記錄下來。

當然，轉世雖然是普遍規則，但確有不少無法轉世的情況，比如《廣異記》中的一則故事：

唐玄宗天寶年間，四川犍為駐軍的一個下級參謀費子玉被陰差拘押至冥府，說他命數已到。費子玉平日裡信佛，經常誦讀《金剛經》，危急時刻，不由在心裡默默誦讀，還一邊祈禱：最好能遇到菩薩搭救。閻王命他過堂時，果然有菩薩從雲中下降，原來是冥府的精神領袖地藏菩薩。地藏菩薩對閻王說，此人一生誦讀《金剛經》，福澤不小，應該加幾年陽壽，王爺不如放他還陽吧。閻王無奈，對費子玉說，既然有地藏罩著你，就放你復生吧。費子玉出了閻王殿，見冥府城內外有成千上萬的人在等著，就問菩薩怎麼回事。菩薩說：「此輩各罪福不明，已數百年為鬼，不得記生。」就是說他們罪行和福報都算不清楚，所以在這裡待了幾百年了，還沒法轉世。菩薩還告誡他，還陽後不能再吃肉，才能長壽。費子玉還陽之後，堅持三年吃素，後來忍不住開葷，就被拘到冥府。菩薩怒了，讓你不要吃肉，怎麼不聽？菩薩罵歸罵，費子玉究竟是信佛的自己人，所以還是放他還陽。當然，此後費子玉再也不敢吃葷了，他後來活了很久。

這個故事指出了轉世的基本規則，也就是說，轉世是正常操作，但有些人因為罪福未定，所以暫時在冥府候著，並沒有徹底剝奪他們轉世的權利。清代一個呂姓無賴，死後托夢給妻子：「我業重，當永墮泥犁，緣生前事母尚盡孝，冥官檢籍得受蛇身，今往生矣。」（《閱微草堂筆記》卷一）即使是重罪，也有轉世的可能。古人眼中一些十惡不赦的奸佞如蚩尤、秦檜、曹操等，也不過是受罪久一些，並未徹底剝奪他們轉世的政治權利。筆記中多有記載秦檜轉世為豬、狗等在陽間受屠戮之苦。不管怎樣受苦，至少他們還是在輪迴之中。「諸書所載白起、李林甫、曹翰、秦檜等歷劫為豬牛受報，宜矣。」

古代有八議制度：一議親，二議故，三議賢，四議能，五議功，六議貴，七議勤，八議賓。在轉世的領域，既有因為罪錯延遲轉世，也有迅速轉世或復生的。

南宋樂山有個常羅漢，經常勸人設羅漢齋會祈禳，所以鄉里都叫他常羅漢。當地有個富戶楊老太，喜歡吃雞，平生所殺的雞不知有幾千隻。楊老太去世後，家人設齋醮，請道士超度。道士正在作法，常羅漢不請自來，說要為楊老太懺悔、祈福。家人很高興。常羅漢說，你們去東邊第幾家的鄰居家買一隻雞來。雞買來後，常羅漢又讓家人殺了做菜。楊老太的兒子大吃一驚，懇求說：我們今天正在齋醮作法，全家都不吃葷腥。您這麼做，我們很為難啊。常羅漢說不行，一定得做。家人無法，將雞殺了做菜。常羅漢就在靈堂前將雞分成數份，分別放在供奉的道教神仙牌位前，然後一邊啃雞腿一邊讓道士作法。道士無法，硬著頭皮走完程式。齋醮結束，常羅漢也啃完了雞腿，揚長而去。當晚，楊老太就托夢給家人和賣雞的鄰居，說自己生前因為吃雞太多，轉世成雞。幸好常羅漢立刻幫我化解了，我已經轉世到別處了。此後，當地鄉民做法事，再也不請道士，都請常羅漢作法。（《夷堅丙志》卷三「常羅漢」）

這個故事的主旨大概是佛道鬥法，常羅漢法術高強，從此獨霸了欒山一帶的殯葬產業。他強就強在能讓殺生罪孽深重的人立刻消除罪愆並迅速轉世，可見跟對人很重要。

有意思的是，筆者讀到一則筆記，也是瘋狂轉世的。可見，太陽底下真沒啥新鮮事：

四川有兩個和尚吳濟神仙和廣善禪師，經常互相對飆偈語。有次廣善禪師說：「吳濟吳濟，終是不濟。捏住鼻子，如何出氣？」吳濟回應說：「廣善廣善，到底不善。若要成佛，轉生七遍。」然後就是見證奇跡的時刻了，廣善果然就在成都所屬的各個縣方圓不超過三百里的地方，轉世了七次。更神奇的是，他每次轉世所在的家庭，父親都姓王，母親都姓鄭。生下來就說我前世是廣善和尚，所以一定要出家。每到六、七十歲時要圓寂時，他就召集門徒預告說：我要在某月某日托生在某村的某某家。然後門徒屆時去那家圍觀，果然絲毫不差。廣善把轉世投胎這麼嚴肅的事，活生生地弄成了宣揚佛教的行為藝術，延續幾百年，行銷能力超強。（《耳談》卷十一「廣善禪師」）

對於轉世的普世規則，古人也有反思，紀曉嵐曾記載說：「問六道輪迴，事有主者，何以竟得自由。曰：求生者如求官，惟人所命。不求生者如逃名，惟己所為。苟不求生，神不強也。」以有鬼君的理解，轉世從必然王國飛躍至自由王國，至少目前還只是個奮鬥目標。

意志戰勝因果報應

人類究竟能否預測、把握自己的命運，對於個人或人類整體來說，都算是個難題吧。馬克思主義認為共產主義是人類最後的歸宿，而法蘭西斯．福山在其著作《歷史之終結及最後一人》中，提出自由民主將成為歷史的最後階段，兩人認為歷史是有目標且可以預測的。

政治哲學的宏大敘事，其背後總以對人性的整體判斷為基礎。不過對於作為個體的個人來說，這些整體判斷有時會失效，因為自我選擇的空間還是存在的。

南宋時期，臨安城有個張公子，偶然經過一座破廟，看見裡面的佛像殘敗不堪，手腳都沒了。張公子篤信佛教，就將佛像帶回家中虔誠供奉。如此過了一年，佛像漸漸有些靈應了，家裡有什麼吉凶，佛像都會事先托夢告知。建炎年間，金兵進犯臨安，張公子無處逃難，只好躲在枯井中。恍惚間夢見佛像來告別，說：「你這次是大難臨頭了，命數所在，我也救不了你了。你的前世在黃巢之亂中殺了一個人，此人如今轉世，叫丁小大，明天就會來殺你。因果報應，誰也躲不掉的。」張公子聽了，萬念俱灰。但也無法可想，只能寄希望於運氣。第二天，果然有士兵手持長矛來到井邊，「叱張令出」，準備殺了他。張公子大呼：「你就是丁小大嗎？」那人大吃一驚，張公子就把佛像所說的話陳述一遍。丁小大聽完，悵然若失，說：「你的前世殺了我的前世，我現在殺你，將來你的後世也會殺我報仇。因果報應如此迴圈下去，何時能停止？我今天偏不殺你，果報效應就從我這裡斷了吧。」丁小大不僅沒有殺張公子，還護送他離開了戰場。（《夷堅甲志》卷八「佛救宿冤」）

有個聽過這故事的朋友覺得丁小大非常了不起，因為他對抗的不只是自己心中的惡念，而是整個因果報應的鏈條，是人世間的基本規律。我們現在似乎並不覺得有什麼稀奇的，可是在那個幾乎人人都相信輪迴轉世、因果報應的年代，僅僅憑藉自己的意志，就能抗拒命運確定不移的安排，並不是一件容易的事。

《論語．陽貨》中，孔子與弟子宰我有一段關於三年之喪的討論。宰我認為，父母去世，子女守孝三年，期限太久了。君子三年不講習禮儀，禮儀必然荒廢敗壞；三年不演奏音樂，音樂必然生疏忘記。舊穀子已吃完，新穀子已成熟，取火用的木料也都輪了一遍，所以守孝一周年就可以了。但孔子回答，父母去世還不滿三年，你便吃大米飯，穿錦綢緞，你這樣心安嗎？宰我說：我心安。孔子說：你心安就這樣做吧！和現在一些在網上咄咄逼人的學者比起來，孔子實在是個很溫和、很尊重自由意志的人。

面對命運的安排，個人雖然有選擇的空間，可是當個人的意志挑戰整個因果報應的鏈條時，大都不會成功。從下面這個故事可以看到，意志與命數的博弈有多激烈。

太平天國戰亂的時候，徽州商人某甲與兩位同鄉，為躲避戰亂，逃到浙東。一路上戰火不斷，晚上沒地方睡覺，只好躺在死人堆裡。半夜時分，忽然燈火通明，一位冥官在侍衛的簇擁下，到此核查死人名目。侍衛拿著冥簿唱名，屍體就一一應聲而起答到。輪到這三人時，冥官發現不對，讓侍衛核查這三人是否應當日的劫數。侍衛翻檢之後回答：某甲三日後將在龍游被賴麻子所殺。冥官點頭，帶著侍衛離去。

天色漸亮，三人驚詫不已，但也來不及多想，繼續逃難。三天後，果然到了龍游，而且巧合的是，太平軍也正好殺到龍遊。兩人勸某甲快走，或許可以逃過這一劫。某甲說：這是命之所在，我將「延頸待賊，了此劫數」。兩人苦勸不得，只能先跑了。某甲索性不走了，就在一座古廟中休息。到了中午，太平軍大隊人馬到來，某甲見居中一位騎著高頭大馬的，知道是首領。那首領見竟然有人敢不逃，命人將其帶來訊問。某甲見那首領「滿面痘瘢」，心中一動，說：你就是賴麻子嗎？我命喪你手，也是死得其所。那首領大吃一驚：你怎麼知道我姓賴。某甲就將三日前所見講述一遍。賴麻子聽了哈哈大笑：我們信的是高大上的拜上帝教，偏不信你們邪教的劫數。我不僅不殺你，還要讓你活得好好的。說罷，命人給了某甲五兩銀子，放他走了。某甲感激涕零，可惜路上又遇到太平軍，被搶劫一空，正在為難之際，又遇到冤家賴麻子。賴麻子又給了他十兩銀子，某甲繼續逃命。當然，再次被太平軍搶光了。第三次遇到賴麻子，某甲實在不想再逃了，一心求死，說：雖然蒙您老人家一再開恩，但是命數已定。不如您一刀砍了我吧。賴麻子也是倔人，說：老子這回還跟你的劫數耗上了。給了他五十兩銀子，還開了張路條，再遇到太平軍，只要出示路條，就安全無憂。某甲還是不放心，說：雖然您如此厚意，不過冥簿上有我的名字，未必能逃掉。不如您用刀在我脖子上輕輕劃一下，意思意思。賴麻子也答應了，用佩刀在某甲脖子上象徵性地劃了一下，就像手指抓的一樣。

某甲這次再逃，果然一路平安，順利回到家鄉，並向家人訴說賴麻子不信邪的傳奇。可是過了沒幾天，脖子上的痕跡越來越癢，越來越痛，醫生也束手無策。賴麻子送的五十兩銀子全部用完，某甲的脖子上的傷痕爆裂，頭顱落地，就像新用刀砍的一樣。（《里乘》卷十《徽州某甲》）

在這個故事裡，在賴麻子的執拗之下，某甲的命運一再出現轉機，但是命數所在，意志還是敗下陣來。

有鬼君覺得，這個故事更像是用宗教爭鋒的形式在佈道，信仰拜上帝教的賴麻子在超現實領域還是輸給了某甲，某甲命雖不在，但他信奉的傳統信仰，最終擊敗了四不像的拜上帝教。

役鬼

在夢枕獏的小說《陰陽師》中，幾乎無所不能的安倍晴明，最讓朋友源博雅感到神奇的，是他總是能指揮各種「式神」為自己服務。這些式神組成複雜，有被注入短暫生命的樹葉，有各種魔怪，也有死者的魂靈。不過，指使一些低級式神端茶倒水、送信跑腿，安倍晴明多半是為了炫技，在真正的危急時刻，還得靠自己的技術。

到了當代，式神的用途也有了新擴展，比如，在日本作家萬城目學的小說《鴨川小鬼》中，京都大學新生安倍明加入了京大青龍會，這個社團成員，每人居然需要操縱一百個名為「小鬼」的式神，和京都其他三所大學社團進行比賽。這比之牛津、劍橋的賽艇比賽，恐怕要有意思得多。

《陰陽師》中的不少故事取自中國古代的志怪小說，雖然沒有明顯的證據顯示式神也是從中國借來的。不過，這類在古代中國稱為「役鬼」的法術，確實很常見。

唐代薛用弱的《集異記》記載：丹陽的術士張承先就很擅長役鬼，他指使的鬼經常為主人跑腿。有一次張請客吃飯，需要二十條鯉魚和一大堆蓴菜，便叫這小鬼去辦。小鬼領著一個孩子走到十字路口，讓小孩子在路口睡一覺，醒來時，孩子身邊的籃子裡已經裝著需要的物品。

與低級式神只是被動地執行主人的命令不同，張承先家的鬼還很有主見。有一次，他自作主張偷了一個箭筒給主人，再三叮囑，這箭筒是從陶家偷來的，千萬不要聲張。張承先沒當一回事，竟然把箭筒借給別人了。這小鬼勃然大怒，放話說要燒了主人家的屋子，張承先只好趕快命人取回來。

役鬼很可能源自招魂法術，《拾遺記》記載，漢武帝思念去世的李夫人，術士董仲君花費十年工夫，找到珍貴的潛英之石，雕刻成李夫人的形象，其魂魄會依附於石像。不過，漢武帝「可遠見而不可同於帷席」，也就是只能意淫而已。

這類招魂法術經過改裝升級，成為術士的基本功，即通過咒語、法術、寶物等手段役使鬼神。在葛洪的《神仙傳》中，擅長役使鬼神的神仙、術士比比皆是。曾戲弄曹操的著名方士左慈，在宴會上釣松江鱸魚、買四川生薑，恐怕都是指揮鬼神所為。對於這類技能，道教文獻有一套玄妙的理論解釋，《關尹子．一宇》說：「知道非方之所能礙者，能以一里為百里，能以百里為一里；知道無氣能運有氣者，可以召風雨；知道無形能變有形者，可以易鳥獸。……知此道者，可以制鬼神。」簡單地說，就是掌握了宇宙、人生的運轉規律後，就可以無所不能，指揮個把小鬼當然不在話下。

《關尹子》所說的「道」，原本是形而上的追求精神自由，體現在形而下的層面，就是呼風喚雨、役使鬼神這樣的方術。方術的氾濫，往往會催生《如來神掌》之類的秘笈在坊間傳抄。比如《幽明錄》記載，某太守陽聖卿年幼時無意中得到《素書》一卷，裡面記載了各種譴劾百鬼的方法。他一試之下，靈驗無比。他曾經逮到一個肅霜之神作為自己的奴僕，遇到和自己不合的人，就派它半夜裡到對方床頭，把人家嚇得半死。

隨著道教儀軌的逐漸完善乃至清整道教運動，對於役使鬼神這類民間法術有了嚴格的限制。這種限制首先體現在倫理規範上，即各種法術只能用來行善積德，不能為非作歹。而且，很多記載都在暗示，那些被奴役驅使的鬼，也是會揭竿而起的。比如《後漢書．方術列傳》所記載的費長房，修仙不成，功虧一簣，但是掌握了法術，「能醫療眾病，鞭笞百鬼，及驅使社公」。雖然做了很多善事，可是「後失其符，為眾鬼所殺」。

另一個反面典型是唐高宗時期的明崇儼，曾任正諫大夫，皇帝特許他入閣供奉。他從小就學了一套役使鬼神的法術，經常在皇帝面前炫技。比如盛夏裡給皇帝弄來一捧雪，五月天幫皇帝買來西瓜……這麼一位弄臣，卻在半夜死於非命。據說他是因為捲入宮廷鬥爭而被刺殺的，但大家都說，「崇儼役鬼勞苦，為鬼所殺」。張在《朝野僉載》中評價此事說：「孔子曰：『攻乎異端，斯害也已。』信哉！」儘管明崇儼沒有做什麼傷天害理的事，但朝廷的輿論已將他的技能歸於妖術。

按照人間一般的道德規範，費長房和明崇儼最多也就是喜歡賣弄，罪不至死。但我們要意識到，陰間的倫理規範及法律規範比陽間要嚴格、苛刻得多。換句話說，這兩位並不是死於陽律，而是死於陰律。《夷堅丙志》卷十四「鄭道士」條記載的故事可以很清楚地看出陰律的嚴苛：

南宋一位鄭道士修習了五雷法，在江西一帶為人求雨驅魅，「召呼雷霆，若響若答」。某年他遊歷到臨川，很多粉絲聞風而來，想請他召喚雷神現身，開開眼界。鄭道士被粉絲大灌迷魂湯，腦袋發熱，「乃如常時誦咒書符，仗劍叱吒」。果然有一神人手持雷斧出現，請鄭道士下令。鄭道士說：「因為我的粉絲想瞻仰雷神，所以我冒昧請你跑一趟，並沒有什麼行雲布雨的任務。」雷神大怒：「我每次下界公幹，必須有正當理由，回去還要寫工作報告的。你以為是小孩子辦家家酒嗎？

雷斧不容虛行。」當場就將鄭道士劈死。

紀曉嵐曾說，那些擅長法術的道士，「操持符印，役使鬼神，以驅除妖厲，此其權與官吏侔矣」。他們就像掌握了權力的官員一樣，如果為非作歹、貪贓枉法，那麼「天道神明，豈逃鑒察」。

《閱微草堂筆記》卷一記載，紀曉嵐曾向張真人請教驅役鬼神的原理，真人竟然說：「我也不知道是怎麼回事，反正就是按照祖傳的套路施展。」大致說來，鬼神都受制於類似玉璽和官府印章的道教法印，但是符籙卻掌握在具體施法的法官手中，符籙和法印結合，才能役使鬼神。「真人如官長，法官如胥吏；真人非法官不能為符籙，法官非真人之印，其符籙亦不靈。」也就是說，真人與法官，就像長官與胥吏一樣，在役鬼祛魅時，是互相牽制的。至於法術偶爾無效，則是因為符籙像公文一樣在按照程式運轉，上級有時批准，有時不批准。紀曉嵐認為「此言頗近理」。面對時靈時不靈的役鬼法術，古人並不會輕易質疑，因為在他們看來，這很可能是那個世界在公平與效率之間尋求平衡造成的。

很多宗教在初創時期，往往通過展示神通、奇跡來吸引信徒，但宗教的最終目的並非展示神通，而是尋求某種解脫、救贖。時至明清，役鬼已不再是術士炫技、騙粉乃至小偷小摸的遊戲，更像是他們修行的一種手段，並且受到陽間、陰間兩種不同規範的制約。

陰間的穿越

電影《星際效應》指出時間不能倒流，最多只能因為彎曲而變慢；「蟲洞」則可讓人類經由某種特殊途徑來到其他空間，這點在古代的志怪中就有記載。

空間穿越

古人眼中的世界不僅互相關聯，而且不同空間之間都是可以來往的。雖然有一些人造或天然的障礙阻止不同空間的成員隨意交流，但那只是針對凡人的。對於神仙以及修煉成功的人來說，那些障礙完全不存在。即便是凡人，如果運氣好，也會不由自主地走到另一個空間去。

著名的劉、阮入天臺的故事就是如此：劉晨、阮肇進山採藥，遇到仙女，住了半年後再回家，「子孫已曆七世」。仙界中的半年，相當於凡間的上百年。天臺山中的那個仙境可視作另一個三維空間，其中的時空尺度與人間不一樣。事實上，在修仙故事中，特別強調的就是凡人在深山老林裡修煉之後，面對凡間滄海桑田時的震撼。大部分人在經歷了這樣的震撼後，往往看破紅塵。

陰陽之間的穿越當然更常見了，否則人鬼的交流就沒有可能了。至於穿越的速度，雖然古人不會明確記載，但我們可以推算。

《還冤記》記載，東晉永嘉年間，九真（在現在越南北部）太守諸葛覆在任上去世，他的兒子諸葛元崇扶靈回家鄉揚州。剛剛動身，與其一同護送靈柩的諸葛覆的門生何法僧見財起意，找人將諸葛元崇推入水中淹死，將財物據為己有。元崇被殺的當晚，就托夢給在揚州的母親陳氏，訴說自己悲慘的遭遇。陳氏醒後，上疏官府，官府命交州（今廣州一帶）刺史查驗，正好交州長史徐道立就是陳氏的侄子，派人檢查送喪的船，果然如元崇冤魂所說。兇手被抓獲伏法。

在這個故事裡，元崇的冤魂可以在一夜之間從越南趕到揚州，即使我們現代人也要坐飛機才可能辦到。在那個時代，除了類似蟲洞的通道，我們想不出更好的解釋。當然，有人會說，這不過是心靈感應而已。不過，故事中還有幾個細節可以回答這個疑問。元崇在向母親托夢時，說自己連夜趕路，非常困倦，就靠在床上睡了一會兒。母親醒來後，正是看到了兒子沾濕的床單呈人形（元崇溺水而死，渾身濕淋淋的很正常）才相信託夢是真。也就是說，元崇是在陰間的空間裡連夜趕路，然後穿越到陽間的。

有鬼君讀志怪的體會是，永遠不敢低估古人的智慧和想像力，穿越到另一個星系，對他們來說也不是難事。張華《博物志》卷十記載：當時有個住在海邊的人，見到每年八月都有木筏從海上漂來，年年不變，似乎在來回運什麼。他腦洞大開，想著也許乘著這木筏可以環繞大海。就提前做好準備，等到木筏再來時，就在木筏上安裝船艙、設備，將糧食搬上去，隨著木筏漂流。十幾天過去了，最初還能看到日月星辰，後來就晨昏不分了。又漂了十多天，木筏漂到岸邊。此人尚未上岸，遠遠望見有一座城池，似乎與人間無異。這時有人牽著頭牛到水邊飲牛。牽牛人見到此人大驚：你怎麼會來這裡？這人說明來意，還向牽牛人打聽這是何處。牽牛人說，這不是你該來的地方，你回去到四川找一個叫嚴君平的人，一問便知。此人大約也覺得不宜久留，沒上岸就坐著木筏又漂了回去。後來找到嚴君平，嚴說：「某年月日有客星犯牽牛宿。」就是說夜觀天象，在某天曾有客星接近牽牛星。正是這人見到牽牛人那一天。客星就是指類似流星一樣的天象，因為出沒沒有規律，像客人一樣，故名客星。

牽牛星距離地球有十六光年，這哥們兒竟然靠木筏就划過去了。星際旅行如此便捷，說不定就是通過蟲洞穿過去的。

時間換算

根據愛因斯坦的相對論，時間是相對的。對於不懂物理學的古人來說，他們天才的想像力也能達到類似的結果。

最為人熟知的就是《西遊記》中反復植入的天上一日、人間一年的概念，所以孫猴子搬救兵都是快進快出，不敢耽擱。關於他打得過天上的天兵天將，卻打不過地上的妖怪，這幾年被翻出來反復討論，大多是從官場哲學的角度分析的。換一個視角其實也好理解，大鬧天宮時他在天界，取經時則在凡間，兩個不同的空間，時空維度和重力全不一樣，當然戰鬥力會有差別。

不過，陰間和陽間時間換算的比例卻很難得出統一的結論，因為不同的記載中，換算的尺度並不一樣。

大唐貞觀年間，咸陽有一梁姓婦人，死後七天復活。據她自述，當時是有冥吏說她命數已到，帶她到陰間報到。結果陰間的官員一查冥簿，發現抓錯了，應該是同名的另一人。於是命人將其放回，不過在放回之前，查知她因說話刻薄，被判「兩舌惡罵之罪」，冥官說，既然來了，索性就行刑之後再放回。梁氏因此每天舌頭被割四次，一連受了七天的罪才還陽。復生之後，她的舌頭潰爛，只能永遠禁斷酒肉。（《太平廣記》卷三百八十六「梁氏」）

在這個故事裡，陰間的七天等於陽間的七天，所以時間換算的比例是一比一。

宋代樂平縣村民陳五，死後三日復活，他說自己在陰間神遊西湖。當時魂魄離家，正無所歸依，忽有自稱將軍者出現，還有幾個馬仔，將軍先帶他大吃一頓，然後說：我聽說西湖是人間天堂，可恨平生不曾去過。你做個地陪，帶我西湖一遊，玩得開心，我再放你還陽。陳五因為生前受雇做挑夫，常常出遠門，就帶著將軍一行人一路向東，往杭州進發。一路上遇到有人祭祀，將軍就帶著陳五去大吃大喝。吃完繼續趕路，五天後到了杭州，「天竺靈隱，市肆園林，逐一行遍，只不敢入道觀」。在杭州遊玩結束後，將軍又讓他帶著出海，從海路到福建，再從福建往西北方向經撫州回去。在途經查姓一家混吃混喝時，忽有「道士戴星冠，仗劍，捧水誦咒，念到火發燒屋」，將軍和他的馬仔狼狽逃竄，匆忙間，陳五被他們踩踏在地，這才蘇醒。後來一打聽，姓查的那戶人家染上瘟疫，請道士「行五雷雨法袪之而癒」。原來自稱將軍者，是一群疫鬼，四處遊歷是為了傳播瘟疫。（《夷堅支志》癸卷五「神遊西湖」）

這個故事中涉及的陰陽時間可以簡單分析一下，陽間為三天，這是明確的。陰間的遊歷，從樂平至杭州，用了五天，杭州走海路到福建，恐怕需要十天。從福建回江西，按照走陸路的速度，可能也需要十天。這樣看來陽間的三天，陰間可能是二十五天左右，時間換算的比例大致是一比八。

不過，並非每一處陰間的時間都比陽間慢。有時陽間七八天才相當於陰間一天。比如《夷堅三志》辛卷九「郭二還魂」條中，郭二死後七天復活，可是按照他自己的敘述，在陰間最多只待了一天，所以，這裡的時間換算比例可能是七比一。類似的記載還有不少，總之，我們很難推算出讓處女座滿意的、一致的換算比例。

為什麼陰陽之間時間換算的比例有如此大的差異？可以有兩個解釋：一是記錄者不仔細，有差錯；另一種可能，則是陰間的時間忽快忽慢，陰間的時間實體化、捲曲、折疊都是可能的，如果用陽間的時間來換算，自然就會呈現出忽快忽慢、不一致的現象。

穿越時空的愛

志怪小說中，也存在著由於時間尺度的差異，導致的穿越時空的感情。《閱微草堂筆記》卷十中就有這樣的故事：有個鄉下人走夜路，看見墓地裡有兩個人「倚肩笑語，意若甚相悅」，顯然是一對戀人。可奇怪的是，男子是只有十六、七歲的小鮮肉，而女子卻是鶴髮雞皮七、八十歲的老嫗。

鄉下人逐漸走近，他倆就像青煙一樣緩緩消散了。第二天一打聽才知道，這是一對合葬的夫妻，當年新媳婦才過門，丈夫就死了，她守寡五十年，最近才去世。

在這個故事中，早夭的丈夫在陰間的時間是極其緩慢甚至是停止的，就是為了等待守寡的妻子，然後一起投胎轉世，所以才會有老妻少夫這樣的奇觀。當然，也有記載說，陰律中有一條，丈夫先去世之後，不能即刻轉世，必須等守節的妻子也來到陰間，一起轉世。這規則似乎有點不合理，但規則是規則，人情是人情，我們不必非要放在對立的角度看。紀曉嵐也感慨地說：「聖人通幽明之禮，故能以人情知鬼神之情也。不近人情，又烏知禮意哉。」批評者大可扯一通封建禮教殺人的套話，可是，即使在今天，如果在相信轉世、來生的情侶眼中，這樣的等待不值得嗎？

上文所述的故事，其實是人的感情延續到陰間，在志怪小說中，比較多的橋段表現為前世的感情延續到今世，也頗令人感慨。

唐代柳子升與妻子鄭氏夫妻情深，鄭氏後來無疾而終，臨終前對丈夫說：「我不願離開你，十八年後再做你的妻子。」十八年後，柳子升已年近七十，又娶了崔氏。崔氏果然是鄭氏的後身，很多前世的事情都記得清清楚楚。（《獨異志》卷上）

類似這種兩世夫妻的故事，在志怪小說中很多，不必多列舉了。除了夫妻，父子之間也會有類似的情感延續。

中唐的詩人顧況，中年喪子，悲傷不已，作詩懷念孩子，一邊吟誦一邊痛哭。這孩子雖然去世，但是魂魄總是不肯離開家，聽到父親詩中的傷感，也不由得悲痛，發誓要再做顧家子。果然，他被冥官判令再托生於顧家。剛出生時，心中雖然明白，卻沒法說話，很快孟婆湯就發揮效力了，對於前世之事完全忘記了。直到七歲的某天，哥哥欺負他，打了他一個耳光，彷彿喚醒了他沉睡的記憶。前世的事驀地湧上心頭，回擊哥哥說：「我是你哥哥，你怎麼敢打我？」將前生的事娓娓道來，絲毫不誤。顧況的這個兒子叫顧非熊，後來也考中進士，但只做了個小官，並且對官場毫無興趣，最後索性到茅山隱居，不知所終。（《酉陽雜俎》卷十三「冥跡」）

意念或曰感情在轉世中的作用，往往會給現實世界帶來倫理上的困境，好在大多能得到合理的解決。明代神童戴大賓是福建莆田人。十三歲就在鄉試中考得第三名舉人，二十歲就在正德三年（一五〇八年）的科考中高中探花。可惜天妒英才，他三十歲就因病去世。僕人扶靈回鄉，父母見到棺槨，悲痛不已，一定要再看看孩子。奇怪的是，打開棺材，裡面卻是一具白髮老翁的屍體。父母怒斥僕人辦事不力，可是一路上棺材都捆得好好的，不可能掉包，僕人也莫名其妙。當晚戴大賓托夢給父親說：「您不要責怪下人。這老翁確實不是我，但之前的我也不是我自己。這老翁是我的前身，雖多年苦學，但科場屢屢失利，只能白首鬱鬱而終。上天憐憫他，讓他投胎轉世到我們家。我之所以科舉連戰連捷，就是為了滿足前世的夙願。之所以屍體又變成前世的模樣，是表示不忘本心之意。」父母這才明白，將白頭老翁作為自己的兒子安葬了。（《耳談》卷三「戴探花」）

這幾個故事都是由輪迴轉世引發的，不過，如果我們把轉世的過程理解為時間的扭曲，甚至扭曲到前後相接成為一個圓環，那麼時間的前後相繼、循環往復就豁然開朗了。

幽明一理

在金庸小說《鹿鼎記》中，康熙為酬韋小寶東奔西走之勞，給了他一個輕鬆的差使，去揚州修忠烈祠，可是康熙拒絕給岳飛封號。「修關帝廟，那是很好，關羽忠心報主，大有義氣，我來賜他一個封號。那岳飛打的是金兵。咱們大清，本來叫作後金，金就是清，金兵就是清兵。這岳王廟，就不用理會了。」韋小寶心中想：「原來你們韃子是金兀術、哈迷蚩的後代。你們祖宗可差勁得很。」

康熙希望以官方名義宣揚關羽的忠心，淡化處理岳飛，以免給自己的統治添麻煩。這種在立廟資格上做文章的心思，並非到康熙才有，實際上，歷朝對於能否進祀典吃官方冷豬肉，都會進行資格審查，甚至會列出「負面清單」。比如在《國語．魯語上》中，展禽（柳下惠）曾概述春秋時期祀典的原則：「夫聖王之制祀也，法施於民則祀之，以死勤事則祀之，以勞定國則祀之，能禦大災則祀之，能捍大肆患則祀之。非是族也，不在祀典。」簡單地說，就是為國家民族立下大功勞的人，死後才有可能得到官方的祭拜。

對那些未能列入祀典的民間祠祀，朝廷統稱為「淫祀」，雖然明知無法禁絕，但是官面上還是要狠狠打擊的。所以，「禁淫祀」的詔書從西漢開始，就一直史不絕書。只不過，這種打擊往往流於表面，有時甚至會收到很荒謬的結果。史載唐代狄仁傑持節江南，毀淫祠千七百所，一直為人稱道。可是他擔任魏州刺史時，因有善政，「吏民為之立生祠。及入朝，魏之士女，每至月首，皆詣祠奠醊」（《太平廣記》卷三一三引《玉堂閒話》）。而且有意思的是，每當魏州百姓獻果酒祭拜他之時，在遙遠的長安朝堂上，狄仁傑還會有感應，面帶醉酒之色，頗為尷尬。

這種官方與民間在祭祀問題上的反差，從宗教社會學的角度研究分析，當然有其意義，可是對於陰間來說，卻殊無必要，因為以陰間的視角看，無分官民，這些全是陽間對自己這個世界成員的供奉，照單全收。換句話說，陽間對於陰間的祭拜，無論是否有章可循，多多少少都會起到作用。更進一步說，陽間的政策規範，即便不直接涉及祭祀，在陰間也能通行。這就像中國一些名牌大學的學分，美國的大學也會承認。

正是因為意識到陽間的法令在陰間也能通用，鬼有時就會請生人幫忙，比如《庸庵筆記》「旅鬼索路憑歸費」條說的故事：

山西學台有一幕僚被鬼附體患病，經常胡言亂語。同事待他清醒後詳細詢問，得知附體的鬼是前任學台的幕僚，四十多歲在任上去世。因為他死於病人所住的房間，所以經常附體過來找人閒聊，於是眾人趁他下次附體時，勸他早日回鄉，不要在這裡祟人。此鬼說：「我也久客思歸，可是陰間也有關卡，沒有路憑（路條）過不了關。諸位都是公務員，如能為我辦理一份官方通行證，感激不盡。」眾幕僚說這好辦，於是取來空白通行證，填上鬼的姓名，蓋好公章，將其燒化。過了一會兒，鬼又附體病人說：「多謝諸位同僚的厚愛，路憑已經收到。不過我囊中羞澀，能不能再惠賜些盤纏。」眾人大喜，又買了紙錢燒化。此時「旋風忽起於地上，紙灰亂飛如蝴蝶，漸轉漸高，結成圓球，吹入雲霄，倏忽不見」。那鬼顯然已將錢收走。病人也霍然而愈。

在這個故事中，陽間燒的紙錢能供陰間的鬼開銷，早已為人熟知。有意思的是，陽間的通行證在陰間也完全通用，說明陰陽其實是在共用一些法律規範（《閱微草堂筆記》卷一也有關於陰陽路條通用的記載）。當然，這種共用不完全對等，陽間對陰律的認可度更高，比如生人或建築遭遇雷擊，往往被視為陰譴。人的生死壽夭以及貧富窮通，也被認為是陰德之損益、觸發了陰間的法律及道德規範在起作用。由於陰間進入陽間更容易，有些陰律因此能越界判罰，讓人瞠目結舌。

《客窗閒話》卷五的一則故事說：河北的某武舉人脾氣暴躁，素來不信鬼神。因為中年喪子，遷怒於鬼神。在村民祭賽之時，公然在戲臺上辱罵城隍爺。當時就遭到報應，被陰律判決杖責，彷彿被人駕著奔到城隍像前，「俯伏如有撲之者，兩臀現紫黑色，哀叫不敢」。杖責之後，他回家告知妻子，挨一百大板之外，還要充軍發配到滇南煙瘴之地，並且一路有鬼使押解。此人當天就取了行李，直奔滇南，在蠻荒之地做長工，多年不敢回鄉。作者感慨說：「世之獲咎於神明，聞有在疾革時被譴責者，以肉身昭昭遣戍，直聞所未聞。」我們一直知道有跨省追捕，也知道有跨陰陽追捕，但是因觸犯陰律，而讓生人在陽間服刑的，確實少見。

當然，陰間對生人做出懲罰或獎賞，行為背後的理據是對陽間一系列規範的認同甚至提升。當這種認同在陽間以特殊形式表現時，會顯得比較神奇。孔子說君子有三畏：畏天命、畏大人、畏聖人之言。陰間對此也同樣敬畏，很多志怪故事都提到陰差對士大夫階層的尊重和禮敬，因為陰差大多知道這些人今後的命運，所以在這些士大夫飛黃騰達之前，就提前敬畏起來。

《都公談纂》卷下記載：明代宗時，四川幼童李實經過村裡的土地廟，廟裡的塑像見到他就主動起立，不敢坐著。他覺得可能是有精怪搗鬼，想要砸毀塑像，被母親勸阻。當晚土地爺就托夢給村民：「小神敬重李大人，每次他經過時就起立致敬，可是他不清楚，請諸位鄉鄰幫小神解釋一下。」李實知道後，頑童心起，跑到土地廟，故意在塑像背後寫上「此人無禮，合送酆都」。當晚，土地又托夢給村民，已經嚇哭了：「小神不知如何又得罪了李大人，竟要把我們發配到酆都去，請諸位代小神向李大人的母親求救。」村民告知李母，李母大怒，將李實呵斥一頓，命他將塑像背後的字跡洗去。而李實後來果然仕途順暢，官拜右都御史，在「土木之變」後，還奉命出使瓦剌，拜見了被俘虜的明英宗，對瓦剌送回英宗起到重要作用。

在這個故事裡，李實雖未發跡，但其將來的官位顯然遠勝小小的土地爺，土地爺對他的敬畏，一方面是對他將來官位的尊重，另一方面也說明陰間對於陽間職位、權力的認可。可以更進一步說，陰間對陽間的職位、權力的認可，其實是對陽間文化價值觀的認可。雖說陰陽異路、人鬼殊途，但是在古人的信仰中，陰陽兩界並非截然不同的兩段。在他們眼中，正是因為兩個世界互相依存、互相承認對方存在的必要和價值，現實世界和超現實世界才能真正和諧。

對於陰律的作用，紀曉嵐曾有一段話，說得很有意味：「幽明異路，人所能治者，鬼神不必更治之，示不瀆也；幽明一理，人所不及治者，鬼神或亦代治之，示不測也。」（《閱微草堂筆記》卷二）幽明異路但幽明一理，也許古人正是想到陰陽界共同認可一個理，才不至於過分焦慮。

有趣的靈魂

《倚天屠龍記》中，五散人之一的周顛彷彿是個可有可無的角色。在明教中，五散人地位尊崇，卻沒有實權。周顛的武功，看起來也一般，只為張無忌貢獻了一把寶刀，結果才鬥了數合就被滅絕師太削斷。整部書中，他除了與楊逍鬥嘴，對明教的貢獻值貌似很少。但有鬼君因為三十八回的一段，卻覺得周顛這人很不錯。彼時，周芷若在少林寺前擊敗張無忌：

周芷若站在場中，山風吹動衫裙，似乎連她嬌柔的身子也吹得搖搖晃晃，但周圍來自三山五嶽、四面八方的數千英雄好漢，竟無一人敢再上前挑戰。

周芷若又待片刻，仍是無人上前。那達摩堂的老僧走了出來，合十說道：「峨嵋派掌門人宋夫人技冠群雄，武功為天下第一。有哪一位英雄不服？」周顛叫道：「我周顛不服。」那老僧道：「那麼請周英雄下場比試。」周顛道：「我打她不過，又比個什麼？」那老僧道：「周英雄既然自知不敵，那便是服了？」周顛道：「我自知不敵，卻仍是不服，不可以嗎？」那老僧不再跟他糾纏不清，又問：「除了這位周英雄外，還有哪一位不服？」連問三聲，周顛噓了三次，卻無人出聲不服。

整部書中周顛都在插科打諢，可是並不貪生怕死，對周芷若「自知不敵，仍是不服」。同樣姓周，差距還是蠻大的。周顛雖然言行如小丑一般，但勝在靈魂有趣。有鬼君感興趣的是，靈魂究竟長什麼樣？

在大多數記載中，靈魂都是迷你小人的形象。比如《子不語》卷二「劉刺史奇夢」中，劉介石受觀音指派赴冥府辦事，辦完回到觀音廟述職。正在陳述時，忽見自己身旁有一小童，也在絮絮叨叨，與自己說的一樣。再仔細一看，這小童耳目口鼻與自己也一模一樣，「但縮小如嬰兒」。劉介石驚呼是妖怪，觀音說，這是你的魂。你魂惡而魄善，所以做事堅定卻不能持久，我給你換個善的。劉介石很高興，可是小童卻滿臉不高興，明明佔據了一副好皮囊，卻要被趕走。觀音用金簪從劉介石的左肋插入，挑出一根腸子，繞在手腕上，每繞一圈，小童就縮小一截，幾圈繞完，小童就不見了。等劉介石醒來，左肋只有一道印痕，其他一點沒影響。

類似的記載很多，有時靈魂還會與肉身討論問題，當然按照常理，見到自己的靈魂，也就預示肉身的衰頹，命不長久了。至於魂魄各種出竅的情況，欒保群先生在《說魂兒》的《脫竅種種》一文中有詳細的分析說明，諸位自可參看。

在少數的記載中，靈魂並不是人形的，而是各種小動物的形象。《太平廣記》卷第三百二十七「馬道猷」提出了一個有意思的看法：

南齊的尚書令史馬道猷在辦理公務時，忽然見到滿屋都坐了鬼，別人卻都看不到。其中有兩個鬼還鑽入他耳朵裡，把他的魂推出去，掉在鞋子上。馬尚書指著鞋子上的魂魄對同事說，你們看到了嗎？同事說什麼都看不到。馬尚書說，像蛤蟆一樣。又跟同事說，這下我活不了了，鬼待在我耳朵裡不出來，魂回不去了。果然，當晚他的雙耳就腫起來，第二天就去世了。

《庚巳編》卷四的「人魂出遊」則認為，魂靈出竅時化為一小蛇。

嘉定有個秀才去拜訪一和尚，正好和尚在午睡，秀才就在床邊等著。忽見一條小蛇從和尚的鼻子裡鑽出來，秀才覺得很神奇，就順手從桌上拿了把刀插在地上。這條蛇從刀旁爬過時，似乎有點害怕的樣子。繞過刀之後，它一路遊走到門外的水潭中，又穿過花叢，再回到床前，從和尚鼻子中鑽回去。和尚醒來後，對秀才說，自己做了個夢，夢見出門時遇到強盜持刀攔路搶劫，差點被殺。然後又夢到自己到大海裡洗澡，到花園賞花，其樂融融。

看起來，強盜剪徑、暢遊各地云云，都是魂遊時自行腦補、加戲產生的。靈魂果然比皮囊有趣得多。

在有鬼君看來，靈魂之所以有趣，其實在於其永生不滅，「精鶩八極，心遊萬仞」，可以隨意放飛。至於皮囊，雄如一代英主康熙，也不過想再活五百年。

閻王爺，快放人！

志怪作品中入冥後復生的故事很多，在陰間出於各種原因重返陽間，有時是冥府陰差搞錯，有時是和尚走通地藏菩薩的路子撈出來，有時則是罪不至死，冥府進行處罰後釋放……

還有一類有點特別，就是肉身在陽間正常生活，魂魄卻在陰間受刑，這種情況，要讓冥府放人，需要機緣巧合。

關於魂魄在陰間受刑，《玄怪錄》卷三「崔環」的故事介紹說：「凡人有三魂，一魂在家，二魂受杖耳。」更神奇的是，魂魄在陰間受刑，陽間的肉身也會相應受到傷害。形神之間，有奇妙的感應。

唐太宗貞觀年間，有個七十歲的孤老李氏，膝下無子女，只有兩個婢女幫著經營一個小酒肆。李老太去世後又活過來，說自己命數已到，被追攝至陰間受審。判官翻閱冥簿，質問她：為什麼賣劣質酒，還短斤缺兩？而且，你發願抄寫《法華經》，為什麼拖了十年都不做？李老太說，釀酒和賣酒的是兩個婢女負責的，自己一無所知。至於造經之事，很早就把錢交給隱禪師，請他抄寫。判官命陰差將婢女（魂魄）抓來，問明案情，將婢女打了四十板子。隱禪師那裡，經過核實，老太並未撒謊。審理完畢，判官放老太還陽七天，安排後事，再來轉世好人家。老太還陽後，發現兩個婢女得了癔症（按，有點歇斯底里），剛剛恢復正常，「腹皆青腫，蓋是四十杖跡」。老太連忙央求人去找隱禪師，禪師約請諸人抄寫經書，抄完正好七天。老太完成心願，跟著陰差轉世去了。兩婢女和禪師則不受影響。（《太平廣記》卷一百零九）

如果不是老太短暫還陽，兩婢女的「腹皆青腫」就沒法解釋。顯然是肉身在陽間，魂魄入冥受刑。這種情況和我們熟知的「陰譴」有些差別，「陰譴」更多是指在陽間的罪惡會被記入冥簿，死時一起算總帳。而魂魄入冥受刑，更像是即時的懲戒，在不知情的情況下受刑，更加顯得詭異。《太平廣記》卷三百零四記載，一個六十歲的縣官暢璀，因為自覺懷才不遇，想方設法找到了一位走陰差的部下，諮詢自己的命數。部下介紹說，自己其實在陰間也是普通的執行庭法警，負責給魂魄打板子：「某非幽明主者，所掌亦冥中伍伯耳。但於杖數量人之死生。凡人將有厄，皆先受數杖，二十以上皆死，二十以下，但重病耳。以此斟酌，往往誤言於裡中，未嘗差也。」按照這位法警的說法，如果有人忽然得了疑難雜症，大夫束手，往往是在陰間受罰挨板子，超過二十板就要出人命（這個標準與上一則故事不合，不過可以理解）。

換句話說，人們並不是死後才去陰間，在漫長的生命過程中，魂魄恐怕常常要到冥府受罰，只是自己並不知道而已。

張某被陰差追攝到冥府，冥王檢索冥簿，發現捉錯了，責令送他還陽。張某出去後，照例請求陰差帶他遊歷陰獄。陰差變導遊，領著他遊覽了刀山、劍樹等各種刑罰展示景點。玩到最後一個項目時，見一個和尚被繩子穿過大腿倒懸著，在那裡大呼小叫喊痛。張某一看，這不是自己出家的哥哥嗎？忙問陰差導遊是怎麼回事？陰差說，這個和尚，打著建廟的旗號募集金錢，卻用來吃喝嫖賭。所以在陰間受此肉刑，「欲脫此厄，須其自懺」。

張某還陽後，懷疑哥哥已經死了，趕緊去他出家的廟裡探問。一進門就聽見哥哥的慘叫聲，只見他大腿上生了個瘡，「膿血崩潰，掛足壁上，宛然冥司倒懸狀，跟在陰間受刑是同樣的姿勢（貌似挺難解鎖）。哥哥解釋說，只有把腿這麼掛著才能稍微緩解，否則痛徹心扉。張某告訴他自己在陰間所見，果然句句屬實。哥哥嚇壞了，從此遠離吃喝嫖賭，虔心誦經，過了半個月，腿上的瘡就痊癒了。（《聊齋志異》卷一「僧孽」）

這種莫名的病患，如果不是恰好有親戚入冥，很難找到病因並且根治。而且從冥府的處理來看，患者罪不至死，所以是讓其受罪，只要有人求情，一般閻王爺會在患者改過遷善後，取消處罰。

山東臨朐人李常久，因為機緣巧合，被閻王爺邀請去冥府做客。閒逛時見到自己嫂子被釘在門板上受刑，他想起嫂子手臂確實生了惡疽，一年多都未痊癒。常久問閻王，閻王說，這個悍婦毫無人性，你哥哥的小妾三年前生娃，盤腸而產，她身為正房，卻「陰以針刺腸上，俾至今臟腑常痛」。如此惡行，必須在陰間受刑。常久向閻王求情，閻王答應了，但讓他回去規勸嫂子，否則病好不了。

常久回去後，見嫂子手臂惡疽還在，正在那裡呵斥小妾。常久上前勸說，嫂子大怒：「小郎若個好男兒，又房中娘子賢似孟姑姑，任郎君東家眠，西家宿，不敢一作聲。……便曾不盜得王母籠中線，又未與玉皇案前吏一眨眼，中懷坦坦，何處可用哭者！」這話特別有趣，意思是，小叔子你在這說風涼話，你家裡的娘子賢慧不嫉妒，所以任由你在外面胡搞。老娘我胸懷坦蕩，有什麼可怕的？常久見勸說不動，悄悄在她耳邊說了一句：「針刺人腸，宜何罪？」嫂子隱私被揭穿，立刻戰戰兢兢，誓言再也不敢了。此後善待小妾，成為正房的典範。不久，她手臂的惡疾很快就痊癒了。（《聊齋志異》卷五「閻王」）

閻王爺並非我們想像中那樣兇神惡煞，也是秉持懲前毖後、治病救人的方針。當然，受懲處的一方，也不用惡聲惡氣地聲明自己「中懷坦蕩」。

宅舍與皮囊

古代當然沒有發達的房地產業，但是古人的住宅觀可能比我們更強烈、更普世。生人的居所稱為陽宅，安葬逝者的墓地被稱為陰宅，祭祀祖先的稱為明堂（明堂的格局歷來就是禮學的大課題），就連魂魄所寄居的肉身，也被稱為宅舍。

人們有時會用「臭皮囊」來形容肉身，仔細揣摩，不難從中體會出一些微妙的情緒，既有不厭惡，更有留戀。而將肉身稱為宅舍，則是一種中性的描述，將肉身客體化、非人格化了。在這種說法裡，肉身與魂魄可以分離，且肉身不過是無生命的、可以替換的住宅。當然，古人只是在描述與死亡相關的現象時，才會用到這個詞。不到生死關頭，我們還不至於如此豁達，對「臭皮囊」還是很愛惜的。

《朝野僉載》卷二曾記述了一個借屍還魂的故事：餘杭人陸彥，在夏天病故，可是到了陰間，閻羅王卻說他命數未盡，命令放他還陽。手下的小鬼說，陸已死了十幾天，「宅舍亡壞不堪」。意思是他的屍體已經腐敗，沒法復生了。後來他只能借屍還魂，用另外新死者的「宅舍」安放魂魄，後來還惹出了一些麻煩。

在這個故事中，陰間的冥官、冥吏在提到肉身時，都是用很平靜、客觀而疏離的口吻描述，在看透了生死的他們眼中，肉身和宅舍並無實質的差別。可是對活著的人來說，這個門檻卻不那麼容易跨過去，形神的剝離、替換，會給生人帶來一系列的困惑。比如《觚剩》卷七《粵觚上》「巡檢附魂」條所說的故事：

清康熙年間，河源縣藍口司的王巡檢因病去世，他的女兒「心傷失怙，悲慟而亡」。在下葬的時候，她忽然復活，而且口吻、做派儼然就是其父。「女版王巡檢」對於女兒身極為驚奇，命令僕人給自己放開小腳、「剃髮留辮，索戴纓笠，披袍曳履」。家人還以為是詐屍，無不驚駭。「王巡檢」一番折騰之後，逐漸清醒了，把兒子叫來囑咐：「我陽壽未完，閻羅王讓我還陽。可是我屍身已壞，正巧你姐姐剛剛去世，我就借她的宅舍還陽。王某壯志未酬，還想為國家多做貢獻，不知上級能不能還讓我官復原職？」兒子不敢拂逆父意，只能由著這位女兒身、男兒心的王巡檢穿著官服去拜見縣令。王巡檢真是熱衷仕進，持名片去官衙拜見上司，跪拜叩頭，禮數上一點不含糊，然後絮絮叨叨地陳述自己的政見，懇求縣令讓其「還秩」。

在這個故事中需要辨析的問題是，還魂並非我們通常所說的附體。附體是指鬼魂附著在活人身上，或者說是死者的鬼魂暫時取代生者的魂魄。而王巡檢之所以算還魂，是因為其魂魄附著於已死去女兒的肉身。這麼解釋可能還是有點纏雜不清，我們不妨換用房地產的術語吧：附體是指房屋出租，產權還是屬於房東的；而還魂則相當於買了一套二手房，房屋的產權已經轉移了。

雖然古人將肉身看成宅舍，但畢竟不能完全等同。魂魄與肉身的分離既不能隨隨便便，分開的時間也有限定。形神分離不是生命的常態，時間久了，肯定要出問題。

《子不語》卷九「夢乞兒煮狗」記載：紹興的私塾先生陳秀才，因為夢遊土地廟，目擊了陰間的一樁命案。三天後又在夢中被冥吏招去陰間出庭做證，冥吏還出示了城隍簽發的傳票，「果有己名，且有聽審日期」。陳秀才不敢不信，事先叮囑一位親戚：「我在某天會去世，但只是入冥做證而已，很快就會復生。因為陰陽相隔，我擔心回來會迷路。麻煩你那天買一隻白公雞，寫上我的名字，到城隍廟去給我帶路。」這位親戚當然不相信這種無稽之談，但見陳秀才說得誠懇，也就敷衍著答應了。到了那天，陳秀才果然無疾而終，家人向這位親戚報喪。他立刻意識到陳秀才不是胡說八道，趕快買了白雞去城隍廟。不巧的是，那天正趕上城隍廟搭台演戲，人山人海，他直到日落時分才擠到城隍像前，大呼陳秀才的名字以招魂。可是，當時正值盛夏，等他回到家，陳秀才的屍體已經腐敗了。

這個例子可能過於極端，不過我們應該考慮這一悲劇中的一些偶然因素。在諸多形神分離的故事裡，魂魄與肉身分離的時間可長可短，並無明確的標準，但都說明了兩者之間的依存關係。因為宅舍被毀而導致無家可歸者也大有人在。

《夷堅甲志》卷十九「毛烈陰獄」條記載：瀘州合江縣村民毛烈不義而富，勾結官府，強取村民陳祈的良田。陳祈走投無路，只能在東嶽廟燒了狀紙，向陰間上訪。東嶽大帝立案開庭，將原告被告全部拘往陰間對質。在陰間的斷案利器——業鏡——的顯示下，所有罪行清清楚楚展示。案情明瞭，被告毛烈、受賄的縣令、經紀人都受到懲處。只有當時在場作為見證的一個和尚，因為並不知情，被放回與陳祈一起復生。由於案件一審就是七天，寺廟按照慣例，將和尚的屍體火化了。這和尚雖然可以還陽，但宅舍已被焚毀，魂魄無家可歸，竟然到毛家大鬧：「我命本不該絕，現在鬼錄不受，又沒法還陽做人。因為你們毛家的案子，害得我成了孤魂野鬼，要等此世命數已盡，才能轉世投胎。我以後就天天在你家門口守著。」毛家無奈，只能再出錢給和尚做道場。

與前述《朝野僉載》的故事不同的是，這次閻羅王顯然沒有採用變通的辦法，讓和尚借屍還魂。很可能因為這個失誤是陽間造成的，地府並無多大責任。與和尚同去陰間的陳祈因為屍體保持完好，成功復生。說起來，和尚的倒楣更在於他的魂魄介於陰間與陽間的不管地帶，所以了無趣味，如果真的留在陰間，他未必樂於還陽。

比如《冥報記》卷中所載，江都人孫寶因為被冥吏誤捕至地府，判官發覺後放其還陽，但並未派人押送。孫寶就在地府閒逛，看到很多豪宅裡「眾人男女，受樂其中」，竟然樂不思蜀。東遊西逛了個把月，見到已去世的伯父，呵斥他：「你還沒死，為什麼還不早點回去？」並且告誡他，你是以遊客身份登錄陰間的，以你在陽間的惡業，死後不可能有好運轉世到這裡的。說著用一瓶水將他從頭到腳淋了一遍，因為水不夠，手臂上有些地方沒有淋到。然後「指一空舍，令寶入中，既入而蘇」。孫寶就此還陽，只是手臂上沒淋到水的地方，「肉遂糜爛墮落，至今見骨」。這個橋段有點像「阿基里斯之踵」吧？

豬肉自由

古人一直認為，人生的一飲一啄都是有定數的。換句話說，每個人一生消耗的資源是命中註定的，當分配給個人的資源消耗完之時，也就是此人生命終結之日。民以食為天，所以，古人也常用「食料」來解釋命數。舉幾個比較神奇的例子：

南宋孝宗淳熙年間，龍虎山副知宮萬景川外放擔任住持，一做就是十幾年。有一年冬天，他夢見自己準備吃飯，桌上擺著豬肉、羊肉、鵝肉各一盤，都是自己愛吃的，想著要是有瓶酒就好了。這麼一念之間，桌上立刻出現了一瓶酒。萬道士大喜，正要大快朵頤，忽然邊上有一青衣童子對他拱手道：道長，您的食料餘額不足，這些菜不能吃。萬道士大怒，童子說：您若不信，回頭問問志公和尚，萬道士回頭一看，果然有個和尚坐在佛龕之中，和尚說：「誠如其說，食料真個盡了。」再一轉臉，桌上的食物全都不見了。他又懼又怒，從夢中驚醒。沒過多久，就因病去世了。（《夷堅三志》辛卷七「萬道士」）

萬道士夢中食料已盡，暗示他的生命走到了盡頭。當然，托夢是象徵性的，並不意味著他到死前絕對再沒有吃過豬肉。有些故事，為了渲染命數的精準，將食料的有無也神化了：

唐德宗貞元年間，長安萬年縣的捕快李公，請同僚吃飯，有一不速之客也要入席，眾人問他何德何能。此人自稱術士，「善知人食料」。李公說，今天這桌菜，最上檔次的是魚鱠（按，生魚片），老兄說說看，在座的誰吃不到呢？術士嘿嘿一笑，在座各位都吃得到，唯獨李公您吃不到。李公大怒，我是請客的東道主，怎麼可能吃不到？咱們就賭上一賭，賭注五千文錢。說著連聲催促廚子上菜。正在這時，有人來找李公，說是京兆尹召見，這可不敢遲疑。李公吩咐諸位客人先吃，讓廚子給自己留兩碟魚鱠。廚子答應了。李公忙完公事回來，諸人已經吃完，不過給他留了兩碟魚鱠。李公坐下就大罵術士是騙子，術士不為所動，李公一邊罵一邊拿起筷子。然後，見證奇跡的時刻到了，屋頂忽然落下一大塊泥，正好把碟子砸得粉碎，魚鱠也掉在地上，沒法吃了。李公驚魂初定，再問廚子，廚子說魚鱠已經沒了。術士料算得太準，李公果然沒能吃到魚鱠。（《太平廣記》卷一百五十三「李公」）

類似精準預料的例子很多，主要是為了顯示術士的神通以及命運的神奇。但是，比起到嘴的鴨子會不會飛掉，人們更關心的還是一生中食料的盡頭。說起來也有趣，冥府對食料的計算竟然沒有統一的標準，有時是米麵等主食，有時是雞鴨，有時是魚蝦，有時則是豬肉。而且經常混用作為標準。

《搜神秘覽》卷上「王丞相」記載，北宋名相王旦尚未發跡時，曾見一牧童牧羊幾百頭，說是「王旦相公食料」，過了幾天，又見一牧童牧牛數頭，其中還夾雜著豬和雞鴨，混合放牧，牧童也說是「王旦相公食料耳」。一介布衣，一輩子哪能吃得了如此多的豬牛羊？果然，王旦後來官至丞相，這些食料其實是作為丞相的王旦的份額。

如果機械地看，一個人的食料應該是固定的，但古人絕非如此僵化，他們有自己的解決之道。比如，當某人知道自己一生的食料是十頭豬，他就會儘量少吃豬肉，改吃羊肉、雞鴨，或者吃素（當然，這些招數在冥府看來，其實都是小兒科）。

還有其他辦法：南宋蘇州人林乂，曾擔任嘉興縣主簿，只是個小官，因他「剛正尚誼」，所以被冥府托夢，要徵召他為「酆都宮使」。林乂推辭不掉，只能儘快處理後事。他的弟媳有個怪癖，從不吃豬肉，據弟媳解釋說：「自少小時，聞燒豬氣，輒頭痛不可忍。今見則畏之，非有所擇也。」林乂對弟媳說，如果我真的到冥府任職，一定要讓你愛上吃豬肉。弟媳也笑著說，能吃豬肉是好事啊！我們家裡條件差，不大吃得起羊肉，豬肉也是葷菜，如何不可？林乂不久在外地去世，家裡人還不知道。那天林家做晚飯，吃大肉麵，弟媳聞到肉味，忽然不再反感，自己裝了一碗，一邊大呼「真香！」一邊如風捲殘雲般吃了個精光，此後對豬肉不再禁忌。後來林乂的死訊傳來，家人發現，弟媳吃大肉麵時，林乂已去世半個月了，顯然是在冥府任上，給弟媳的食料簿做了改動。（《夷堅丙志》卷九「酆都宮使」）

冥府食料簿改動的細節，可參看下面這條材料：

> 泉南為海錯崇觀之地，杯盤之間，非醋不可舉箸。李氏一婦獨不能飲涓滴，其弟因夢入冥對事，臨放還，過廊廡諸曹局，見門上榜曰「食料案」，就視之，正得泉州一簿，白吏借檢視。於女兄之下，每日所食，纖細悉具，但無「醋」字，乃取筆書「醋半升」三字。及寤而病瘳。女兄自是日遂

啖醋如常人。（《夷堅丁志》卷十二「李婦食醋」）

表面上看，一個人能吃到多少豬肉，與價格的漲跌有關，可是，我們誤以為在陽間起作用的「看不見的手」或「看得見的手」，實際上被陰間另一種「看不見的手」所操縱。一本食料簿，決定了我們明天吃什麼！

後記

這本小冊子是我閱讀志怪筆記的一些零星隨感，陸續在自己做的微信公號「有鬼」（現更名為「天下無鬼」）發佈。

十多年前，我斷斷續續讀了一些中國古代志怪小說，驚歎於古人對談神論鬼無窮無盡的熱情。那些作者顯然相信幽冥世界的存在，甚至可以說，他們認為人類每天都生活在人鬼雜處的世界裡（當然也包括神、仙、精怪）。可是，他們中很少有人會向我們描述那個世界的整體情況，或者介紹那個世界運轉的基本規則。除了紀曉嵐在《閱微草堂筆記》中偶爾會有一些思考，其餘的人似乎很有默契地遵守關於那個世界的一些傳統（家法），卻很少向讀者說明。

也許，在他們看來，這些「一般知識」無須深究。在佛教或道教經典中，有大量關於幽冥世界的描述，但總感覺過於精緻了。就像《周禮》，雖然展示了一幅完善的國家典章制度畫面，但我們卻不能簡單地認為那就是周代制度的實際情況。有時我翻閱《雲笈七簽》和《法苑珠林》，其中對冥界的描述，繁複得有些疊床架屋，很難想像這對一兩千年前的普通民眾瞭解幽冥世界能有多大幫助。

學者面對的幽冥世界，大概也是如此。無論在歷史還是文學的研究中，幽冥世界一般是作為研究的對象。學者的研究往往是通過某些特定信仰的興起、發展、流傳乃至規訓，來說明陽間社會的狀況。可是我們對這一背景本身的認識，卻有點模糊或零碎。比如，我們知道有閻羅王、判官、牛頭馬面這些冥官和陰差，也能從文獻中梳理其源流。可是若我們想描述整體的幽冥世界，比如那裡的政治、經濟、文化以及日常生活、衣食住行，就會有點困難。

我想做的，就是將志怪小說中關於幽冥世界的不同元素分門別類地找出來，像做拼圖遊戲一樣，盡力拼出一幅那個世界的整體圖景。換句話說，我是把志怪小說看作民族志的材料，將那個原本在人們想像中的幽冥世界描繪出來。進一步說，本書不只是描述一種整體圖景，還試圖瞭解這一圖景是怎麼一步步層累而變得完整的，這個過程所表達的就是敘事元素背後的更廣闊的人文與歷史。這第一份草圖，就是《關於鬼世界的九十五條論綱》。

相對於佛教、道教文獻中對幽冥世界的構想，志怪小說以講故事的形式展現出的幽冥世界的樣子，也許更接近葛兆光先生所說的「一般知識、思想與信仰的世界」。他在《中國思想史》導論裡說：

假如一百年以後，有一個歷史學家來描述二十世紀九十年代的思想史，而他依據的僅僅是當今領導人在公眾場合的講話、經典作家的著作、官方報紙的社論、經過認可的檔案資料、新聞發言人事先準備的講稿，那麼，他筆下出現的將是一個與我們熟悉的世界完全不同的思想世界，可能他筆下的人都是思想正統、行為嚴肅、講起話來如同作報告的領導或思想深刻、精神恍惚、說起話來如同外星人似的文人，而讀者感覺到的今天的思想世界的面貌不是一篇社論就是一篇散文，似乎每一個人都在中南海、人民大會堂裡穿梭或在書齋、講堂裡沉思。可是，如果他依據的資料中還包括了現今報攤上流行的通俗讀物、歌廳中流行的通俗歌曲、胡同裡的三老四少聊天時的公眾話題、日常生活中人們的關心焦點，那麼，也許他筆下的思想與今天的生活會更接近。

在閱讀中的另一個困惑是，幾千年來深深影響人們的幽冥世界，是否和陽間世界遙相呼應、與時俱進？或者說，那個世界的畫面究竟是靜止的還是不斷變動的？以最捉摸不透的鬼的形質為例：顏之推的《還冤記》記載：

晉夏侯玄，字太初，亦當時才望，為司馬景王所忌，而殺之。玄宗族為之設祭，見玄來靈座，脫頭置其旁，悉取果食酒肉以內頸中。既畢，還自安，言曰：「吾得訴於上帝矣！」

顯然，時人認為鬼是有形有質的，而且吃相比較難看。可是在《新輯搜神後記》卷九的記載中，人們對於這一點又不怎麼有把握了：

樂安劉他苟，家在夏口。忽有一鬼，來住劉家……有人語劉：「此鬼偷食，乃食盡，必有形之物，可以毒藥中之。」劉即於他家煮冶葛，取二升汁，密齎還家。向夜，令舉家作糜。食餘一甌，因瀉冶葛汁著內，著於几上，以盆覆之。至人定後，更聞鬼從外來，發盆取糜。既吃，擲破甌出去。須臾，聞在屋頭吐，嗔怒非常，便棒打窗戶。劉先以防備，與鬥，亦不敢入戶。至四更中寂然，然後遂絕。

正因為有毒的粥對惡鬼有效，人們才能確認鬼是有形之物。而在清代《子不語》卷四的記載中，陳鵬年年輕時遇縊鬼：

婦不答，但聳立張口吹陳，冷風一陣如冰，毛髮噤齘，燈熒熒青色將滅。陳私念：鬼尚有氣，我獨無氣乎？乃亦鼓氣吹婦。婦當公吹處，成一空洞，始而腹穿，繼而胸穿，終乃頭滅。頃刻，如輕煙散盡，不復見矣。

這裡描述的鬼，則完全是氣聚而成了。

這三篇的作者顏之推、陶潛（偽託）、袁枚，都屬於各自時代文化程度最高的那群人，又各自遵循著描述那個世界的「家法」，可是對鬼之形質的看法卻有如此大的差異。

在我看來，幽冥世界是累層構建的產物，越來越豐富精細，並非靜止不動。不同時代對於那個世界的想像，既有一些共通的基本規則，也受到彼時社會思潮（陽間主流文化）的影響。而且這個圖景的描繪，並非簡單地以陽間社會鏡像的形式呈現，而是有自己的邏輯和規則。就像好的小說家在創作了一個人物形象，為其安排了基本人設之後，人物在小說中就具備了自由意志，並不完全受小說家本人意願的支配。換句話說，這個志怪小說創作的接龍拼圖遊戲，在相信鬼世界的人們那裡，是不會停止的。

作為一個業餘碼字工，我無力對這些現象給出理論上的解釋。對我來說，面對形色各異的圖版碎片，能像孩子一樣努力尋找關聯加以拼接，就有無限的快樂了。最該感謝的是我的妻子楊帆，對我多年來不求上進、耗費心力做這些無用的遊戲，她表現出了極大的寬容甚至縱容。在拼圖過程中，前輩學者欒保群先生的《捫虱談鬼錄》三冊陸續出版，讓我在暗夜中的摸索，有了更清晰的方向。此外，這些年得到很多師友熱情的鼓勵和支持，在此就不一一致謝了。

生難字讀音表

按：本表整理書中罕見冷僻字加註讀音，僅供參考，若因鬼遮眼致錯誤漏缺，尚祈見諒。

二畫　乂（亦）

六畫　乩（茄）

八畫　畀（必）　忞（民）

九畫　拶（雜）　舁（於）　洎（記）　兗（演）　毖（必）

十畫　挈（切）　笏（戶）　旆（配）　剡（善）　蚡（焚）
　　　珓（叫）

十一畫　瓠（胡）　唶（及／界）

十二畫　貽（疑）　觚（姑）　菑（資）　寔（石）　腴（於）
　　　　詈（力）　幃（違）　掾（院）

十三畫　瑉（民）　剸（團）　僉（千）

十四畫 膂（呂） 槊（碩） 榷（卻） 翥（住）

十五畫 醊（綽） 檮（書） 嘵（消）

十六畫 儔（愁） 縑（尖） 歙（社） 徼（交／角／叫）

十七畫 蟂（消） 馘（國） 罽（記） 懞（蒙） 闈（危）

簋（鬼）

十八畫 餼（系） 曜（要） 礐（卻） 彝（疑）

十九畫 鏹（搶） 爊（熬） 籀（咒）

二十畫 聻（你） 襦（如） 蘄（其）

二十一畫 夔（葵） 纈（鞋）

二十二畫 禳（壤）

二十三畫 瓚（讚）

二十五畫 纘（纂）

二十七畫 飌（風）

國家圖書館出版品預行編目資料

見鬼：拍案叫絕的中國志怪小說精彩故事/有鬼君著. -- 初版. -- 臺北市：遠流出版事業股份有限公司, 2021.06
面； 公分
ISBN 978-957-32-9067-4(平裝)

1.鬼神

215.6 110004758

見鬼：拍案叫絕的中國志怪小說精彩故事

作　　者 有鬼君
行銷企畫 劉妍伶
執行編輯 陳希林
封面設計 周偉偉
封面插圖 明　子
美術構成 6宅貓

發 行 人 王榮文
出版發行 遠流出版事業股份有限公司
地　　址 台北市中山北路1段11號13樓
客服電話 02-2571-0297
傳　　真 02-2571-0197
郵　　撥 0189456-1
著作權顧問 蕭雄淋律師
2021年07月01日 初版一刷
定價 新台幣350元（如有缺頁或破損，請寄回更換）

ISBN 978-957-32-9067-4
遠流博識網 http://www.ylib.com E-mail: ylib@ylib.com

本書中文繁體字版由有鬼君透過人民東方出版傳媒有限公司專屬授權出版